빅데이터가 찍어주는
부의 정점

지은이 **조영광**

성균관대학교를 졸업하고 동 대학원에서 산업공학 석사 학위를 받았다. 수도권 부동산 경기가 최저점을 기록하던 2010년 메이저 건설사에 입사했다. '전국 시·군·구 대상 유망 사업지 예측 시스템'을 개발하여 주택시장을 분석하고 예측함으로써 부동산 빅데이터 세계관을 구축하였다. 첫 저서인 《빅데이터로 예측하는 대한민국 부동산의 미래》 출간 즈음 선물처럼 찾아온 쌍둥이의 아빠가 되었다. 쌍둥이 육아와 직장 생활만으로도 하루 24시간이 부족한 가운데 대중이 부동산 빅데이터 세계관을 쉽게 이해할 수 있도록 노력하고 있다.

조선일보, 한국경제 등 주요 언론사의 부동산 세미나 연사로 초청받았으며, 구독자 수 100만이 넘는 유튜브 채널 '월급쟁이부자들', '부읽남' 등과 KBS 1R, SBS 러브FM 등의 공중파 라디오에 출연하여 대중의 눈높이에 맞춘 부동산 빅데이터 스토리를 풀어놓았다.

대중매체 외에도 대한민국 경제와 부동산을 대표하는 기관인 금감원, KDI, LH, 국토연구원 등에 자신만의 부동산 통찰을 제공했다. 대중과 전문 기관 모두를 만족시키는 폭넓은 스펙트럼을 보유한 그는 바람직한 부동산 빅데이터 세계관을 보다 많은 이들에게 전달하는 것을 인생의 큰 행복이자 보람으로 여긴다.

빅데이터가 찍어주는

부의 정점

발행일 2024년 05월 10일 (초판 1쇄)

지은이 조영광
펴낸이 이지열

펴낸곳 미지biz
　　　서울시 마포구 잔다리로 111(서교동 468-3) 401호
　　　우편번호 04003
　　　전화 070-7533-1848　팩스 02-713-1848
　　　mizibooks@naver.com
　　　출판 등록 2008년 2월 13일 제313-2008-000029호

편집 이지열, 서재왕
표지 및 본문 디자인 소요 이경란
출력 상지출력센터
인쇄 한영문화사

ISBN 979-11-964955-6-5 13320
값 19,800원

블로그 http://mizibooks.tistory.com
트위터 http://twitter.com/mizibooks
페이스북 http://facebook.com/pub.mizibooks

빅데이터가 찍어주는

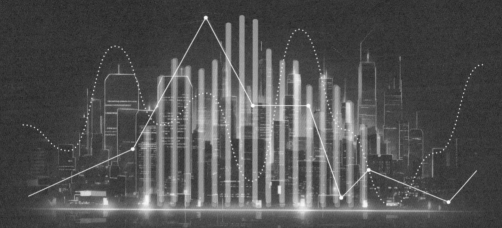

부의 정점

인구밀도와 가구 트렌드로 본
부동산 투자 전략

조영광 지음

이 책의 사용법

인구와 상위 소득의 쏠림이 추동하는 부의 정점에 관심이 있다면 <PART 1 정해진 쏠림>을, 가구 트렌드가 확장시킬 부의 기회에 관심이 있다면 <PART 2 정해진 기회>를 먼저 읽어보길 추천한다. 또한 필자는 누구나 스스로 부동산 데이터를 다룰 수 있는 DIY(Data Is Yours)를 추구해 <리얼빅체크나우>라는 코너를 중간중간 마련해놓았다. 부의 찐 기회를 잡을 수 있는 '리얼 빅데이터'가 무엇인지, 그리고 그 데이터를 어떻게 체크해야 하는지 정리해놓았으니 각자의 필요에 따라 활용하기를 바란다.

일러두기

1. 시·군·구별 인구밀도를 계산하기 위해 사용된 인구와 토지 면적 데이터는 2020년을 기준으로 했다(출처: 인구는 '행정안전부', 토지 면적은 '토지이음'). 또한 시·군·구별 상위 10%의 소득 데이터 역시 2020년 기준이다(출처: KCB).
2. 따로 단위를 표기하지 않은 경우 '준공 연도, 면적, 용적률, 세대수'의 단위는 순서대로 '년, m², %, 세대'이다.

도시의 **빽빽**한 아파트 숲을 보면서 어떤 생각을 하는가? '이렇게 많은 집 가운데 왜 내 집은 없을까? 나도 어서 집을 마련해야 하는데…' 같은 생각에 조바심이 생기는가? 아니면 '이 중 어떤 아파트가 나의 재산을 불려줄 수 있을까?' 하면서 매의 눈으로 투자처를 찾고 있는가? 이 책을 집어들고 〈머리말〉이라도 읽어볼 마음을 가졌다면 둘 중 하나의 생각을 갖고 있을 가능성이 클 것이다. 한편으로 '집이 이렇게나 많은데 현재 인구는 감소하는 추세이니 빈집이 속출할 것이고, 아파트 공화국도 막을 내릴 것'이라고 판단하며 부동산 비관론을 되새기는 사람도 있을 것이다. 특히나 '인구 감소'라는 키워드는 비단 부동산 비관론자뿐 아니라 생애 첫 내 집을 마련하려는 무주택자나 투자자들의 마음 한쪽에 묵직하게 자리 잡아 고민을 안겨주는 부인할 수 없는 미래이다.

　이처럼 인구 감소는 정부 차원에서 인구 감소 지역을 공표하는 상황에 이를 정도로 중요한 문제가 되었다. 이런 상황에서 독자 여러분이 이런 지역에 거주하는 청년이라면 미래를 위해 어떤 선택을 할 것인가? 그것도 언론에서 인구 감소 지역을 집중 조명하며 텅 빈 집, 상권, 학교 등의 모습을 스케치한 기사를 쏟아내는 상황이라면? 인구 소멸의 공포가 대한민국을 뒤덮을수록 미래의 주택 수요자라고 할 수 있는 청년들은 인구가 밀집된 곳으로 더욱 집중적으로 쏠릴 것이다. 생각해보자. 여러분이 첨단 대기업 CEO, 대형 유통업계 CEO, 유명 학원 대표라면 인구가 감소할수록 어디에 사업장을 집중하겠는가? 인구 감소의 시대, 여러분이 행정가라면 어디에 철도, 도로, 공원 등의 인프라를 집중하겠는가?

인구수의 궤적이 우하향할수록 '쏠림'의 궤적은 이에 선행하여 가파르게 우상향할 것이다. 인구 감소와 쏠림은 시소의 원리처럼 움직인다. 인구 소멸의 공포가 대한민국을 무겁게 짓누를수록 쏠림의 힘은 더욱 강력하게 작용하여 대한민국 부동산의 가치를 결정짓는 절대 기준이 될 것이다. 또한 인구 소멸의 공포가 확산될수록 인구가 쏠리는 도시와 그렇지 않은 도시의 집값 격차도 더욱 크게 벌어질 것이다.

이 책에는 인구 감소 시대에, 아니 인구 감소 시대라서 더욱 뜰 수밖에 없는 도시와 부동산이 정리되어 있다. 쏠림의 높낮이를 결정하고 대한민국 집값의 등고선을 결정할 '인구밀도'와 '상위 10% 소득'으로 엄선한 미래 부의 정점들이 담겨 있다. 동일한 토지 면적에 얼마나 많은 사람들이 몰려 살고 있는지 알려주는 인구밀도는 하늘이나 바다에 도시를 건설하는 것이 보편화되는 미래가 도래하지 않는 한 도시 간 수요의 쏠림을 알려주는 절대 지표로 남을 것이다. 또한 부자들이 더욱 부자가 되는 부의 흐름이 역전되지 않는 한 상위 10%의 소득 데이터는 도시 간 부의 쏠림을 알려주는 절대 지표가 될 것이다.

　쏠림과 함께 미래 유망 부동산의 이정표가 될 키워드는 '욕망의 분화'이다. 달갑지 않은 인구 감소가 쏠림을 촉진한다면 역시 달갑지 않은 경제성장의 정체는 욕망의 분화를 촉진하여 부동산 가치 상승의 또 다른 길을 열 것이다. 선진국일수록 예외 없이 개도국보다 경제성장률이 낮다. 잘사는 나라일수록 아무 음식이나 먹지 않고, 아무 옷이나 입지 않고, 아무 데서나 살지 않는다. 성장의 정체는 성숙사회로의 진입을 의미한다. 일본의 유명 전략 컨설턴트인 야마구치 슈는 자신의 책 《비즈니스의 미래》에서 저성장을 성숙과 동의어라고 정의하며 저성장시대에서 새로운 기회를 찾을 수 있다고 역설한다. 그에 따르면 성숙사회는 기능보다 정서, 효율보다 낭만을 추구한다. 즉 물질에서 정신, 양에서 질로 고차원적인 욕망이 다채롭게 분화하는 것이다.
　대한민국은 성장사회에서 성숙사회로 전환되는 과정에 접어들었다. '각자의 생활방식을 존중한다!'는 철학이 담긴 '라이프스타일'이라는 키워드는 이미 우리 일상에 자연스럽게 스며들어 있다. 주거 입지를 대표하는 역세권뿐 아니라 숲세권, 학세권, 슬세권, 스세권, 골세권 등 다양한 라이프스타일을 대변하는 N세권이 탄생하고 있으며, 평면에서는 기존 주거 공간의 틀을 넘어 플러스알파의 공간을 창조할 수 있는 '알파룸'이 탄생한 지 오래다. 욕망의 분화가 다多입지, 다多평면의 시대를 열어젖힌 것이다.

주택의 기본 수요는 가구다. 가구는 '나다움'을 추구하는 개인들의 다양한 조합으로 이뤄졌기에 부동산시장에서 형형색색의 기회를 뿜어낸다. 겉으로 볼 때 같은 1인, 2인, 3인, 4인 가구라고 해도 연령별, 성별, 세대별로 큰 차이를 보이는 가구 빅데이터는 욕망의 분화가 이들을 어떤 곳으로 이끌고 있는지, 부의 기회가 어떻게 확장되고 있는지 입체적으로 보여준다.

도시의 아파트 숲은 앞으로 어떻게 변화할까? 인구 쏠림의 강약과 분화되는 욕망의 충족 여부에 따라 그 숲은 사라질 수도 있고 부의 정점에 자리하여 더욱 거대하게 뻗어나갈 수도 있다. 이 책에서 중점적으로 다루는 '인구밀도, 상위 소득, 가구 트렌드'로 발견한 부의 정점들을 하나하나 정복해가다보면 '이곳이 10년, 20년 후에도 오를 곳이겠구나!'라는 나만의 통찰이 생길 것이다. 이 책은 요동치는 시장의 단기 흐름이 아닌 오롯이 '정해진 미래 수요'에 집중하고 있기 때문이다. 내 집 마련에 대한 조바심을 내려놓고 찬찬히 수요의 물길을 따라가보자. 투자자라면 시간의 함수에 기대어 비교할 수 없는 가치를 가져다줄 장기적 안목을 길러보자. 어두운 전망을 뚫고 나오는 쏠림과 분화의 빛은 정해진 미래 수요의 길을 밝혀줄 것이다. 부의 정점에 오르는 가장 빠르고 확실한 길은 정해진 미래 수요의 길을 선택하는 것이다.

미래에는 인구 감소에 따라 부동산이 폭망할 것이라는 데 모든 것을 걸고 있는가? 만약 시간이 흐른 뒤에도 여전히 출근길 전철

이 붐빈다면, 선거철마다 계속 부동산 공약이 쏟아진다면, 부동산 감수성을 자극하는 SNS 콘텐츠가 여전히 득세한다면 인구 감소에도, 성장의 정체에도 사방에 잠재하고 있던 부의 기회를 알아보지 못한 걸 후회할 수도 있을 것이다. 그러니 이 책을 놓치지 말고 반전의 가치에 눈뜨길 바란다.

2024년 5월

조영광

차례

PART 1

정해진 쏠림

반석 데이터가 알려주는
미래의 부富가 몰리는 곳

1장

인구밀도를
주목하라

👥 인구통계의 미신과 인구밀도의 중요성

2021년 1월 4일, 사상 처음으로 대한민국 인구가 감소했다는 보도가 대서특필되었다. 일평균 200건 정도를 기록하던 '인구 감소' 검색량[*]이 그날 하루에만 약 3,000건에 달하는 등 대중의 관심이 집중되었다. 다양한 분야에서 그해의 전망을 내놓기 마련인 1월, 때마침 등장한 '인구 공포론'은 대한민국의 집값을 꺾어놓기에 충분한 재료였다. 그러나 잘 아는 바와 같이 2021년 집값은 전국 평균 18% 상승[**]이라는 어마어마한 기록을 세웠으며, '인구 소멸 담론'의 단골손님인 지

---

[*] 네이버 검색량 기준(출처: 마대리).

[**] 집값 통계는 아파트 매매가격 기준이며, 특별한 출처 표기가 없는 한 전국 모든 시·군·구의 통계를 보유한 '부동산114'의 자료를 참조했다.

방의 집값 역시 평균 15% 상승이라는 역대급 기록을 세운다.

인구 추세를 비웃는 집값의 흐름은 비단 2021년 한 해만의 일은 아니다. 10여 년 연속(2010~2020년) 꾸준히 인구 내리막길을 걸으며 약 64만 명이 감소한 서울의 집값은 얼마나 하락했는가? 서울과 마찬가지로 같은 기간 동안 인구 내리막길을 걸으며 약 18만 명이 감소한 부산의 집값은 또 얼마나 하락했는가? 우리나라를 대표하는 두 도시의 가파른 인구 감소가 과연 대한민국 부동산에 잃어버린 10년을 가져왔는가?

데이터로 증명하지 않아도 우리는 서울과 부산의 집값이 과거 10여 년간 얼마나 가파르게 상승했는지 몸소 체험했다. 그럼에도 굳이 데이터로 대답하자면 서울의 집값은 해당 기간 동안 90%, 부산의 집값은 112% 상승했다.

잠시 타임머신을 타고 2016년으로 돌아가 서울에 생애 첫 내 집 마련을 하려는 신혼부부가 되어보자. 당시 인구 공포론을 촉발시킨 이슈로는 '서울 인구(내국인 기준) 28년 만에 1,000만 명 붕괴', 그리고 정점을 맞이한 '생산 가능 인구*'와 '역대 최저 출생아 수'를 꼽을 수 있다. 만약 인구 공포론에 휩싸여 서울에 내 집 마련을 포기했다면, 2016년 당시 5억 원에서 2023년 9억 원이 되어버린 서울의 집값(KB 중위 아파트 매매가격 기준)을 바라보며 어떤 생각이 들까?

인구가 주택시장 혹은 집값을 예측할 때 빼놓을 수 없는 변수인 것은 분명하다. 하지만 '인구 감소→수요 절벽→집값 폭락'이라는

---

* 경제활동이 가능한 만 15~64세 인구.

시나리오는 지나치게 도식적이다. 인구'만'으로 주택시장을 바라보게 만든다. 우리가 지난 수십 년간 겪어온 대한민국 부동산이 인구만으로 원인과 결과가 설명되는 단순한 시장이었는지 생각해보자. '인구'라는 변수는 대한민국 부동산에서 지나치게 과대평가되고 있다. 더욱 큰 문제는 부동산의 미래를 전망하면서 이분법의 잣대로 인구 감소는 집값 하락, 인구 증가는 집값 상승이라는 답안지를 제출하고 100점을 받았다고 자신하는 것이다.

인구 증감으로 부동산의 미래를 추정하는 것은 부동산 미래 예측 올림픽의 '인구 종목'에서 동메달을 딸 수 있을진 몰라도 금메달이나 은메달은 불가능하다. 금메달을 따려면 '인구밀도'를 알아야 하고, 은메달을 따려면 '인구(혹은 가구) 이동'을 분석해야 한다. 일정한 땅(토지)에 얼마나 많은 사람이 모여 살고 있는가를 알려주는 인구밀도를 알아야만 부동산 미래 예측 올림픽에서 금메달을 딸 수 있는 이유는 그것이 웬만해서는 변하지 않는 반석과도 같은 변수이기 때문이다. 오늘내일 혹은 1개월, 1년 단위로 변화무쌍하게 바뀌는 변수를 가지고 예측의 탑을 쌓는 것은 마치 모래 위에 집을 짓는 것과 같다. 따라서 수시로 달라지는 예측의 탑을 매번 다시 쌓는 수고와 불확실성이 따른다. 그러나 큰 격변이 없는 한 상수를 가지고 예측의 탑을 쌓는다면 반석 위에 집을 짓는 것과 같아 10년, 20년 후의 부동산시장을 내다보게 도와주며, 단기적인 충격에 예측의 탑이 흔들리지 않게 해준다.

2020년 기준 서울의 인구밀도는 15,891명/km²이다. 〈그림 1〉에서 보듯이 이 수준은 2000년 이후 무려 20여 년간 큰 변화 없이 유

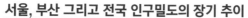

서울, 부산 그리고 전국 인구밀도의 장기 추이

인구 감소 영향으로 감소 추세이나
그 절대 격차는 여전하다!

(명/km²)

20,000

18,000

16,000 ····· 16,645 ·························· 15,891

14,000 ── 서울

12,000 ── 부산

10,000 ── 전국

8,000 ·· 전국 평균의 약 30배

6,000

4,000 ····· 4,912 ·························· 4,358

2,000 ································ 전국 평균의 약 8배

0 ·································· 516

1990 1991 1992 1993 1994 1995 1996 1997 1998 1999 2000 2001 2002 2003 2004 2005 2006 2007 2008 2009 2010 2011 2012 2013 2014 2015 2016 2017 2018 2019 2020

그림 1 1990〜2020년 인구밀도(e-나라지표)

지되고 있다. 혹자는 2019년에 서울의 인구밀도가 처음으로 1km² 당 1만 6,000명 아래로 떨어진 데 주목하며 마치 큰일이라도 일어 난 듯 다시 인구 공포론을 제기할 수도 있을 것이다. 그러나 우리나 라 전국 평균 인구밀도가 516명/km²임을 기억하자. 또한 세계에서 가장 비싼 집들이 즐비한 뉴욕(7,190명/km²)과 런던(5,701명/km²), 홍 콩(7,140명/km²)의 인구밀도*가 서울의 2분의 1 수준 혹은 그에도 미 치지 못한다는 것을 생각하자. 서울의 인구밀도는 최장신 농구 선 수의 키가 노화로 조금 줄어든 격이다.

1km²당 4,358명이 사는 부산은 어떠한가? 서울의 4분의 1 수준

───────────────

* 뉴욕과 홍콩은 2020년, 런던은 2019년 기준이다(worldometer, 영국 통계청).

에 불과해서 실망스러운가? 그렇다면 2020년 이후 지방 인구를 역전한 수도권을 대표하는 경기도의 인구밀도가 1,319명/km²임을 생각해보자. 서울과 부산 모두 인구 감소를 피해갈 수는 없었지만 본래 인구밀도가 압도적으로 높은 상황이었다. 타노스의 핑거스냅 같은 격변이 일어나지 않는 한 두 도시의 인구밀도에서 극적인 변화는 없을 것이다. 서울과 부산의 넘사벽 인구밀도는 수십 년 동안의 가파른 인구 감소에도 왜 두 도시의 집값이 가파르게 상승했는지 설명해준다.

주택을 짓기 위해 기본적으로 준비되어 있어야 하는 것이 땅이고 주택 수요의 원천이 인구라고 한다면, 땅의 면적 대비 인구의 집중도를 나타내는 인구밀도는 도시의 주택 공급 여력 대비 수요의 압력을 직관적으로 가늠할 수 있게 해주는 데이터다. 인구밀도가 높다는 것은 집을 지을 땅은 없는데 사람들이 너무 많이 몰려 산다는 것을 의미한다. 따라서 인구밀도가 높은 도시는 공급이 수요를 따라가기 어려워 장기적으로는 집값이 오를 수밖에 없다. 대표적으로 재개발과 재건축 외에 별다른 공급 대안을 찾을 수 없는 지역들이 집 지을 땅(택지)은 없는데 인구가 몰려 사는, 즉 인구밀도가 높은 대표적인 고밀 지역이라고 할 수 있다.

2010년대 후반 철강산업의 메카인 포항에서 미분양이 급증하며 바닥을 모르고 집값이 하락했던 적이 있다. 물론 거기에는 2017년 지진이라는 자연재해의 영향도 있었다. 하지만 포항의 집값을 4년 동안(2016~2019년)이나 떨어뜨린 근본 원인은 바로 '도시 개발 사업'이었다.

도시 개발 사업은 공공이 주도하는 택지개발(흔히 '신도시'라고 부른다)과 달리 민간이 주도하여 대규모 주거단지를 공급할 수 있게 한 것으로 도심 외곽에 신시가지를 개발하는 것을 말한다. 도시 개발지에 미리 땅을 사놓은 민간 시행자들은 분양시장이 호황을 맞이하면 너도나도 공급에 박차를 가한다. 이로 인해 주택의 대량 공급이 일시에 이뤄질 가능성이 높다. 인구밀도가 낮은 곳, 즉 집을 지을 땅이 인구에 비해 많은 곳에서는 이러한 일시적 대량 공급이 부동산시장에 화를 부를 때가 많다. 포항의 잃어버린 4년이 바로 이러한 경우였다. 경상권을 대표하는 도시들의 인구밀도(김해 1,171명/km^2, 양산 727명/km^2)에 비해 포항의 인구밀도(411명/km^2)가 낮은 편인데도 2016년 당시 포항에서 추진 중이던 도시 개발 사업은 경북 전체 도시 개발 사업 면적의 45%를 차지했다. 장기적인 하락이 충분히 예측 가능한 상황이었다. 서울 강서구의 마곡지구 역시 도시 개발 사업으로 진행되었으나 포항의 주택시장과 정반대 결과를 낳은 것도 포항의 34배에 달하는 인구밀도 때문이었다(강서구의 인구밀도는 13,993명/km^{2}이다).

　'공급 충격' 리스크는 지방 시도 지역의 인구밀도와 각 시도에서 진행 중인 도시 개발 사업 면적을 대비해봄으로써 가늠해볼 수도 있다. 〈그림 2〉를 보면 경남보다는 경북이, 전북보다는 전남이 인구밀도가 낮은데도 도시 개발 사업 면적이 상대적으로 큰 것을 알 수 있다. 따라서 경북과 전남은 시장 호황기에 일시적으로 이루어지는 대량 공급 리스크를 주의해야 한다.

　한편 〈그림 2〉에 정리된 인구밀도는 시도별 평균 인구밀도이다.

지역	인구밀도(명/km²)	도시 개발 사업 면적(천 m²) ▪
서울	15,891	9,886
부산	4,358	–
대구	2,733	646
인천	2,770	6,870
광주	2,952	1,295
대전	2,764	1,993
울산	1,072	4,255
경기	1,319	37,505
강원	90	1,203
충북	220	4,012
충남	264	10,070
전북	224	3,497
전남	145	6,167
경북	139	8,466
경남	317	12,511
제주	361	4,008

▪ 시행 중이거나 신규 지정 포함.

그림 2 2020년 기준 시도별 인구밀도와 도시 개발 사업 면적(e-나라지표, 통계누리)

즉 이것만으로는 같은 시도에 속해 있더라도 도시별 혹은 동네별로 천차만별인 인구 쏠림의 정도를 온전히 알 수 없다는 것이다. 그와 달리 〈그림 3〉은 500m 소단위 격자*를 기본 단위로 하여 바둑판

---

* 이 면적을 제곱킬로미터 단위로 환산하면 0.25km², 평수로 환산하면 약 7만 5,000평이다.

같은 시도에 있더라도 동네별 인구밀도는 다르다!
'붉은 지역'을 주목하라!

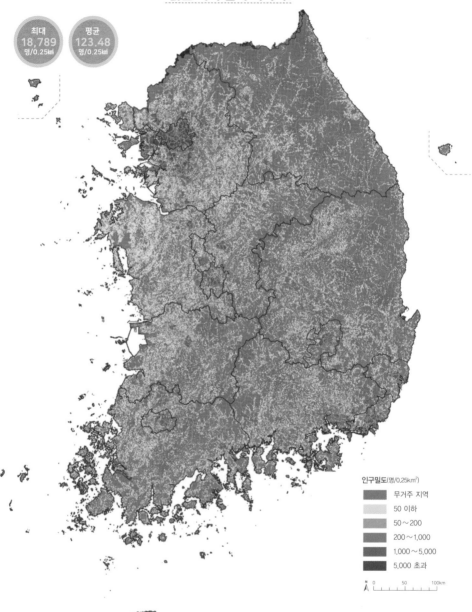

최대
18,789
명/0.25㎢

평균
123.48
명/0.25㎢

인구밀도(명/0.25km²)

무거주 지역
50 이하
50~200
200~1,000
1,000~5,000
5,000 초과

N
0   50   100km

그림 3 소단위 격자로 본 2020년 인구밀도(국토연구원)

처럼 촘촘히 우리나라를 분할한 후 격자 단위별 인구밀도를 표시한 것이다. 우리 일상의 찐 생활 반경인 '동네 단위' 인구밀도를 나타낸 지도인 것이다. 지도에서는 격자가 마치 점처럼 보이는데, 이 점이 붉을수록 인구밀도가 높다는 뜻이다. 대체로 수도권과 5대 광역시에 붉은 점이 집중되어 있다. 그 외 기타 시도 지역에도 부분적으로 붉은 점이 집중되어 있는 곳을 볼 수 있는데, 수도권과 5대 광역시 못지않게 지방 맹주로서 장기적으로 주택 가격이 꾸준히 상승하고 있는 지역들이다. 빅데이터는 이렇듯 우리의 관심사를 현미경처럼 자세히 보여줌으로써 현상의 실체에 더욱 가까이 다가가도록 도와주는 미덕을 발휘한다. 그렇다면 현미경으로 본 2040년 인구의 미래는 어떠할까?

〈그림 4〉는 시도별 인구과소 지역의 비율을 2040년까지 추정한 결과를 보여준다. 인구과소 지역은 500m 소단위 격자 안에 5명 이하가 거주하는 곳을 말한다. 인구밀도로 환산하면 $1km^2$당 20명 이하가 거주하는 지역을 의미한다. 촘촘하게 직조된 옷감에 구멍이 난 것처럼 지도 격자를 촘촘히 채우지 못한 인구과소 지역은 '인구 구멍 지역'이라고 할 수 있는데, 2040년 인구과소 우려가 가장 적은 곳은 인구 구멍 비율이 4.8%에 불과한 서울이다. 2040년 전국의 인구 구멍 비율이 29.8%로 추정되는 점을 감안할 때 서울의 인구밀도는 20년 후에도 다른 지역과 압도적인 격차를 유지할 것임을 알 수 있다. 또한 서울 다음으로 수도권 그리고 지방 광역시의 인구과소 비율이 적은 것으로 보아 현재 인구밀도가 높은 이들 지역의 위상은 20년 후에도 흔들림이 없을 것이라고 예상할 수 있다. 즉 인구밀

현재 인구밀도가 높은 곳은
앞으로도 인구 구멍 지역이 적다!

지역		인구과소 지역 비율		증감(B-A)
		2020년(A)	2040년(B)	
수도권	서울특별시	3.8%	4.8%	1.1%p
	인천광역시	12.8%	17.0%	4.2%p
	경기도	14.8%	18.0%	3.2%p
지방 광역시	광주광역시	17.0%	20.4%	3.4%p
	부산광역시	16.6%	20.4%	3.9%p
	대전광역시	16.2%	21.5%	5.3%p
	대구광역시	16.5%	21.9%	5.3%p
	제주특별자치도	24.4%	24.0%	−0.4%p
	충청남도	19.3%	24.2%	5.0%p
	울산광역시	22.5%	29.6%	7.2%p
	전라북도	25.5%	30.2%	4.7%p
	전라남도	28.7%	31.9%	3.3%p
	경상남도	27.0%	32.8%	5.9%p
	충청북도	28.0%	33.6%	5.6%p
	경상북도	31.2%	37.4%	6.2%p
	강원도	34.2%	39.8%	5.6%p

그림 4 2040년 인구과소 지역과 비율(국토연구원, 〈2040년 장래인구 분포 전망 연구〉)

도는 과거에도 그랬고, 수십 년 후의 미래에도 흔들림이 없는 반석과 같은 지표로, 당장의 시장이 크고 작은 부침을 보일지라도 부동산시장을 장기적으로 바라보기 위해서는 반드시 붙들어야 하는 데이터인 것이다.

지금 여러분이 바라보고 있는 지역(시·군·구 기준)이 연 3%를 넘어서는 하락을 기록했는가? 지금 여러분이 관심을 두고 있는 아파트 가격이 연 10%의 급락을 기록했는가? 만약 그곳이 인구밀도가 높은 고밀 지역이라면 오히려 지금이 매수를 고려해야 할 타이밍이며, 장기적 호흡으로 접근해야 하는 재건축·재개발 지역이라면 공포가 만연한 그때가 바로 최적의 투자 타이밍이 될 것이다.

대한민국 고밀 도시 올림픽

서울 고밀 지역 열전

양천구
26,002명/km²

동대문구
24,057명/km²

동작구
23,873명/km²

고밀 지역 TOP 3(인구밀도)

이제 본격적으로 시·군·구별 인구밀도를 낱낱이 해부하여 장기적으로 집값이 상승할 것으로 기대되는 지역을 톺아보자. 전국 최고의 고밀 도시인 서울에서도 가장 높은 인구밀도를 자랑하는 자치구는 어디일까? 서울의 초고밀 자치구 TOP 3는 양천구, 동대문구, 동작구이다. 각각 '서울의 학군', '서울 도심의 관문', '서울 강남권 뉴타운 개발'을 대표하는 이들 지역에는 1km²당 2만 4,000명 내외가 몰려 살고 있다.

목동은 아니지만 고밀의 힘을 믿어! 신정뉴타운

양천구 하면 목동 학군과 목동신시가지 재건축으로 대표되지만, 초고밀 지역인 덕택에 비非목동 지역의 신축 아파트 역시 평당 3,000~4,000만 원 수준을 자랑한다. 목동 재건축이 지지부진할 때 먼저 치고 나갔던 신정뉴타운의 가파른 가격 상승 역시 초고밀 자치구라는 인구 모멘텀으로 설명할 수 있다.

목동센트럴아이파크위브(신정1-1구역), 래미안목동아델리체(신정 2-1구역), 호반써밋목동(신정2-2구역) 등 신축 아파트 입주(준공)가 꾸준히 진행되며 뉴타운 완성을 향해 순항하고 있는 신정뉴타운의 대미는 신정4구역이 장식할 전망이다. 신정4구역의 신축 물량은 신정뉴타운에서 가장 큰 규모를 자랑하는 목동센트럴아이파크위브(3,045세대) 다음으로 많은 1,600여 세대로, 2호선 신정네거리역이라는 초역세권에 위치한 신정뉴타운의 대장 아파트 래미안목동아델리체와 연접해 있다. 수년 내 도시 정비 사업의 8부 능선인 관리 처분 단계에 도달할 것으로 예상되는 신정4구역은 신정뉴타운의 마지막 남은 블루칩으로 투자자들의 높은 관심을 받으며 비목동 지역의 시세를 주도해나갈 전망이다.

누가 먼저 치고 나갈 것인가?
2030년 서울 재건축 이슈의 중심에 설 목동신시가지 재건축

언제나 주인공은 나중에 등장하는 법. 서울에서 재건축 연한(30년)을 넘긴 단지가 많은 곳 가운데 하나인 목동신시가지는 안전 진단의 족쇄를 풀고 조합 설립을 향한 본격적인 항해를 시작할 수 있게 되었다. 향후 목동 재건축의 키포인트는 '누가 먼저 치고 나갈 것인가?'이다. 총 2만 가구가 넘는 재건축을 일시에 진행할 수는 없다. 재건축이 시작되면서 동시에 2만여 가구가 이사한다고 생각해보라. 전세난, 학교 재배치 등 그야말로 혼돈의 재건축이 될 것이다.

목동 재건축은 크게 오목교역을 중심으로 목동에 위치한 앞단지

(1~7단지)와 신정동에 위치한 뒷단지(8~14단지)로 구분된다. 형평을 고려해 앞단지와 뒷단지의 재건축 사업장을 균등 배분하여 진행할 가능성이 높다. 대규모 재건축 사업장의 경우 리딩 단지의 사업속도가 해당 재건축의 가치를 결정짓는 바로미터가 된다. 앞단지의경우 오목교역 학원가와 5호선 역세권 입지를 자랑하는 2,550세대규모의 7단지 사업 속도가 주요 변수가 될 것이다. 뒷단지의 경우에는 서울남부지검, 서울남부지법의 법세권과 초품아(초등학교를 품은아파트 단지) 입지를 자랑하는 9단지의 사업 속도가 주요 변수로 작용할 것이다.

조합 설립 이후 관리 처분까지 통상 5~10년이 소요된다는 점을 감안하면 이제 막 재건축의 걸음마를 뗀 목동신시가지 재건축은2030년에 접어들며 정점에 달할 것이다. 혹시 10년 후 어찌 될지모르는 주택시장의 사이클이 걱정되는가? 기억하자. 양천구는 고밀도시인 서울에서도 가장 인구밀도가 높은 초고밀 자치구이며, 목동은 서울에서도 손꼽히는 학군이라는 것을.

랜드마크가 필요한 동대문구, 그 답이 되어줄 청량리 개발!

서울 초고밀 자치구 TOP 3 가운데 No. 2라고 할 수 있는 동대문구에서는 서울의 주택시장이 본격 상승세에 접어들었던 2015년 전농답십리뉴타운 분양을 시작으로 이문휘경뉴타운 그리고 2019년청량리재정비촉진지구의 분양이 이루어지며 특정 구역에 편중되지않고 비교적 고른 개발이 진행되었다. 다만 어느 한 구역의 신규 공급량이 두드러지지 않아 동대문구를 대표할 랜드마크 지구가 필요한 상황이다.

마침 청량리의 위상을 동북권 중심 생활권으로 격상시키기 위한 '청량리역 광역환승센터 종합구상'이 2020년 하반기에 발표되었다. 이는 GTX-B·C 노선이 들어설 청량리역 일대가 천지개벽 수준으로 변화한다는 예고라고 할 수 있다. 해당 계획이 실현될 경우 GTX-B노선에서 GTX-C노선으로 환승할 때 계단 이동이나 다른 승강장으로의 이동 없이 같은 승강장에서 반대편으로 갈아타면 되는 수평 환승 시스템이 구축된다. 또한 46개 노선이 교차하는 지금의 복잡한 버스 환승 체계 역시 GTX와 유기적으로 연결된 통합 환승센터 구축을 통해 정비되면서 '번잡한 청량리'가 아닌 '말끔한 청량리'로의 변신이 기대된다. 게다가 청량리역을 중심으로 뻗은 3개의 축(왕산로축, 홍릉로축, 시립대로축)을 개발하여 홍릉연구단지와 경희대, 서울시립대 등 인접 대학과의 시너지를 극대화함으로써 청량리는 일자리·문화·주거가 한데 어우러지는 생활권으로 발돋움할 전망이다.

그렇다면 청량리역 역세권 개발의 수혜지는 어디일까? 아무래도 청량리역에 인접한 청량리재정비촉진지구를 가장 먼저 떠올릴 수 있다. 2023년, 1호선 청량리역과 KTX 청량리역 사이 '청량리 삼각주' 공간에 청량리역롯데캐슬(1,425세대), 청량리역한양수자인(1,152세대), 청량리역해링턴플레이스(220세대) 3형제가 완공되었다. 또한 청량리재정비촉진지구의 정점을 찍을 전농도시환경정비사업(전농구역)은 향후 1,000여 세대의 신축을 목표로 한 사업 시행 인가의 종소리가 울리는 순간 동북권 투자자들의 가슴을 설레게 할 것이다.

청량리재정비촉진지구 외에도 청량리에 인접한 재개발·재건축 지구는 여럿 있다. 청량리6구역, 청량리8구역, 청량리 미주아파트 등이 향후 10년을 바라보며 청량리역 광역환승센터 개발과 궤를 같이할 유망 구역이라고 할 수 있다.

청량리 개발을 중심으로 2030년 천지개벽을 기대하는 동대문구의 디딤판이 되어줄 중간 계투로는 이문휘경재정비촉진지구(이하 '이문휘경뉴타운')가 있다. 약 2만 4,000평의 규모를 자랑하는 이문휘경뉴타운은 서울 부동산이 상승기에 있던 2019년 휘경SK뷰(휘경2구역)가 첫 준공 테이프를 끊으며 쾌조의 스타트를 보여주었다. 뒤이어 휘경해모로프레스티지(휘경1구역)가 준공했으며, 2025년경에는 이문1구역, 이문3구역(3-1구역+3-2구역), 휘경3구역이 일시에 준공하는 등 동대문구 역사상 가장 많은 약 9,000세대의 입주가 이문휘경뉴타운에서 이뤄질 전망이다.

이문휘경뉴타운의 마지막 퍼즐은 이문4구역으로, 1호선 외대앞역과 신이문역을 모두 아우를 정도로 넓은 면적을 자랑한다. 이문4구역은 2022년 6월 롯데건설, 현대건설 컨소시엄을 시공사로 선정하며 최고 40층 3,600여 세대의 신축을 목표로 달려가고 있다. 마침 이문4구역에 연접한 '동부간선도로 지하화사업'이 2022년 시공사를 확정 지으며 개발이 가시화되었다. 이와 함께 중랑천수변 공간 정비 사업이 같이 이뤄지면서 이문4구역에 대한 관심은 2030년이 가까워질수록 더욱 높아질 것으로 예상된다.

이처럼 동대문구는 2030년을 기점으로 서울 도심의 '관문'에서 서울 도심의 '확장된 일원'으로 새로운 역사를 쓸 채비를 갖추고 있다.

동작구, 흑석뉴타운에서 노량진뉴타운으로
(feat. 여의도와 용산의 허브)

지난 8년간(2015~2022년) 신규 아파트 입주량이 옆 동네 서초구의 절반 수준에 불과했던 서울 초고밀 자치구 No. 3 동작구에서는 흑석뉴타운과 노량진뉴타운(노량진재정비촉진지구)이 쌍두마차가 되어 부동산시장을 주도하고 있다.

10개 구역 중 9개 구역이 이미 입주했거나 시공사 선정이 완료된 흑석뉴타운은 한강 조망 지구답게 흑석동에 '금석동'이란 별칭을 달아주었다. 또한 흑석뉴타운의 한강변 아파트는 반포 아파트와 시세를 맞추어가며 '서반포'라는 별칭을 얻었다. 흑석뉴타운 개발의 대미를 장식할 1·2·9·11구역 중 대우건설과 현대건설의 고급 브랜드를 달 11구역과 9구역은 일반 분양과 착공을 시작으로 2025~2026년에 각각 1,000여 세대의 단지로 탈바꿈하며 흑석뉴타운의 가치를 더욱 높여줄 전망이다. 완성을 향해 달려가는 흑석뉴타운의 뒤를 이어 2030년경 동작구 개발의 화룡점정을 찍을 곳은 노량진뉴타운이다. 2022년 여름, 서울시는 노량진역 일대를 허브 삼아 여의도와 용산을 연결해 '신수변 복합 거점'으로 개발하는 '한강철교 남단 저이용부지 일대 지구단위계획'(이하 '노량진역 일대 개발')을 발표했다.*

---

* '한강철교 남단 저이용부지 일대 지구단위계획'은 한강대교 남단(동작구 노량진동 13-8번지 일대)의 약 170,000㎡에 달하는 부지를 개발하는 계획이다. 이용이 저조한 노량진역과 대규모 유휴 부지인 옛 노량진수산시장 부지, 수도자재센터 등이 대상지에 포함된다. 최고 높이 200m, 용적률 800%로 복합 개발될 예정이며, 노량진역과 여의도를 직접 연결하는 도로와 보행교를 신설해 여의도와 용산을 잇는 새로운 경제 거점으로 재편하는 것을 목표로 한다.

서울시에서 주도하는 '노량진역 일대 개발' 취지에는 노량진뉴타운의 미래 잠재 가치가 고스란히 담겨 있다. 흑석뉴타운이 반포 서쪽에 위치하여 서반포 프리미엄을 누리고 있다면, 노량진뉴타운은 서울의 핵심 업무 지구인 여의도와 용산 중간에 위치하여 '한강변 도심 허브 프리미엄'을 누린다. 여기에 노량진뉴타운의 위상을 더욱 높여줄 '노량진역 일대 개발'이 추진됨에 따라 노량진은 서울 도심을 잇는 한강변 대표 경제·주거·문화 복합 지역으로 발돋움할 행복한 운명을 맞이할 것으로 보인다.

약 9,000세대가 신축될 노량진뉴타운의 주인공 역시 마지막에 등장할 예정이다. 바로 노량진의 대장주인 노량진1구역이다. 약 3,000세대가 들어설 노량진1구역 부지 남쪽에는 공공청사·공원·유치원이 설립될 예정으로, 미래 가치를 선점하려는 투자자의 관심을 한 몸에 받을 것이다. 마침 2023년 노량진1구역의 사업 시행 인가가 나오면서 노량진뉴타운 8개 구역 모두 재개발의 7부 능선을 넘었다. 이로써 노량진은 2030년 한강변 신축 브랜드 타운 프리미엄을 확정 지었다.

도심 허브라는 노량진의 입지적 가치를 더욱 높여줄 또 다른 이벤트도 2030년을 기다리고 있다. 잇는 곳(허브)이 뜨려면 이어주는 곳 역시 스포트라이트를 받아야 한다. '2040 서울도시기본계획'에 따르면 노량진이 이어줄 여의도와 용산은 '한강변 규제 완화, 한강 중심 글로벌 혁신 코어 조성'의 키워드로 조명을 받으며 시간이 흐를수록 서울의 그 어느 곳보다도 뜨거운 관심을 받을 전망이다. 반포지구 개발의 후광 속에 성장한 동작구는 이제 노량진뉴타운을 축으로 여의도, 용산과 함께 새로운 10년을 바라보며 '한강변 도심 허브'라는 정해진 미래를 맞이할 것이다.

정해진 미래 개발 지역 ❶

양천구 🏢

신정재정비촉진지구(신정뉴타운)

위치	재건축 구역명	개발 면적	진행 현황*	예정 세대수	시공사
신정동 1200번지 일대	신정4재정비촉진구역	82,065	건축 심의 통과	1,660	대우건설

목동신시가지 재건축

위치	재건축 단지	준공 연도	총 세대수	용적률	진행 현황
목동	목동신시가지1단지	1985	1,882	123	안전 진단 통과 (종상향 추진)
	목동신시가지2단지	1986	1,640	124	안전 진단 통과 (종상향 추진)
	목동신시가지3단지	1986	1,588	122	안전 진단 통과 (종상향 추진)
	목동신시가지4단지	1986	1,382	125	안전 진단 통과
	목동신시가지5단지	1986	1,848	116	신통기획 추진
	목동신시가지6단지	1986	1,362	139	신통기획 확정 (2,120세대 예정)
	목동신시가지7단지	1986	2,550	125	신통기획 추진

---

* '정해진 미래 개발 지역'들의 재개발·재건축 '진행 현황'은 2024년 2월 기준이다.

	목동신시가지8단지	1987	1,352	156	신통기획 추진
	목동신시가지9단지	1987	2,030	133	안전 진단 통과
	목동신시가지10단지	1987	2,160	123	신통기획 추진
신정동	목동신시가지11단지	1988	1,595	120	안전 진단 통과
	목동신시가지12단지	1988	1,860	119	신통기획 추진
	목동신시가지13단지	1987	2,280	159	신통기획 추진
	목동신시가지14단지	1987	3,100	146	신통기획 추진

동대문구

청량리재정비촉진지구

위치	구역명	개발 면적	진행 현황	예정 세대수
전농동 494번지 일대	전농구역 도시환경정비사업	27,623	건축 심의 통과	1,117
전농동 643번지 일대	전농12구역 도시환경정비사업	16,237	조합 설립 인가	297

전농답십리재정비촉진지구

위치	구역명	개발 면적	진행 현황	예정 세대수
전농동 204번지 일대	전농8구역 재개발정비사업	93,697	조합 설립 인가	1,750

이문휘경재정비촉진지구

위치	구역명	개발 면적	진행 현황	예정 세대수	시공사
이문동 86-1번지 일대	이문4재정비촉진구역	149,690	사업 시행 인가	3,628	롯데건설, 현대건설

동작구 🏢

노량진재정비촉진지구

위치	구역명	개발 면적	진행 현황	예정 세대수	시공사
노량진 278-2번지 일대	노량진1구역	132,187	사업 시행 인가	2,992	
노량진 312-75번지 일대	노량진2구역	16,208	관리 처분 인가	415	SK에코플랜트
노량진 232-19번지 일대	노량진3구역	73,068	사업 시행 인가	1,012	포스코이앤씨
노량진 227-121번지 일대	노량진4구역	40,513	관리 처분 인가	844	현대건설
노량진 270-3번지 일대	노량진5구역	38,017	관리 처분 인가	727	대우건설
노량진 294-220번지 일대	노량진6구역	72,822	관리 처분 인가	1,499	GS건설, SK에코플랜트
대방동 13-31번지 일대	노량진7구역	33,155	사업 시행 인가	576	SK에코플랜트
대방동 23-61번지 일대	노량진8구역	55,743	관리 처분 인가	987	DL이앤씨

수도권 고밀 지역 열전

인천 미추홀구	인천 부평구	부천시
24,057명/km²	15,470명/km²	15,311명/km²

안양 동안구	수원 팔달구	수원 영통구
14,164명/km²	13,607명/km²	13,310명/km²

고밀 지역 TOP 6(인구밀도)

인천의 오랜 도심 미추홀구, GTX-B의 희망을 품다

이제 초고밀 도시인 서울에서 눈을 돌려 경기와 인천의 고밀 지역을 톺아보자. 경기와 인천을 통틀어 가장 높은 인구밀도를 자랑하는 곳은 2018년 개명한 인천 미추홀구이다. 사람의 경우도 그렇지만 도시의 개명은 매우 드문 일이다. 하지만 미추홀구의 이전 이름인 '남구'는 지리적으로도 인천의 중심에 자리하고 있어 방위 개념에 맞지 않은 데다 같은 명칭을 전국 6곳에서 사용하여 고유성도 떨어진다는 이유를 들어 개명했다.

남구의 새 이름 미추홀은 '물의 고을'이라는 뜻으로, 인천 최초의 지명이기도 하다. 인천 최초의 지명을 남구에 선사했다는 것은 이곳이 바로 인천의 오래된 도심, 즉 구도심임을 암시하는 대목으로 오래된 나이만큼이나 재개발 구역이 집중되어 있다. 그러나 2010년 수도권 부동산에 불어닥친 불황으로 수많은 재개발 구역들이 해제되었다. 대표적인 뉴타운이었던 주안뉴타운 역시 장기 불황의 여파를 피하지 못하고 많은 구역이 해제되어 현재는 주안1구역, 미추1구역 등 몇 구역만 신축으로 거듭나고 있는 상황이다.

최초의 청사진이 많이 훼손되었지만 인천 구도심의 자존심을 세워줄 한 방이 2025년을 기다리고 있다. '30분 이내 서울 출퇴근'이라는 기대를 한 몸에 받으며 인천을 뜨겁게 달궜던 GTX-B노선 인천시청역이 주안뉴타운 중심지에서 약 1km 반경에 있다. 특히 인천시청역과 근거리에 있는 주안4구역(주안캐슬앤더샵에듀포레), 주안10구역(더샵아르테)은 2024년 GTX-B노선의 착공과 함께 몸값을 높여갈 전망이다.

주안뉴타운의 배턴을 이어받아 미추홀구 개발의 정점을 찍을 미니 신도시는 용현학익지구 1블럭에서 진행 중인 시티오씨엘이다. 2025년까지 약 47만 평 부지에 1만 3,000여 세대 분량이 공급될 예정이다. 시티오씨엘에는 5개의 학교 용지가 계획되어 있다. 또한 문화시설이 부족한 인천시의 숙원 사업인 '인천뮤지엄파크'가 약 1만 2,000평 부지에 미술관·박물관·공원이 결합한 복합문화시설로 탄생할 전망이다. 여기에 현재는 무정차 통과 중이나 시티오씨엘에 속해 있는 수인분당선 학익역이 도시 개발 속도에 맞춰 2026년 개통 예정이다. 이는 학익역에서 한 정거장 거리의 송도역에서 출발하는 인천발 KTX의 개통 시점과 맞물려 시티오씨엘에 교통 프리미엄을 안겨줄 것이다.

'교통 안심보험'에 가입된 미니 신도시 시티오씨엘, GTX-B의 희망을 품은 주안뉴타운은 2025년 인천의 초고밀 구도심 미추홀구의 자존심을 세워주며 미추5구역, 미추8구역, 용현4구역 등 과거 불황에서 생존한 나머지 재개발 구역들의 사업 추진에도 힘을 실어줄 것이다.

잠잠했던 서서울 고밀 벨트, 반전을 기대하라!

수도권 인구밀도 2위와 3위는 인천 부평구와 경기 부천시로, 앞서 살펴본 서울 인구밀도 1위 양천구와 함께 서울 서측의 고밀 벨트(이하 '서서울 고밀 벨트')를 형성하고 있다. 제한된 토지에 많은 인구가 집중된 만큼 서서울 고밀 벨트는 강력한 잠재력을 보유하고 있다. 하지만 초집중된 주택 수요에 불씨를 당길 만한 폭발적인 호재가 없다는 공통점도 가지고 있다.

양천구는 오랫동안 안전 진단 규제에 묶여 있었으며, 용적률이 높은 1기 신도시로 탄생한 부천은 이렇다 할 재건축·재개발 사업이 없는 상황이다. 부평구 역시 준서울 입지임에도 검단신도시, 루원시티 등 대규모 신도시를 개발하고 있는 인천 서구에 신도시를 사랑하는 3040세대의 수요를 뺏기고 있는 처지이다. 그러나 서서울 고밀 벨트 역시 미추홀구와 마찬가지로 GTX-B노선 착공을 필두로 2025년 이후에는 반전을 기대할 수 있다. GTX-B노선 '부평역'과 '부천종합운동장역'이 각각 부평구와 부천시에 개통될 예정으로, 두 곳 모두 초고밀 지역인 만큼 역세권의 수혜 반경이 폭넓게 형성되어 철도 개통 시 부동산에 미치는 파급력이 지대할 전망이다.

또한 부천종합운동장역은 김포에서 부천을 잇는 GTX-D노선과도 연결될 예정이며, 2021년 부평구청역에서부터 연장되어 개통된 서울지하철 7호선 석남역도 2027년경 청라신도시까지 연장될 예정이다. 부천과 부평구 모두 수도권 서부 지역을 서울과 잇는 교통 거점으로 성장할 전망이다.

부평구에서는 청천·산곡 재개발을 주목하라

부평구에서 주목할 만한 재개발 사업은 7호선 산곡역을 중심으로 남북에 위치해 있는 청천·산곡 재개발로, 현재까지 절반 이상 개발이 진행되었다.

여러 구역이 함께 뭉쳐 있는 재개발 사업의 경우 단지 규모가 크고 역세권 등 입지가 좋은 '대장 구역'의 개발 순서가 해당 사업의 가치를 결정짓는다. 대장 구역이 첫 번째 혹은 마지막으로 개발되는 것이 재개발 구역 전반에 긍정적인 영향을 미친다.

대장 구역이 가장 먼저 개발될 경우 해당 단지의 집값이 기준점이 되어 나머지 재개발 구역의 가치를 상향 평준화할 수 있다. 마지막으로 개발될 경우에는 재개발 사업의 화룡점정을 찍을 것이라는 기대감을 사업 기간 내내 유지해 많은 투자자들을 지속적으로 유입시킬 수 있다.

청천·산곡 재개발은 7호선 산곡역 역세권에 자리한 '산곡6구역', '산곡구역(산곡도시환경 재개발)'으로 대미를 장식할 예정이다. 2025년경 일반 분양(착공)을 시작으로 신축으로의 변신이 예정되어 있다. 규모 또한 각각 2,000여 세대로 예정되어 있어 청천·산곡 재개발의 가치를 전반적으로 레벨업할 전망이다. 여기에 두 구역 인근의 1113공병단 부지 개발 사업, 미군 기지인 캠프 마켓 이전 부지 개발

사업도 2025년경 가시화될 것으로 예상되어 2025년 부평구의 반전을 더욱 기대하게 한다.

2030년 부천을 책임질 삼각 랜드마크 개발 호재!

10,000명/km²이 넘는 인구밀도를 자랑하는 초고밀 도시 중에서도 인구 70만 명의 '초대형 고밀 도시'인 부천시는 강력한 잠재력에 비해 대규모 호재가 없다는 것이 큰 아쉬움을 남긴다. 그나마 GTX-B노선의 개통만으로는 만족하기 어려운 부천의 아쉬움을 달랠 수 있는 호재로 부천 상동의 약 11만 평 부지에 4조 원의 사업비가 투여될 '부천영상문화산업단지 개발사업'을 꼽을 수 있다.

GS건설 컨소시엄이 사업 시행을 맡은 부천영상문화산업단지는 문화산업융복합센터를 비롯해 70층 높이의 미디어전망대, 300실 규모의 호텔뿐 아니라 6,000여 가구의 주거 시설도 조성될 예정이다. 통상 대규모 개발의 일정이 지연된다는 점을 감안할 때 개발이 완성되는 시점은 2030년경이 될 전망이다.

부천영상문화산업단지가 2030년 부천의 서쪽 랜드마크로 자리매김할 예정이라면, 동쪽의 랜드마크는 7호선, 서해선과 더불어 GTX-B노선이 개통될 부천종합운동장역 일대 약 15만 평을 개발하는 '부천종합운동장일원역세권융복합개발사업'을 꼽을 수 있다. 이곳에는 2027년경 R&D 시설, 첨단지식산업, 스포츠 및 문화 시설, 그리고 공동주택이 들어설 예정이다.

3기 신도시로 지정되었으며 북쪽의 랜드마크가 될 대장지구도 2030년 완성을 목표로 개발 중에 있다. 최초 교통계획 때 철도 노선이 부재하여 아쉬움이 있었으나 서울지하철 2호선을 대장지구로 연장하는 대장홍대선 사업에 청신호가 켜지며 2032년 개통을 기대할 수 있게 되었다.

대장지구는 3기 신도시 중에서는 미니 신도시급이지만, 약 2만 호의 주택이 들어설 경우 초고밀 도시인 부천의 숨통을 그나마 틔워주어 부천 원도심의 쾌적성을 개선해줄 것으로 기대된다. 여기에 인접한 인천 계양신도시(계양테크노밸리)가 3기 신도시로 함께 개발됨에 따라 2030년 부천은 행정구역상의 경계와 별개로 실질적인 도시 생활 반경이 북쪽으로 확대되는 효과를 누릴 것이다. 게다가 부천 도심을 관통하며 남북을 단절시키고 있는 경인고속도로의 지하화가 확정됨에 따라 부천은 3기 신도시 개발과 함께 도시 면적의 확장이라는 역사적 전환기를 꿈꿀 수 있게 되었다. 이로써 대규모 재개발·재건축이 부재하다는 아쉬움을 털고 동과 서, 그리고 북쪽을 아우르는 삼각 랜드마크 개발이 2030년을 향해 닻을 올렸다.

서서울 고밀 벨트의 중심인 부천시는 향후 10년의 도약을 이끌 청사진의 깃발을 휘날리며 1기 신도시 개발에 이은 두 번째 부흥을 외칠 것이다.

빅사이클이 종료된 안양, 정비 예정 구역을 주목하라!

부천 다음으로 수도권 초고밀 지역인 안양 동안구는 1기 신도시로 중동을 품은 부천과 마찬가지로 평촌을 1기 신도시로 품었다는 공통점이 있다. 분당($19.6km^2$)과 일산($15.7km^2$)에 비하면 미니 신도시급인 중동($5.5km^2$)과 평촌($5.1km^2$)이지만 두 곳 모두 초고밀 도시답게 경제활동의 활력을 나타내는 인구 1,000명당 사업체 수는 일산(83곳)과 분당(63곳)에 크게 뒤처지지 않는다(평촌의 경우에는 분당과 동일하다).* 평촌은 학군으로도 유명해 동안구의 인구밀도는 약 14,000명/km²이나 된다. 같은 안양시 만안구 인구밀도(약 6,500명/km²)의 2배를 상회한다. 이렇게 인구 격차가 큰 이유는 학군 외에도 강남으로의 통근 여건을 꼽을 수 있다. 부동산 빅데이터 플랫폼 '호갱노노'의 자가용 출근 시뮬레이션에 따르면 동안구에서 강남까지 출근 시간은 40분대이다. 만안구에서 강남으로 출근할 때 드는 1시간 정도와 비교하면 양호한 수준이다.

주택 고령화가 심했던 안양시는 수도권 주택 경기 활황에 힘입어 재개발·재건축 사업을 활발하게 추진하여 2020~2025년 약 2만 7,000세대의 신축 아파트가 들어설 예정이다. 특히 높은 집값 덕분에 사업 수익성이 우수했던 동안구에서 재개발·재건축이 대거 진행되면서 안양시 신축 물량의 절반 이상을 차지할 전망이다. 이는 동안구 재개발·재건축의 빅사이클이 종료되고 있음을 의미한다. 동시에 역세권 등 양질의 입지에 들어서는 젊은 주택의 집값이 고령 주택과 더욱 격차를 벌려나갈 것임을 시사한다.

특히 판교로의 출근로를 확보해줄 월곶판교선(이하 '월판선') 역세권에 위치한 젊은 주택이 향후 안양시의 시세를 주도해나갈 것으로 예상된다. 2030년경 개통 예정인 월판선 개발로 안양에는 총 4개의 역이 설치되는데, 동안구에 인덕원역과 종합운동장역, 만안구에 안

---

* 중동 53곳, 평촌 63곳. "사업체·종사자, 신도시 어디 어디에 많나", 시사저널e, 2019.

양역과 만안역이 설치될 예정이다. 2022년 월판선 안양역 역세권에 자리한 안양역푸르지오더샵(진흥아파트 재건축)은 1순위 청약에서 약 5,000건의 청약 접수를 받으며 15 대 1의 경쟁률을 기록하는 등 월판선의 호재성을 입증했다. '만안구＋월판선' 조합이 이 정도 기대를 모은 것을 감안하면 '동안구＋월판선' 조합은 두말이 필요 없다. '뉴타운맨션삼호아파트 재건축'(자이더퍼스니티)은 2027년 2,723세대의 대규모 신축으로 거듭나며 월판선 종합운동장역 역세권의 신축 프리미엄을 뽐낼 것이다.

한편 동안구는 주요 재건축·재개발이 대부분 착공 또는 관리 처분 이후의 단계를 밟고 있어 도시 정비 사업의 빅사이클이 종료되었다고 할 수 있다. 그 점을 감안할 때 다음 10년의 사이클을 기다리는 장기투자자의 입장에서는 재건축 초기 단계로 조합 설립을 마친 '관양현대아파트 재건축'에 관심을 둘 필요가 있다. 또한 2020년에 '재건축·재개발의 씨앗 단계'라고 할 수 있는 정비 예정 구역으로 지정된 '종합운동장 동측·북측 재개발'에도 주목할 필요가 있다. 두구역을 합한 면적은 약 5만 평으로 향후 이곳에 4,000여 세대의 아파트가 공급될 예정이다.

주택 고령화의 어두운 터널을 지나 1군 브랜드의 신축 뉴타운으로 거듭날 동안구는 월판선이 개통되는 2030년을 기점으로 강남뿐 아니라 판교까지의 출근로를 확보한다. 이로써 기존의 평촌 학군과 가까운 미래에 조성될 신축의 숲 그리고 첨단 업무 지구로의 직주근접이라는 3개의 절대반지를 확보한다. 이런 점들을 고려해볼 때 동안구는 경기 남동권의 왕좌를 더욱 공고히 지킬 것이다.

안양에 질 수 없다, 수원의 도시 정비 사업은 쾌속 추진 중!

왕년의 K리그 팬들이라면 수원삼성 블루윙즈와 옛 안양LG 치타스(현 FC서울)의 뜨거운 라이벌전을 가리키는 '지지대 더비'를 기억할 것이다. 이 별칭은 1번 국도로 수원과 안양을 오가려면 반드시 거쳐야 하는 지지대遲遲臺 고개에서 따온 것으로, 지리적으로 인접한 수원과 안양은 스포츠에서뿐만 아니라 인구통계에서도 첨예한 라이벌 구도를 이루고 있다.

안양의 인구밀도를 바짝 쫓고 있는 수원의 고밀 지역으로는 수원삼성 블루윙즈의 홈구장이 있는 팔달구와 삼성전자가 있는 영통구를 꼽을 수 있다. 이 두 곳에서도 철도 호재를 타고 도시 정비 사업이 진행 중이다. 푸르지오, 힐스테이트 등의 1군 브랜드 신축으로 변신하고 있는 수원역 인근의 팔달구 재개발(고등지구, 팔달 6, 8, 10구역 등)은 막바지에 이르렀다.

마침 수원역에서 출발하는 KTX도 2027년 개통될 예정이다. 기존의 수원-대전을 잇는 경부선 대신 고속철도를 이용할 경우 대전, 광주 등 주요 지역으로의 이동 시간은 20~110분가량 단축된다. 또한 하루 4차례 정차하던 KTX가 18차례 정차하면서 KTX 수원역의 위상도 자연스레 수직상승할 것으로 전망된다. 게다가 2030년경에는 강남권으로의 출근로를 확보해줄 GTX-C노선 수원역도 개통될 예정이어서 팔달구 재개발은 시간이 흐를수록 교통 호재로 그 몸값이 높아질 것이다.

수원역 인근에 이어 팔달구의 재개발 명맥을 이을 곳은 영통구와 인접한 우만동에 몰려 있다. 주인공은 팔달1구역 재건축(우만현대아파트)과 우만1구역 재건축(우만주공 1·2단지)이다. 이 두 개발지는 하나의 단지처럼 모여 있으며, 2030년경 개통 예정인 신분당선 연장선과 동탄인덕원선(이하 '동인선')의 더블 역세권이 될 수원월드컵경기장역(가칭)의 수혜 반경에 있어 역시 교통 호재를 등에 업고 가치를 발휘할 예정이다.

우만동 재건축 사업지 남단의 영통구에서도 주목할 만한 도시 정비 사업이 추진되고 있다. 바로 영통3구역 재건축(원천주공), 원천1구역 재건축(아주아파트), 영통1구역 재개발, 영통2구역 재건축(매탄주공 4·5단지)이다. 이 4개의 도시 정비 사업 역시 동인선 아주대삼거리역(가칭)의 수혜 반경 안에 있다. 이 중 입지가 우수하고 4,000여 세대의 매머드급 규모를 자랑하는 대장주 영통2구역 재건축은 신축으로 거듭날 준비를 마쳤다. 또한 그 뒤를 따르고 있는 영통1구역 재개발도 영통2구역 재건축의 후광에 힘입어 고밀 지역의 잠재력을 신뢰하는 장기투자자들의 높은 관심을 받을 전망이다.

정해진 미래 개발 지역 ❷

안양 동안구 🏢

재건축

재건축 단지	준공 연도	총 세대수	용적률	진행 현황	예정 세대수	시공사
관양현대	1985	904	176	조합 설립 인가	1,305	현대산업개발

재개발

위치	구역명	개발 면적	진행 현황	예정 세대수
비산동 1069번지 일대	종합운동장 동측 재개발	91,267	조합 설립 인가	1,662
비산동 1015-22번지 일대	종합운동장 북측 재개발	64,375	조합 설립 인가	1,105

수원 팔달구 🏢

재건축

재건축 단지	준공 연도	총 세대수	용적률	진행 현황	예정 세대수	시공사
수원115-12구역 (신반포한신)	1980	1,185	181	관리 처분 인가	1,305	롯데건설
팔달1구역 (우만현대)	1985	563	120	사업 시행 인가	1,195	현대엔지니어링
우만1구역 (우만주공 1·2단지)	1988	1,484	123	안전 진단 통과	1,855	

수원 영통구 🏢

재건축

재건축 단지	준공 연도	총 세대수	용적률	진행 현황	예정 세대수	시공사 (브랜드)
영통2구역 (매탄주공 4·5단지)	1985	2,440	181	관리 처분 인가 (이주)	4,002	영통자이 아이파크
영통3구역 (원천주공)	1987	1,320	188	안전 진단 통과	1,584	

재개발

위치	구역명	개발 면적	진행 현황	예정 세대수	시공사
매탄동 173-50번지 일대	영통1구역	52,201	사업 시행 인가	976	대우건설, SK에코플랜트

장기투자자라면 '정비 예정 구역'을 포트폴리오에 담아라!

우리가 인구 고밀 도시를 주목해야 하는 이유는 인구밀도가 웬만해서면 변하지 않는 반석 지표이기 때문이다. 눈앞에서 출렁대는 시장의 변동성에도 흔들리지 않고 장기 상승의 푯대를 신뢰하며 나아갈 수 있는 요소인 것이다. 길게는 10년 이상 사업 기간이 소요되는 재건축·새개발 능 도시 정비 사업에 투자할 때는 고밀 도시에 집중해야 한다.

특히 남보다 더 이른 시기에 '될 만한' 도시 정비 사업장을 선점하려는 장기투자자라면 고밀 도시를 눈여겨보는 것은 당연하고, 반드시 덧붙여 수행해야 할 일이 있다. 즉 도시 정비 사업의 씨앗 단계라고 할 수 있는 '정비 예정 구역'을 예비 포트폴리오에 담아두고 향후 구역 지정 상황을 면밀히 관찰하는 것이다.

앞서 언급한 수원 팔달구와 영통구의 도시 정비 사업 구역에는 3개의 정비 예정 구역이 있었다. 팔달구의 '우만1구역 재건축'과 영통구의 '영통3구역 재건축', '원천1구역 재건축'이 그것이다. '2030 수원시 도시·주거환경정비 기본계획'에서 정비 예정 구역으로 지정되었다. 이렇듯 정비 예정 구역에 포함되었다는 것은 향후 정비 구역으로 '확정'되기 위한 후보군에 올랐다는 의미이다.

특별시, 광역시, 특별자치시(세종시), 특별자치도(제주도) 혹은 인구 50만 이상의 대도시에 속할 경우 해당 지역은 10년 단위로 '도시·주거환경정비 기본계획'(이하 '도환계획')을 수립해야 한다. 재건축·재개발이 부동산 정책의 중심인 고밀 대도시의 도환계획은 도시의 미래 10년 혹은 20년을 결정짓는 매우 중요한 계획이다. 여기에는 도시의 재건축·재개발, 주거 환경 개선 사업 등 각종 도시 정비 사업의 추진을 위한 정비 구역의 선정 기준이 담겨 있다. 또한 이 기준에 부합한 정비 구역 예정지의 세부 내용이 구체적으로 명시되어 있을 뿐 아니라 지금까지 추진되어왔던 재개발·재건축 등의 현황도 세부적으로 정리되어 있다.

투자자든 실수요자든 관심 도시의 도환계획을 통해 '어떤 구역이 개발될 가능성이 높을까?', '우리 도시는 통상 재건축·재개발 구역 지정 이후 어느 정도 시간이 지나야 새 아파트가 들어서는가?'에 대한 답을 얻을 수 있다. 구체적으로 '정비 구역 선정 기준'을 통해 관심 지역의 개발 가능성 예측, '정비 구역 예정지'의 단계별 인허가 추적을 통해서는 투자 기회 선점, 과거의 재건축·재개발 히스토리 확인을 통해 평균적인 사업 기간의 예측이 가능하다.

현재는 우리나라 거의 모든 대도시의 2020년 계획이 종료되고 2030년 계획이 발표된 상황이다. 도시 정비 사업의 가치가 절대적인 서울에서도 '2030 서울특별시 도시·주거환경정비 기본계획'(이하 '2030 서울 도환계획')이 발표되었는데, 도심부와 도심부 외 지역으로 나누어 정비 예정 구역이 지정되었다.

서울 도심부의 경우 직전 계획에서 해제되었던 동대문 일대 약 1,082,000m²와 남대문로5가 구역 동측의 약 18,000m²가 재지정되어 향후 10년 서울 도심의 미래를 책임질 곳으로 선정되었다. 서울 도심부 외 예정 구역에서 눈여겨볼 것은 새로 도입된 '정비 가능 구역'*이라는 개념이다. 강남을 제외한 서울 동북·서북·서남권 총 11곳이 정비 가능 구역으로 지정되었다. 이들 정비 가능 구역은 기존의 정비 예정 구역과 더불어 향후 10년 서울에서 부동산 가치가 상승할 지역에 대한 맥을 짚을 수 있게 해줄 것이다.

---

* 별도의 예정 구역 지정 절차 없이 지역의 중심 역세권 반경 500m 이내 지역 중 노후도 등 세부 기준을 충족하고 기반 시설 등 공공성이 확보될 경우 정비 구역으로 선정 가능한 지역을 말한다.

리얼빅체크나우 1

도심 부동산 미래의 금맥, 정비 예정 구역에 다 있다!

'도시 및 주거환경정비법'(이하 '도시정비법')에 따라 특별시, 광역시 같은 대도시는 도환계획을 10년 단위로 수립해야 한다. 도시정비법 제5조(기본계획의 내용)에 따르면 도환계획에는 정비 사업의 기본 방향, 계획 기간, 인구, 건축물 현황 등이 포함되어야 한다. 서울, 부산 등 대도시의 도심은 주택 공급에서 도시 정비 사업의 의존도가 높을 수밖에 없는데, 어느 지역이 언제 어떻게 개발될 것인가에 대한 모든 밑그림이 바로 도환계획에 담겨 있는 것이다.

51쪽의 그림은 재건축 사업과 재개발 사업의 절차를 보여준다. 가장 처음 단계인 기본계획 수립이 바로 도환계획에 해당하며, 그 다음에 '정비 구역 지정'이 이루어진다. 도환계획은 10년 계획이지만 장기 계획의 특성상 대부분의 정비 사업이 계획된 시간표대로 진행되기 어렵다. 도환계획이 정해졌다고 해도 '언제 개발될 것인가?'는 확신할 수 없는 것이다. 하지만 '어느 지역, 어느 아파트가 개발될 것인가?'는 정비 예정 구역을 통해 가늠해볼 수 있다. '어디가 개발될 것인가?'에 대한 최종 답안인 정비 구역 지정에 앞서 그 후보들을 미리 선별해놓은 것이 바로 정비 예정 구역이기 때문이다. '정비 예정 구역이 모두 정비 구역으로 지정되는 것은 아니지만 모든 정비 구역은 정비 예정 구역에서 탄생한다!'

재건축 사업 추진 절차

사업 준비	기본계획 수립
	안전 진단
	정비계획 수립 및 정비 구역 지정

사업 시행	〈조합 시행〉	〈공공 시행〉
	추진위원회 구성 및 승인	주민대표회의 구성 및 승인
	창립총회	
	조합 설립 인가	시행자 지정
	시공자 선정	
	사업 시행 인가	
	감리자 선정	

관리 처분 계획	분양 공고 및 분양 신청
	관리 처분 계획 수립
	관리 처분 계획 인가

사업 완료	이주 · 철거 · 착공
	준공 인가 신청 · 자체 준공 검사
	준공 인가
	이전 고시 및 정산

재개발 사업 추진 절차

| 사업 준비 | 기본계획 수립 |
| | 정비계획 수립 및 정비 구역 지정 |

사업 시행	〈조합 시행〉	〈조합 외 시행〉
	추진위원회 구성 및 승인	주민대표회의 구성 및 승인/ 토지 등 소유자 전체회의
	창립총회	
	조합 설립 인가	시행자 지정
	시공자 선정	
	사업 시행 인가	
	감리자 선정	

관리 처분 계획	분양 공고 및 분양 신청
	관리 처분 계획 수립
	관리 처분 계획 인가

사업 완료	이수 · 철거 · 착공
	준공 인가 신청 · 자체 준공 검사
	준공 인가
	이전 고시 및 정산

재건축 사업 및 재개발 사업의 추진 절차

정비 예정 구역의 데이터를 꼼꼼히 확인하라!

도시정비법 제5조 제1항 제9호와 제10호에 따르면, 도환계획을 수립할 때 정비 예정 구역의 범위와 예정 구역별 정비계획의 수립 시기를 포함해야 한다. 보통은 도환계획 후반부에 정비 예정 구역이 나오는데, 어느 지역, 어느 아파트가 개발 예정지로 선정되어 있는지 주소와 구역명, 개발 면적 등이 구체적으로 정리되어 있다. 서울과 부산의 경우에는 정비 예정 구역과 더불어 유사한 개념인 '정비 가능 구역'(서울)과 '사전 타당성 검토'(부산)를 도입하여 어느 곳이 정비 구역 후보지인지 밝혀놓고 있다. 즉 서울은 정비 가능 구역에서도 정비 구역이 탄생하며, 부산은 사전 타당성 검토를 통과해야 추후 정비 구역으로 지정될 수 있는 것이다.

서울은 '2030 서울 도환계획'에서 53쪽 그림과 같이 총 11곳의 정비 가능 구역을 선정했다. 즉 미래 10년 동안 서울 부동산의 금맥은 바로 이 11곳 가운데서 탄생하는 것이다. 서울의 정비 가능 구역 세부 지도는 〈2030 서울특별시 도시·주거환경정비 기본계획〉에 나와 있으니 투자에 참고하기 바란다(news.seoul.go.kr 접속→분야별정보→주택→도시재생→도시정비형재개발사업→기본계획→2030도시주거환경정비기본계획〔도시정비형 재개발사업부문〕 도면집 다운로드).

한편 부산의 경우에는 '부산광역시 정비사업 통합홈페이지'에 분기마다 사전 타당성 검토 심의 현황을 업데이트하여, 어느 지역이 정비 구역으로 지정되었는지 수시로 확인할 수 있다(dynamice.busan.go.kr 접속→알림마당→공지사항→사전타당성 검토 심의 현황).

'2030 서울 도환계획'에 따른 정비 가능 구역 선정 지역

체크나우Check now!

내가 관심 있는 도시의 정비 예정 구역 찾는 법

1)각 도시마다 개별 홈페이지에 각자의 방식으로 도환계획을 업로드해놓기 때문에 홈페이지 접속 경로를 찾기 쉽지 않다. 가장 편하고 빠른 방법은 '구글링'이다.

2)구글에 접속하여 검색창에 '2030 OO시 도시·주거환경정비 기본계획 pdf'를 입력하면 어렵지 않게 관심 도시의 도환계획을 다운받아볼 수 있다. 대체로 후반부에 '정비 예정 구역'이 나와 있다. 자료에서 정비 예정 구역이 유난히 집중되어 있는 곳이 있다면, 해당 도시에서 밀어주는 동네(정해진 미래 집값 상승 지역)가 바로 '그곳'일 것이다.

정비예정구역 총괄도

1. 정비예정구역 총괄표

목표연도	구분	계	재개발	재건축	주거환경개선	비고
	계	25	12	12	1	-
2010	변 경	13	10	2	1	해제(3개소) 및 사업완료(3개소) 제외
2020	변경없음	7	2	5	-	
2030	신 규	5		5	-	

2. 예정구역별 세부조서

연번	구분	구역명	위치	구역면적(천㎡)	예정구역 지정시기	추진단계	정비계획 수립시기	사업유형
	계	25개소		2,118.3				
1	기정	111-1	정자동 530-6일원	138.4	2010 정비기본계획	사업시행인가	09.04.21	재개발
2	기정	111-3	파장동 93-6일원	28.9	2010 정비기본계획	조합설립인가	09.07.03	재개발
3	기정	111-4	조원동 431-2일원	35.7	2010 정비기본계획	관리처분인가	09.01.20	재개발
4	기정	113-6	세류동817-72일원	126.3	2010 정비기본계획	사업시행인가	09.01.12	재개발
5	기정	113-12	오목천동482-2일원	44.8	2010 정비기본계획	조합설립인가	09.05.20	재개발
6	기정	115-6	교동 155-41일원	139.3	2010 정비기본계획	관리처분인가	09.05.25	재개발
7	기정	115-8(팔달8구역)	매교동 209-14일원	222.5	2010 정비기본계획	관리처분인가	10.07.26	재개발
8	기정	115-9(팔달10구역)	인계동 847-3일원	171.7	2010 정비기본계획	관리처분인가	09.07.10	재개발
9	기정	115-10	지동 349-1일원	83.2	2010 정비기본계획	사업시행인가	10.05.31	재개발
10	기정	115-11	지동 110-15일원	96.8	2010 정비기본계획	사업시행인가	10.05.14	재개발
11	기정	영통1구역(매탄4,5단지)	매탄동 173-50번지일원	51.7	2020 정비기본계획	정비구역지정	17.01.09	재건축
12	기정	월달2예산	매산로1가 114-3일원	22.7	2020 정비기본계획		2017 ~2018년	재개발
13	기정	111-5	연무동 224일원	53.1	2010 정비기본계획	조합설립인가	12.01.17	재건축
14	기정	115-12	인계동 319-6일원	44.5	2010 정비기본계획	조합설립인가	12.10.19	재개발
15	기정	영통2구역(매탄주공4,5단지)	매탄동 897일원	210.2	2020 정비기본계획	조합설립인가	15.12.16	재건축
16	기정	팔달1구역우만현대	우만동 129-7일원	58.5	2020 정비기본계획	조합설립인가	15.12.16	재건축
17	기정	권선1구역(서둔동)	서둔동 361일원	16.5	2020 정비기본계획	정비구역지정	18.05.31	재개발
18	기정	권선2구역(서둔성일)	서둔동 361-1일원	16.5	2020 정비기본계획	정비구역지정	18. 5.31	재개발

파장1구역(재건축)

10,737㎡	당해 용도지역 기준에 따름	40
도시계획조례	2020년 이후	삼익

우만1구역(재건축)

82,433㎡	당해 용도지역 기준에 따름	40
도시계획조례	2022년 이후	우만주공1,2

원천1구역(재건축)

10,494㎡	당해 용도지역 기준에 따름	40
도시계획조례	2020년 이후	아주

세류1구역(재건축)

28,654㎡	당해 용도지역 기준에 따름	40
군사시설 및 군사시설보호법	2026년 이후	미영

망포1구역(재건축)

15,305㎡	당해 용도지역 기준에 따름	40
군사시설 및 군사시설보호법	2024년 이후	청화

■ 2030 정비예정구역

2030 수원시 도시·주거환경정비 기본계획

도시 반전의 티핑포인트: 고밀 도시가 신도시 개발과 만날 때

'정비 예정 구역'이라는 개념 외에 수원의 사례가 제공하는 시사점은 또 있다. 보통 고밀 도시는 집을 지을 땅이 모자라 재개발·재건축에 신규 공급을 의지한다. 그런 이유로 도시 정비 사업의 규제가 강화될 경우 사업이 지지부진해지면서 주택 고령화가 심화되기 마련이다. 그러나 수원 영통구는 준공 10년차 이내의 젊은 아파트 비율(20%)이 여타 고밀 지역의 2배 수준으로 월등히 높다. 이는 영통구를 확장해 2기 신도시로 개발한 광교신도시 덕분으로, 6년간(2015~2020년) 약 8,000세대의 아파트가 광교신도시에 건설되었다.

앞서 초고밀 도시인 부천시 부동산의 미래를 그려보며 3기 신도시인 대장지구 개발에 따라 역사적 전환기가 도래할 것이라고 전망했는데, 그 대표적인 선례가 바로 영통구와 광교신도시의 개발이다. 영통구는 광교신도시 개발로 신분당선이라는 새로운 교통 인프라를 확보하는 동시에 인구 분산에 따른 도시 집중도 개선으로 수원에서 넘사벽 집값의 고지를 점했다. 또한 광교신도시가 용인 수지구까지 확장 개발되면서 용인 핵심 도시와 도시 인프라를 공유하며 생활권 확장의 계기까지 마련했다.

고밀 도시가 신도시 개발이라는 호재를 만나 도심으로의 고속 교통망을 확보하고 생활 밀도에도 숨통이 트일 때, 바로 그때가 고밀 도시의 집값이 전반적으로 들썩이며 대세 상승기로 전환되는 주택 시장의 변곡점이라고 할 수 있다.

5대 광역시 고밀 지역 열전

부산 연제구	부산 동래구	부산 수영구	부산 부산진구
17,293명/km²	16,215명/km²	12,559명/km²	12,131명/km²

고밀 지역 TOP 4(인구밀도)

지방 도시의 경우 5대 광역시와 기타 지방 간의 인구밀도 격차가 크기 때문에 '고밀 도시 올림픽'이 치러지는 경기장을 구분해서 살펴봐야 한다. 먼저 5대 광역시 고밀 도시 올림픽에서는 금·은·동 메달뿐 아니라 4위까지도 부산의 자치구가 차지했다. 부산이 광역시 중의 광역시임을 확인시켜준다.

부산 초고밀 자치구 연제구, 배산역 재개발에 주목하라!

부산에서 가장 높은 인구밀도를 자랑하는 연제구는 북쪽에 동래구, 동쪽에 수영구·해운대구, 서쪽에 부산의 내륙 대장인 부산진구를 거느린 부산의 중심 행정도시이다. 부산시청을 비롯해 검찰청, 법원, 경찰청, 국세청 등 행정기관이 밀집해 있을 뿐 아니라 홈플러스, 이마트 등 대형 마트도 4개나 모여 있다. 또한 부산아시아드경기장, 부산의료원 등 각종 생활 편의 시설도 밀집해 있다.

연제구는 지형에서도 부산에서 희소한 평지가 많아 좁은 면적에도 불구하고 1km²당 무려 1만 7,000여 명이 몰려 살고 있다. '초고밀 도시=고도화된 도시 인프라'를 인증하는 대표적인 사례라고 할 수 있다.

　초고밀 자치구답게 연제구의 신규 공급은 재개발·재건축에 좌우될 터이다. 거제2구역을 재개발한 '레이카운티' 1순위 청약에는 무려 19만 명이 몰리며 120 대 1이라는 역대급 경쟁률을 기록했다. 보통 100 대 1이 넘는 높은 청약 경쟁률은 500세대 미만의 소규모 분양에서 찾아볼 수 있는데, 레이카운티는 총 4,470세대의 대단지로, 조합분을 제외한 1,576세대라는 적지 않은 청약 물량에도 기록적인 청약 성적을 거두었다. 아파트를 지을 땅이 마땅치 않은 초고밀 도시에서 입지가 우수한 새 아파트는 그 희소성을 감히 따질 수 없다는 것을 입증해준 셈이다. 다만 아쉽게도 레이카운티의 뒤를 이을 만한 수천 세대의 대어급 도시 정비 사업은 당분간 연제구에서 찾아보기 어려울 것으로 보인다. 그런 만큼 앞에서 다룬 '정비 예정 구역'으로 눈을 돌려 미래의 유망주들을 물색할 필요가 있다.

　'2030 부산광역시 도시·주거환경정비 기본계획'에 따르면, 연제구에서는 부산 3호선 배산역 남단에 연산7구역을 포함하여 총 3곳이 정비 예정 구역으로 선정되었다. 수년 내 배산역 3총사의 재개발이 진행될 경우 부산 장기투자자들은 배산역 인근으로 집중될 전망이다. 그와 함께 개발이 완료된 인근의 연산더샵(연산2 재개발), 연산롯데캐슬골드포레(연산6 재개발) 신축 라인과 연계되어 연산동 신축벨트가 완성될 것이다. 여기에 2023년 부산진구의 양정2 재개발(양정포레힐즈스위첸), 2025년 양정1 재개발(양정자이더샵SK뷰)이 신축으로 탈바꿈하고, 관리 처분을 통과한 양정3 재개발이 완성되면 연제구와 부산진구의 경계를 가로지르는 '연제동-양정동 라인', 즉 '연양 라인'을 따라 고밀 도시 경계부의 시세를 주도할 강력한 신축 벨트가 형성될 것이다.

100년 대개발의 호재를 업은 '시민공원재정비촉진지구'

부산 최다인 일평균 약 10만 명의 열차 이용객 수를 자랑하는 서면역. 이곳을 품은 부산진구의 미래 최대 개발지는 부산시민공원을 둘러싼 '부산시민공원재정비촉진지구'(이하 '촉진구역')이다. 약 8,000 세대가 신축될 촉진구역 내 총 5개 사업 중 촉진1구역, 촉진2-1구역, 촉진3구역, 촉진4구역은 재개발 사업의 7부 능선인 사업 시행인가를 획득했다. 그중 가장 규모가 큰 촉진3구역은 시공사 선정이 수차례 번복되는 내홍을 겪기도 했다.

통상적인 재개발 소요 기간을 감안할 때, 부산 내륙의 대장주라고 할 수 있는 '촉진구역'은 2025년을 기점으로 부산진구의 청약시장을 뜨겁게 달굴 일반 분양에 나설 것으로 예상된다. 대규모 공세권 재개발인 촉진구역은 규모의 위엄을 넘어 100년 만의 부산 원도심 대개발 반경 안에 속해 있어 '100년 호재'의 파동들이 마주치며 자아내는 상승 파장의 프리미엄에 올라탈 것으로 예상된다.

촉진구역이 품은 부산시민공원을 중심으로 7km 반경 안에 속한 '부산항 북항 재개발', '미군55보급창 이전', '범천동 철도차량정비단 이전' 등 부산의 오랜 숙원 사업들이 하나씩 본궤도에 오르고 있다. 부산항 북항 재개발은 1단계 1,120,000㎡ 부지 조성 공사가 완료되어 146년 만에 시민의 품으로 돌아왔다. 1950년 이후 미군의 보급 창고 역할을 해오던 220,000㎡ 규모의 55보급창과 부산항 8부두 역시 부산항 북항 재개발과 연계하여 이전 사업이 추진 중이다. 촉진구역 남단에 위치한 1904년생 범천동 철도차량정비단 또한 이전지가 확정되었다. 특히 240,000㎡ 규모의 철도차량정비단 부지는 부산진구 원도심 한가운데에 있는 터라 원도심 전면 개발 시 그간 도심 단절로 눌려 있던 부산진구 전반의 잠재력을 한층 끌어올릴 것으로 예상된다.

부산항 북항 재개발로부터 시작된 부산 원도심 100년 대개발의 호재는 모두 2030년 전후로 목표 시점이 설정되었기에 이와 함께 진행될 재개발·재건축 사업은 원도심의 거칠고 헌 옷을 벗겨내고 호재로 수놓은 새 옷을 부산진구에 선사할 전망이다. 2030년, 내륙대장이 될 부산진구에서도 가장 높은 왕좌를 차지할 촉진구역을 주목하라!

동래읍성과 충렬사를 품은 동래구의 2030년

연제구와 함께 넘사벽 인구밀도를 자랑하는 동래구는 역사와 문화의 본산으로 우리나라에서 가장 오래된 온천인 '동래온천'과 부산에서 가장 오래된 전통시장인 '동래시장'이 있는 곳이다. 역사와 문화의 도시인 만큼 문화재 역시 부산에서 가장 많이 집중되어 있다. 사실 문화재와 부동산 개발은 그리 친밀한 사이는 아니다. 건설 공사를 하다가 문화재가 출토될 경우 사업 기간이 예상보다 훨씬 지연되는 경우가 많기 때문이다.

동래구 재정비 사업과 긴밀하게 엮여 있는 문화재는 '동래읍성'과 '충렬사'로, 동래구의 재개발 대장주인 복산1 재개발은 동래읍성,

복천고분군 등 무려 14개의 지정문화재로 둘러싸여 있는 탓(?)에 조합 설립 후에도 14년간 사업이 진전되지 못했다. 하지만 2022년 문화재 주변 통경축과 보행축을 확보하라는 조건부 승인을 얻어 '사업 시행 인가'라는 재개발 7부 능선에 도전할 수 있는 길이 열렸다. 그에 따라 4,000여 세대의 개발에 청신호가 켜졌다. 향후 복산1 재개발이 문화재 이슈의 고비를 잘 넘기고 사업 시행 인가를 획득할 경우 부산 4호선 역세권, 초품아 입지와 함께 문화유산의 풍경까지 품은 '헤리티지(유산) 아파트'라는 독보적인 품격을 획득하며 복산1구역에 대한 투자자의 유입은 더욱 가속화될 것으로 예측된다.

'동래읍성' 키워드로 복산1구역과 함께 묶을 수 있는 도시 정비 사업은 수안1구역과 수안2구역 재건축이다. 수안 1·2 재건축 지역을 역세권 입지로 만들어줄 부산 4호선 '수안역'은 우리나라 지하철 역사 최초로 박물관 형태의 역사관이 들어선 곳이다. 역사歷史가 있는 역사驛舍*인 것이다. 지하철 공사 중 출토된 임진왜란 당시의 희생자 인골과 갑옷, 창, 활 등 동래읍성의 문화재가 역사 내 박물관에 전시되어 있다.

수안 1·2 재건축은 입지상으로는 한데 모여 있지만 사업 속도의 편차가 심한 편이다. 수안1 재건축은 2020년 조합 설립 후 시공사 선정까지 완료한 반면, 1,000세대가 넘는 대장 지구인 수안2 재건축은 조합 설립에 어려움을 겪으며 재건축 사업의 첫 단추를 꿰는 데도 애를 먹고 있는 상황이다. 총 10개의 아파트 단지가 하나의 재

---

* "지하철 역사에 역사관이 있다?", 부산일보, 2019. 10. 13.

건축 단지로 탄생해야 하다보니 조합 설립 동의 등 의견 수렴에서 부터 어려움을 겪는 것이라 향후에도 수안2구역은 사업 속도를 내기가 쉽지 않아 보인다. 비록 수안2구역보다 세대수는 적지만 사업 진도가 빠를 것으로 예상되는 수안1구역의 미래 가치가 더 좋아 보이는 이유이다.

동래읍성에 이어 또 다른 문화재 키워드인 충렬사로 묶을 수 있는 곳이 수년 내 신축으로 탈바꿈해 재건축을 졸업할 안락1구역(충렬아파트) 재건축과 수년 내 정비 구역으로 지정되어 재건축에 입학할 명장5구역(가칭)이다. 특히 충렬사역 역세권에 위치한 데다 2,000여 세대의 대단지를 바라보고 있는 명장5구역은 향후 10년을 바라보는 장기투자자들에게 큰 관심을 받을 전망이다. 복산1구역과 마찬가지로 초품아 입지를 자랑한다.

신축으로 재탄생할 동래구의 헤리티지 입지 품격은 2025년 동래읍성을 거쳐 2030년 충렬사로 이어지며 동래구의 향후 10년 부동산을 재생해나갈 것이다. 조상의 얼이 담긴 문화재와 신新주거단지의 절묘한 공존과 조화의 매력이 분출될 동래구의 2030년을 기대해 보자.

다이내믹 수영구, 남천동 재건축과 광안동 재개발에 주목하라!

동래구 다음으로 인구밀도가 높은 수영구는 바다 뷰, 광안대교 뷰가 만들어내는 입지의 차이가 시세에 다이내믹하게 반영되는, '집 값의 개성'이 뚜렷한 곳이다. 비록 같은 고밀 자치구이지만 수영구 인구는 동래구에 비해 1km^{2}당 약 4,000명이나 적다. 이는 바다를

낀 수영구의 높은 집값 때문으로, 집값이 가구 진입의 허들이 되어 보이지 않는 거주 장벽으로 작용하고 있다.

고소득, 고자산가 유입으로 바다 조망뿐 아니라 단지 노후도에 따라서도 시세 격차가 크게 나는 것이 수영구 부동산의 특징이다. 광안역 역세권의 광안자이는 광안대교가 보이느냐 보이지 않느냐에 따라 동호수별로 수억 원의 차이가 난다. 또한 광안자이보다 바다에 더 인접한 광안동쌍용예가는 광안자이보다 6살 더 많다는 이유로 비슷한 단지 규모임에도 불구하고 낮은 시세를 보이고 있다. 수영구의 시세를 주도하는 남천동에서도 2022년 신축인 더샵남천프레스티지와 그 뒤에 바로 붙어 있는 남천동원로얄듀크가 노후도와 브랜드 차이로 많게는 2배의 시세 격차를 보이고 있다.

남천동 재건축과 광안동 재개발로 양분되는 수영구의 도시 정비 사업 가운데 먼저 광안대교 뷰를 자랑하는 남천동 재건축에 주목할 필요가 있다. 삼익타워를 재건축한 남천2-2 재건축(남천자이, 총 913세대)은 후분양이라는 악조건 속에서도 양호한 분양 성적을 거두며 그 뒤를 이을 남천동 대장주인 삼익비치타운 재건축(남천2-3 재건축, 그랑자이더비치)의 앞날에 빛을 비춰주었다. 수영구의 가격 스카이라인을 뒤흔들어놓을 삼익비치타운은 향후 관리 처분 등 사업의 정점을 향해 달려갈수록 최고 60층, 3,000여 세대 규모, 해안가 초인접이라는 절대 프리미엄에 꽂힌 투자자들의 유입을 가속화할 것으로 예상된다.

한편 삼익타워와 삼익비치타운의 '남천동 자이타운'이 완성되는 동안 도시 정비 구역 지정을 위해 고군분투하고 있는 '뉴비치아파트 재건축'은 향후 재건축 초기 단계에 입학하며 남천동 자이타운의 뒤를 이을 것으로 예상된다. 눈치 빠른 투자자들이라면 조용히 뉴비치아파트의 알짜 동호수를 골라내며 2030년 남천동의 미래를 선점할 것이다.

수영구의 미래 재개발이 몰려 있는 광안동은 광안2구역을 재개발한 '광안SK뷰 드파인'이 2025년경 입주를 마치면, 재개발 초기 단계에 접어든 광안3구역, 광안4구역이 수영구의 역세권 재개발을 선도해나갈 전망이다. 2025년까지 7,000세대가 넘는 신축이 '가격 개성이 뚜렷한' 수영구에, 그것도 핵심 입지에 들어서며 수영구의 가격층은 더욱 다채로워질 것으로 보인다. 시장의 흐름보다는 입지의 격차가 가격의 개성(가격의 편차)을 결정짓는 수영구는 시장의 부침에 흔들리지 않고 우상향하는 가격 스카이라인이 시간의 함수에 기대어 도시의 가치를 상승시킬 것이다.

정해진 미래 개발 지역 ❸

부산 동래구 🏢

재건축

재건축 구역	재건축 단지	총 세대수	진행 현황	예정 세대수	시공사 (브랜드)
사직1-5 재건축	삼익, 로알1차	380	사업 시행 인가	653	SK에코플랜트
사직1-6 재건축	로알2차, 로알3차 등	710	관리 처분 인가 (이주)	1,090	힐스테이트 아시아드

명륜2 재건축	명륜한신, 대진 등	428	사업 시행 인가	499	래미안마크더스위트
온천1 재건축	온천삼익	432	추진위원회 승인		
수안1 재건축	해바라기, 새동래2차	582	사업 시행 인가	710	GS건설
수안3 재건축	새동래3차	200	추진위원회 승인		
낙민1 재건축	한양, 한신 1·2차, 광림	877	정비 구역 지정	1,275	
안락1 재건축	충렬, 한신크로바, 화전	963	관리 처분 인가	1,481	대우건설
동래럭키 재건축	동래럭키	1,536	안전 진단 통과		

재개발

위치	구역명	개발 면적	진행 현황	예정 세대수	시공사
칠산동 246번지 일대	복산1구역	405,465	건축 심의 통과	4,673	GS건설
명장동 104-12번지 일대	명장5구역	130,476	사전 타당성 심의 통과		

부산 수영구 🏢

재건축

재건축 구역	재건축 단지	준공 연도	총 세대수	용적률	진행 현황	예정 세대수	시공사 (브랜드)
남천2-3 재건축	삼익비치타운	1979	3,060	170	사업 시행 인가	3,325	그랑자이더비치
수영현대 재건축	수영현대	1988	1,180	196	사전 타당성 심의 통과		

재개발

위치	구역명	개발 면적	진행 현황	예정 세대수	시공사
망미동 800-1번지 일대	광안A구역	135,079	사업 시행 인가	2,780	DL이앤씨

광안동 539-1번지 일대	광안3구역	71,895	정비 구역 지정	1,073
민락동 142-1번지 일대	민락2구역	54,160	추진위원회 승인	952
수영동 484-1번지 일대	수영1 재개발	84,501	정비 구역 지정	1,500

부산 부산진구 🏢

부산시민공원재정비촉진지구 재개발

위치	구역명	개발 면적	진행 현황	예정 세대수	시공사
부암동 27-7번지 일대	시민공원주변재정비촉진1구역	60,334	사업 시행 인가	1,874	GS건설
범전동 263-5번지 일대	시민공원주변재정비촉진2-1구역	136,727	사업 시행 인가	1,902	포스코이앤씨
범전동 400번지 일대	시민공원주변재정비촉진2-2구역	23,347	정비 구역 지정		
범전동 71-5번지 일대	시민공원주변재정비촉진3구역	178,658	사업 시행 인가	3,545	DL이앤씨
양정동 445-15번지 일대	시민공원주변재정비촉진4구역	39,433	사업 시행 인가	849	현대엔지니어링

그 외 재개발

위치	구역명	개발 면적	진행 현황	예정 세대수	시공사 (브랜드)
범천동 850-1번지 일대	범천1-1구역	20,766	관리 처분 인가 (이주)	1,323	힐스테이트 아이코닉
범천동 851-1번지 일대	범천1-2구역 (대원 1·2단지)	13,427	추진위원회 승인	880	
범천동 1269-15번지 일대	범천4구역	126,690	건축 심의 통과	2,604	힐스테이트 르네센트
초읍동 51-87번지 일대 삼광사 북측	초읍1구역	88,211	건축 심의 통과	1,522	롯데건설
가야동 410번지 일대 (가야초교 남측 일원)	가야구역	98,012	관리 처분 인가 (이주)	1,943	더다이너스티가야
개금동 207-6번지 일대	개금2구역	27,544	관리 처분 인가	539	동원개발
양정동 64-3번지 일대	양정3구역	44,278	관리 처분 인가 (이주)	903	롯데건설

전주 완산구
3,671명/km²

전주 덕진구
2,798명/km²

창원 마산회원구
2,112명/km²

고밀 지역 TOP 3(인구밀도)

전주, 덕진구 신도시 조성과 완산구 구도심 개발에 주목하라!

수도권과 5대 광역시를 제외한 기타 지방에서 인구밀도가 3,000 명/km²이 넘는 지역이 딱 한 곳 있다. 바로 전주 완산구이다.

완산구는 전주의 구도심으로, 전북혁신도시 등 신도시 개발이 진행된 덕진구와 함께 기타 지방 고밀 지역 1, 2위를 차지하고 있다. 완산구는 앞서 부천, 수원 영통구 등 수도권 고밀 지역 사례에서 강조했듯이, 고밀 도시가 신도시 개발로 생활 밀도에 숨통이 트일 때 집값 상승의 변곡점을 맞이한다는 사실을 증명해주고 있다. 실제로 비록 구도심이긴 해도 완산구의 신축 아파트 가격은 덕진구의 신축 아파트 가격에 뒤지지 않으며, 전주의 오랜 선호 지역인 완산구 서신동의 서신아이파크이편한세상의 경우 분양 당시 1순위 청약 경쟁률이 63 대 1을 기록하는 등 고밀 도시의 저력을 입증해주고 있다.

구도심 완산구의 매력은 무엇보다 '우수한 학군'에서 찾을 수 있다. 강남 휘문고와 전국 의대 입시에서 쌍벽을 이루는 상산고뿐 아니라 서신중, 우전중, 기전중 등 전주를 대표하는 우수 중학교가 완산구에 자리하고 있다.

비록 완산구의 인구밀도에는 미치지 못하지만 덕진구도 기타 지방에서 두 번째로 높은 인구밀도를 자랑한다. 덕진구는 '전북혁신도시, 만성지구, 에코시티'의 신도시 개발이 성공하면서 인접한 완산구의 생활 밀도를 해소해주며 8년 동안(2015~2022년) 약 3만 명의 인구가 증가했다. 이는 인구 소멸의 공포가 짙게 드리운 기타 지방에서 거둔 유례없는 성과라고 할 수 있다. 특히 전북혁신도시는 구도심과 연접한 입지 덕에 기타 지방 혁신도시 가운데 제주 다음으로 높은 가족 동반 이주율(76%)을 보이며 우수한 정주 여건을 입증했다. 전북혁신도시는 농촌진흥청, 한국농수산대학교, 국민연금공단 등 200여 개의 농생명·금융 관련 기업도 유치했다. 자칫하면 지역 간 인구 유치 경쟁으로 이어질 수도 있었던 덕진구의 신도시 개발은 구도심인 완산구의 높은 인구밀도 덕분에 구도심과 신도시의 부동산이 모두 성장할 수 있는 계기를 만들어주었다.

한편 기타 지방 도시의 인구 자존심인 전주시의 개발축은 다시 구도심으로 향하며 재개발·재건축의 시간을 기다리고 있다. 전통적 부촌인 효자동, 그리고 효자동에 둘러싸인 삼천동 재건축에 주목할 필요가 있다. 구체적으로, 효자동의 효자주공3단지는 2013년 재건축의 첫 단추인 조합 설립 인가를 획득하고, 사업 시행 인가 역시 통과했다. 2025~2030년에 약 2,000세대의 신축 대장 단지로 변신할 예정이다. 삼천동 재건축도 나란히 붙어 있는 오성대우, 삼천주공3단지, 세경아파트가 2019년 이후 나란히 조합 설립 인가를 받으며 효자동에 이어 완산구의 2030년을 기대케 하고 있다.

반경 2km 안에 모든 것이 다 있다! 마산회원구 재개발

호남권에서 눈을 돌려 영남권의 고밀 도시를 찾아보면, 2010년 창원·마산·진해가 통합되어 신설된 창원특례시의 마산회원구가 눈에 띈다.

마산회원구는 마산회원구청을 중심으로 반경 2km 내에 1970~1980년대 우리나라 수출자유지역의 효시인 마산자유무역지역, KTX 마산역, NC다이노스 홈구장인 창원NC파크, 그리고 2021년 창원 최초의 '상급종합병원'*으로 지정된 삼성창원병원이 몰려 있다. 일자리, 교통, 여가, 의료 등 주거 핵심 인프라가 한데 뭉쳐 있는 전형적인 고밀 도시의 모습을 보여준다. 마산회원구도 2017년 이후 창원에 불어닥친 '입주 폭탄'을 피해가진 못했다. 하지만 리딩 단지인 양덕동의 메트로시티가 2019년 저점 도달 후 2022년까지 무려 80%의 상승률을 기록하며 고밀 도시의 저력을 보여주었다.

마산회원구에서도 도시 정비 사업(재개발)이 신규 공급을 주도한다. 합성2구역을 재개발한 창원두산위브더센트럴(총 663세대)은 2021년 진행된 1순위 청약에서 무려 78 대 1의 경쟁률을 기록하며 창원특례시 분양시장의 역사를 새로 썼다. 이를 이어 양덕4구역을 재개발한 창원롯데캐슬하버팰리스(총 981세대)와 사업지 남측과

---

* 보건복지부가 지정하는 국내 의료 체계 중 최상위 의료기관으로 당국의 엄격한 기준에 따라 3년마다 평가해 지정 또는 재지정한다. 각종 암, 심·뇌혈관 질환 등 중증 질환을 전문적으로 치료하는 종합병원 중 진료는 물론 수련의 교육, 인력, 병원 시설 및 환경, 첨단 의료 장비, 의료 서비스 수준 등 총 12개의 평가 기준을 충족한 우수 병원에게만 상급종합병원의 자격이 주어진다. 흔히 '3차 병원'이라고 부른다.

북측이 신축의 숲을 이루고 있는 회원2구역(총 2,016세대) 재개발도 2025년 이후 신축으로 거듭날 예정이다. 또한 규모는 작지만 KTX 마산역 역세권 입지를 자랑하는 양덕3구역(총 487세대)은 재개발의 8부 능선인 관리 처분 단계를 거치며 마산회원구 재개발의 빅사이클을 마무리할 것으로 보인다.

반경 2km 안에 모든 것이 다 있는 경남의 고밀 도시 마산회원구는 2025년을 전후하여 총 4곳에 신축 단지가 들어설 예정이며, 창원의 투자 수요는 이 신축 단지들의 로얄 동호수를 선점하기 위한 경쟁에 뛰어들 것이다.

대한민국 고밀 도시 올림픽 2

'주거인구밀도'야말로 찐 인구밀도

1km²라는 면적에 얼마나 많은 사람들이 몰려 사는지 알려주는 반석 지표인 인구밀도를 계산하기 위해서는 인구수뿐만 아니라 당연히 땅의 면적도 알아야 한다. 여기서 땅의 면적이란 일반적으로 '국토의 총면적'을 의미하며, 우리나라뿐 아니라 글로벌 도시의 인구밀도 역시 통상적으로 동일한 개념을 적용한다. 그런데 우리나라 인구의 약 90%가 몰려 사는 '도시지역'의 면적이 국토 총면적의 17%에 불과하다는 통계**를 곱씹다보면 인구밀도를 계산할 때 '총면적'을 적용하는 것이 과연 타당한가, 라는 의구심이 든다.

도시지역 면적이 국토 총면적의 17%라는 사실을 뒤집어 생각하면, 우리가 통상적으로 사용하는 인구밀도 통계는 우리나라 대부분의 인구가 발을 딛고 살아가는 일상의 터전과는 거리가 먼 산과 들 같은 83%의 국토 면적까지 반영하여 계산되기에 도시의 체감 밀도를 온전히 반영하지 못하는 한계가 있다. 따라서 우리가 거주하고, 일하고, 여가를 보내며 체감하는 일상의 밀도를 제대로 측정하기 위해서는 국토의 총면적이 아닌 인구의 90%가 몰려 살고 있는 도시

---

* 인구와 산업이 밀집되어 있거나 밀집이 예상되어 해당 지역에 대해 체계적인 개발·정비·관리·보전 등이 필요한 지역(주거, 상업, 공업, 녹지 지역으로 구성된다).

** 2020년 도시계획현황 통계.

지역 면적에 주목할 필요가 있다. 또한 '집값'이라는 테마에 집중한다면 주거, 상업, 공업, 녹지 지역으로 구성된 도시지역 면적 가운데서도 주택의 공급 여력을 알려주는 주거지역 면적에 주목해야 한다. 즉 집값 전망에 대한 깊은 통찰을 얻기 위해서는 우리가 일반적으로 사용하는 인구밀도 통계뿐 아니라 주거지역 면적을 기준으로 삼은 별도의 인구밀도 통계가 필요하다는 것이다.

'실제로 주택이 공급될 수 있는 땅의 면적 대비 얼마나 많은 인구가 살고 있나?'에 답할 수 있는 '찐 인구밀도'를 여기서는 일반적인 인구밀도와 구분하여 '주거인구밀도'라고 부르겠다. 한편 주거인구밀도의 가치에 눈을 뜬 눈치 빠른 독자라면, '그렇다면 일반적인 인구밀도는 집값 전망에 도움이 되지 않는 건가?'라는 질문을 던질 수도 있다. 이와 관련해 필자가 전국 시·군·구의 인구밀도와 주거인구밀도를 별도로 계산하여 도시의 인구밀도 순위를 비교해본 결과, 대세 흐름에 지장을 줄 정도의 큰 순위 변동은 없었다. 단 주거인구밀도로 환산할 경우 대세의 틈새를 비집고 들어오며 유독 그 순위가 급등하는 몇몇 지역들이 포착되었다. 즉 집을 지을 수 있는 주거지역 면적이 유난히 적어 '내가 숨겨진 고밀 도시입니다'라고 외치는 지역이 수도권과 지방을 가리지 않고 곳곳에서 모습을 드러낸 것이다.

겉으로 드러나지 않아 남들이 알지 못하는 곳, 그곳에 기회가 있다.

리얼빅체크나우 2

수요 대비 공급이 적을 수밖에 없는 곳은?
주거 면적에 답이 있다!

SF 영화에서처럼 바다 위나 공중에 집을 짓기 전까지 우리는 땅 위에 집을 지을 수밖에 없다. 그렇다고 모든 국토에 집을 지을 수 있는 것도 아니다. '국토의 계획 및 이용에 관한 법률'에서는 제한된 토지를 경제적·효율적으로 이용하기 위해 '용도지역'을 구분한다. 즉 모든 땅에는 지어질 건축물의 용도가 정해져 있으며 허용되는 건폐율·용적률도 제각기 다르다.

토지의 용도는 크게 도시지역, 관리지역, 농림지역, 자연환경보전지역으로 나뉜다. 우리가 흔히 접하는 땅은 '도시지역'으로 또다시 주거, 상업, 공업, 녹지 지역으로 나뉜다. 그중 집을 지을 수 있는 땅은 주거지역으로, 전 국토의 2.6%에 불과하다. 물론 상업지역과 공업지역의 하위분류인 준공업지역에도 집을 지을 수 있다. 그러나 이를 다 합쳐도 전 국토의 4%에도 미치지 못한다.

대한민국 부동산의 미래를 생각하면서 인구 소멸론에 지나치게 무게를 두는 사람들이 있다. 그런 분들은 우리나라 인구의 약 90%가 전 국토의 약 17%에 불과한 도시지역에 몰려 살고 있으며, 집을 지을 수 있는 땅의 면적은 전 국토의 4%에도 미치지 못한다는 사실을 염두에 두었으면 좋겠다.

주택 공급의 한계를 결정짓는 '주거 면적' 데이터!

인구밀도가 반석 지표인 이유는 분모가 웬만해서는 변하지 않는 땅의 면적이기 때문이다. 문제는 우리가 인구밀도를 계산할 때 '집을 지을 수 있도록 허가된 토지의 면적'을 고려하지 않고 뭉뚱그려 모든 땅의 면적을 가지고 계산한다는 것이다. 따라서 집값의 미래를 다루는 이 책에서는 실제 주택 공급 가능성을 따져보기 위해 주거 면적만을 고려한 '주거인구밀도'를 계산하고 다루었다.

앞서 밝혔듯이 준공업지역에도 주택 공급이 가능하므로 서울 등 주요 도심 준공업지역에 주택 공급이 이루어지고 있으며, 주택의 대량 공급이 가능한 수도권 신도시는 개발이 제한된 도시 외곽 지역의 녹지지역인 개발제한구역의 해제를 통해 탄생한다. 개발제한구역은 녹지지역 중에서도 '장래 도시 용지의 공급을 위하여' 보전되는 자연녹지지역일 가능성이 높은데, 미래 준서울 대량 주택 공급 가능지는 바로 이 '자연녹지지역'에서 힌트를 찾을 수 있다.

분류	용도지역 세분 지역	
주거지역	전용주거지역	제1종 전용주거지역: 단독주택 중심의 양호한 주거 환경을 보호
		제2종 전용주거지역: 공동주택 중심의 양호한 주거 환경을 보호
	일반주거지역	제1종 일반주거지역: 저층 주택을 중심으로 편리한 주거 환경을 조성
		제2종 일반주거지역: 중층 주택을 중심으로 편리한 주거 환경을 조성
		제3종 일반주거지역: 중·고층 주택을 중심으로 주거 환경을 조성
	준주거지역	주거 기능 위주로 이를 지원하는 일부 상업 기능 및 업무 기능을 보완

상업지역	중심상업지역	도심·부도심의 상업 기능 및 업무 기능의 확충
	일반상업지역	일반적인 상업 기능 및 업무 기능을 담당
	근린상업지역	근린 지역에서의 일용품 및 서비스의 공급을 위하여 필요한 지역
	유통상업지역	도시 내 및 지역 간 유통 기능의 증진을 위하여 필요한 지역
공업지역	전용공업지역	주로 중화학공업, 공해성 공업 등을 수용하기 위하여 필요한 지역
	일반공업지역	환경을 저해하지 아니하는 공업의 배치를 위하여 필요한 지역
	준공업지역	경공업 및 그 밖의 공업을 수용하되 주거·상업·업무 기능의 보완이 필요한 지역
녹지지역	보전녹지지역	도시의 자연환경·경관·산림 및 녹지 공간을 보전할 필요가 있는 지역
	생산녹지지역	주로 농업적 생산을 위하여 개발을 유보할 필요가 있는 지역
	자연녹지지역	도시의 녹지 공간 확보, 도시 확산 방지, 장래 도시 용지의 공급 등을 위하여 보전할 필요가 있는 지역

도시지역의 세부 용도지역 분류

체크나우Check now!

관심 지역(시·군·구)의 토지 면적과 인구통계 찾아 인구밀도 계산하기!

1)인구밀도를 계산하기 위해서는 시·군·구의 인구수와 토지 면적이 필요하다. 이를 위해 '토지이음' 사이트(eum.go.kr)에 접속하여 '도시계획→도시계획통계' 경로로 들어가면 연도별 도시계획 현황 통계가 나와 있는데, 여기에서 엑셀 파일을 다운로드한다.

2)'I. 도시일반현황' 폴더 내 '1-1-2.도시지역 인구현황(시군구별)' 파일에서 시·군·구별 인구수를 찾을 수 있고, '2-1-3.용도지역(시군구별)' 파일에서 시·군·구별 주거 면적, 상업 면적 등 자세한 토지 면적을 찾을 수 있다.

토지이음의 '도시계획통계'(좌)와 '도시일반현황' 폴더(우) 화면

토지이음 사이트 200% 활용하기!

1)대한민국 부동산 활용의 근간이 되는 토지 계획의 모든 것이 담겨 있는 토지이음 사이트는 '이음지도'를 통해 주택 공급 가능성을 따져볼 수 있는 주거지역, 준공업지역, 자연녹지지역을 지도에 표시해놓았다. 관심 지역 부동산의 현재와 미래를 알고 싶다면 이음지도를 체크해보라(eum.go.kr/web/mp/mpMapDet.jsp)!

2)'10년, 20년 후 우리 도시의 주요 개발축은 어디가 될까?'에 대한 답은 각 도시의 '도시기본계획'에 담겨 있다. 관심 도시의 미래부의 흐름을 알고 싶다면 도시기본계획을 찾아봐야 하는데, 토지이음에 접속 후 '정보마당→자료실→도시·군 기본계획' 경로로 들어가면 각 시도의 도시기본계획 자료를 찾을 수 있다.

토지이음의 '이음지도'(좌)와 '도시·군 기본계획'(우) 화면

수도권 주거인구밀도 열전

서울 영등포구	인천 남동구	광명시
47,353명/km²	32,513명/km²	31,892명/km²

고밀 지역 TOP 3(주거인구밀도)

준공업지역 부자 영등포구!

주거인구밀도로 환산할 경우 초고밀 도시로 순위가 급등하는 서울의 영등포구와 인천의 남동구는 우리나라 근대화의 심장이었다는 공통점이 있다.

토지의 총면적을 반영한 영등포구의 인구밀도는 약 15,000명/km²으로 서울의 평균 수준이다. 하지만 주거지역 면적만을 반영한 주거인구밀도로 환산하면 무려 3배가 증가한 약 47,000명/km²으로 치솟으며 서울의 숨겨진 초고밀 자치구로서의 위용을 드러낸다. 이처럼 영등포구가 인구밀도 순위에서 대반전을 보이는 것은 근대화의 심장답게 전체 토지 면적의 5분의 1이 공업지역이라 주거 면적이 적을 수밖에 없는 속사정 때문이다. 따라서 초고밀 자치구라는 이유도 있지만 공업지역 중에서도 주택을 지을 수 있는 준공업지역* 면적이 서울에서 가장 많다는 점에서 영등포구의 미래는 매우 기대

---

* 경공업 및 그 밖의 공업을 수용하되 주거·상업·업무 기능의 보완이 필요한 지역. 여타 공업지역과 달리 주거 시설, 상업·업무 시설을 지을 수 있으며 서울의 경우 최대 500%까지 용적률을 허용하고 있다.

된다고 할 수 있다.

재건축·재개발 외에 주택 공급 대안이 마땅치 않은 서울에서 교통이 편리하고 상업·업무 시설이 밀집된 곳에 자리 잡은 준공업지역이 많다는 것은 태생적으로 우수한 입지 캔버스 위에 풍성한 주택 로드맵을 그릴 수 있다는 의미이다. 서울의 준공업지역에 지어진 아파트가 상업지역 대비 무려 3배나 많은 7만여 세대라는 통계** 역시 준공업지역이 향후 서울의 주택 공급에서 매우 중요한 황금 젖줄임을 인증한다.

10년, 20년 이후의 먼 미래를 예측하기 위해서는 거스를 수 없는 시대적 당위성이란 거울에 현실을 비추어 가늠하는 것이 필수적이다. 그런 점에서 산업의 물결이 노동집약에서 첨단 제조, 지식 서비스로 흘러가는 상황에서 글로벌 도시인 서울 도심에 위치한 준공업지역의 굴뚝 공장과 같은 근대산업의 유물이 철거된다는 것은 반론의 여지가 없는 흐름이라고 할 것이다.

준공업지역, 역세권, 집창촌에 영등포 재개발의 미래가 있다!

'준공업지역 부자' 영등포구는 이미 1999년부터 우리나라의 대표 섬유공장이었던 방림방적 터를 개발하면서 준공업지역 개발에 박차를 가해왔다. 철도역과 도로에 둘러싸인 7만여 평의 대규모 알짜 부지에 문래자이아파트(1,302세대), 홈플러스, 지식산업센터 등이 들어서면서 주거, 상업, 오피스 시설이 한곳에 집약적으로 개발되었다.

** 2018년 아파트주거환경통계.

기부채납*된 4,000여 평의 빈 부지에는 향후 복합문화시설이 건립될 예정이다.

방림방적 부지 개발에 이어 2009년에는 경성방직 공장을 개발한 대형 상업 시설 타임스퀘어가 문을 열었다. 1936년 건설된 대선제분의 밀가루공장도 2020년 도시 정비형 재개발 사업 구역으로 지정되며 상업·주거·업무 복합 시설로 변신할 준비를 갖추고 있다.

이렇듯 준공업지역의 잠재 가치를 뽐내고 있는 영등포구는 알짜 입지에 복합문화시설들을 계획하며 미래 주거 입지라고 할 수 있는 '락세권**'으로의 도약을 꾀하고 있다. 마침 이러한 호재 속에 1,000여 세대의 공동주택과 1,000여 실 규모의 지식산업센터, 그리고 공공 청사가 들어설 '문래동4가 도시환경정비사업'이 재개발 추진의 첫 단추인 조합 설립 인가를 받았다. 준공업지역의 미래를 내다보는 투자자들의 관심을 꾸준히 모을 것으로 예상된다.

준공업지역 외에 역세권, 집창촌 부지 역시 향후 서울 도심의 공급 젖줄로 꼽을 수 있다. 앞서 살펴본 청량리역 역세권 개발이 그 대표적인 사례라고 할 수 있다. 영등포구 역시 영등포역 앞 성매매 집결지 정비를 위해 2021년 '영등포 도심 역세권 재개발 구역'을 지정했다. 900여 세대의 공동주택과 400여 실의 오피스텔이 들어설 이 구역의 허용 용적률은 무려 700%이다. '초역세권+최고 45층'이

---

* 국가나 지자체가 기반 시설을 확충하기 위해 사업 시행자로부터 재산을 무상으로 받아들이는 일. 사업 시행자는 이후 용적률 상향 등의 혜택을 받는다.

** 문화, 여가, 오락 시설을 근거리에서 누릴 수 있는 입지.

라는 키워드만으로도 2030년 천지개벽 수준으로 변모할 영등포역 역세권의 미래를 충분히 짐작케 한다.

영등포역 역세권 개발과 더불어 5호선 영등포시장역을 둘러싸고 개발 중인 영등포뉴타운 사업은 이미 신축으로 거듭난 1-3구역(포레나영등포센트럴), 1-4구역(아크로타워스퀘어)이 평당 4,000만 원의 시세를 자랑하고 있다. 시공사가 선정된 1-13구역도 수년 내 신축으로 거듭날 준비를 하고 있다. 검증된 역세권 재개발인 영등포뉴타운의 마지막 주자는 1-11구역과 1-12구역(1-14, 1-18구역과 통합 재개발)이다. 모두 조합 설립이 완료되어 재개발 사업의 초기 단계를 밟고 있는 만큼(1-11구역은 건축 심의까지 통과) 영등포구 역세권의 마지막 남은 미래를 선점하기 위해 많은 투자자들이 몰려들 것으로 전망된다.

정해진 미래 개발 지역 ④

영등포구

영등포재정비촉진지구

위치	구역명	개발 면적	진행 현황	예정 세대수	시공사 (브랜드)
영등포동7가 76-5번지 일대	영등포1-2구역	5,392	조합 설립 인가	218	계룡건설
영등포동5가 30번지 일대	영등포1-11구역	17,391	건축 심의 통과	818	
영등포동5가 22-3번지 일대	영등포 1-12, 1-14, 1-18구역(통합 재개발)	31,215	조합 설립 인가	1,182	
영등포동5가 32-8번지 일대	영등포1-13구역	27,053	관리 처분 인가 (이주)	659	영등포센트럴 푸르지오위브

문래동4가 재개발

위치	구역명	개발 면적	진행 현황	예정 세대수
문래동4가 23-6번지 일대	문래동4가 재개발	94,087	조합 설립 인가	1,220

영등포 도심 역세권 도시 정비형 재개발

위치	구역명	개발 면적	진행 현황	예정 세대수
영등포동4가 431-6번지 일대	영등포 도심 역세권 재개발	23,094	조합 설립 인가	999

도심 주택 공급의 미래 트렌드, 공·역·집

영등포구의 개발 사례는 비단 서울뿐 아니라 준서울,* 지방 광역시 등 고밀 도시의 향후 주택 공급에도 많은 시사점을 준다. 앞으로도 집 지을 땅이 척박한 고밀 도시로 인구가 꾸준히 몰려들면서 주택 공급을 위한 오아시스를 찾아내는 부동산 개발의 성공 여부가 민심을 가를 것이다. 부동산 개발 인허가를 담당하는 관의 입장에서는 무분별한 난개발의 무리수를 두기보다는 시대의 흐름 혹은 대의명분에 맞게 주택 공급의 여지를 찾을 텐데, 만일 교통, 상업지역 등 입지가 좋은 도심에 양질의 주택을 적절하게 공급할 수 있다면 관의 입장에서도, 주민의 입장에서도 안성맞춤일 것이다. 이를 충족시켜주는 곳이 바로 영등포구 사례에서 본 '공장지대(준공업지역), 노후 역세권, 집창촌(도심 유해 시설)'이다. 이른바 '공·역·집'이다.

---

* 서울과 지리적으로 인접한 도시로, 통근 시간 기준으로 40~50분 이내 서울 내 직장에 도달할 수 있는 수도권 지역을 말한다.

문재인 정부 시절, 뒤늦게나마 도심 공급에 박차를 가하겠다며 야심 차게 발표한 '3080+대도시권 주택 공급 방안'의 주요 후보지를 보면 영등포구, 금천구 등 준공업지역 부자 도시가 선정되었다. 또한 공급 물량에 있어서는 역세권 개발의 비중이 압도적이었다. 정권이 바뀌었지만 윤석열 정부의 첫 주택 공급 대책인 '국민 주거 안정 실현방안'(8·16 대책) 역시 '도심 내 집 마련 기회 확대'를 위해 '재개발·재건축 정상화'와 더불어 노후 역세권, 준공업지역을 주거 중심형으로 개발하겠다는 의지를 피력하는 등 도심 공급의 미래 트렌드는 공·역·집으로 수렴되고 있다. 앞으로도 입지 깡패인 공·역·집은 정권이 바뀌어도 개발의 대의명분과 정권을 대표할 캐치프레이즈를 달고 꾸준히 추진될 것이다. 투자자든 실수요자든 혹은 민간 시행자든 공·역·집이 도심의 랜드마크를 선점할 기회의 땅임을 명심해야 할 것이다.

청사진 마련된 여의도 재건축 핵심 키워드는 '시범', '도시의 테마'

1960년대 대한민국 경제를 책임진 방림방적, 대선제분과 마찬가지로 1960년대 대한민국 하늘을 책임진 곳 또한 영등포구에 자리하고 있다. 2014년 수립된 '2030 서울플랜'(2030 서울도시기본계획)에서 서울 도심(한양도성), 강남과 더불어 서울 3도심으로 격상된 여의도가 바로 그 주인공이다.

일제강점기 이후 비행장으로 활용된 여의도는 1945년 광복 이후 우리나라 공군이 창설된 곳으로, 1971년 여의도 공군기지가 성남에 있는 서울공항으로 이관되면서 폐쇄된 뒤 금융 중심지로 성장했다.

1970년대에 아파트 지구로 조성된 여의도는 50여 년의 세월 동안 대한민국 재건축의 핫이슈를 꾸준히 생산해냈다. 재건축 연한(30년)이 두 바퀴 돌게 되는 2030년이 가까워질수록 이슈를 넘어서서 구체적인 청사진의 기둥들이 하나씩 세워질 것이다. '2040 서울도시기본계획'(2040 서울플랜)에 따라 '35층 룰 삭제', 그리고 서울형 신용도지역 체계인 '비욘드조닝'* 적용으로 한국의 맨해튼 여의도는 서울의 스카이라인을 재창조하는 주역이 될 것이다.

여의도 재건축의 미래 핵심 키워드는 '시범' 그리고 '도시의 테마'이다. 사실상 여의도는 '2040 서울도시기본계획'의 선도 시범 지구로, 함께 아파트 지구**로 태어난 압구정, 이촌, 서빙고 재건축의 이정표가 될 것이다.

향후 서울 재건축의 이정표가 되어야 하기에 신속히 추진될 뿐 아니라 서울도시기본계획의 핵심 아이템들이 곳곳에 포진될 여의도 재건축의 선도 주자는 신속통합기획(이하 '신통기획')***이 확정된 시범 아파트와 한양아파트이다. 시범아파트는 '수변으로 열린 도심 주거지'라는 개발 콘셉트하에 여의도에서 가장 큰 규모인 2,500여 세대

---

* 주거·업무·상업 등 기능의 구분이 사라지는 미래 융복합 시대에 맞는 서울형 신용도지역 체계로, 용도 도입의 자율성을 높여 주거·업무·녹지 등 복합적인 기능을 유연하게 배치하도록 하는 도시기본계획 체계이다. 서울시는 '국토계획법' 개정 등 법제화 추진을 통해 2025년부터 기존의 경직적인 용도지역제를 대체할 비욘드조닝을 단계적으로 적용할 계획이다.

** 1970년 당시 빠르게 늘어나는 인구를 감당하기 위해 만들어진 제도로, '양적 성장'이 아닌 '질적 성장'으로 도시 패러다임이 전환됨에 따라 서울시는 기존 아파트 지구를 폐지하고 '지구단위계획'으로 전환했다. '지구단위계획'으로의 전환을 통해 기존 아파트 지구 단지들은 재건축 추진 시 용적률, 높이, 용도를 유연하게 적용받게 되었으며 이전보다 신속한 정비계획 수립이 가능해졌다.

로 다시 태어날 예정이다. 한강변 문화공원과 한강공원으로 연결되는 입체 보행교가 신설되어 '그레이트 한강'**** 의 비전을 구현시켜줄 것이다. 또한 최고 65층 재건축 확정으로 우리나라 최초 시범 단지로서의 자존심도 지킬 수 있게 되었다.

한양아파트는 '미래 여의도의 도심 기능 지원'이라는 개발 콘셉트하에 상업·오피스·주거가 결합한 금융 중심지 특화형 주거단지로 변신할 예정이다. 2030년 개통 예정인 서부선 경전철 '한양아파트역'의 신설 호재까지 등에 업은 한양아파트 재건축은 '국제금융 중심지'라는 여의도의 테마와 밀접하게 연결되어 비욘드조닝 시범 단지로 선정되었다. 또한 공공 기여 시설로 서울국제금융오피스, 서울핀테크랩 등이 설치될 예정이다. 도시 경쟁력 제고라는 대의명분이 강력한 추동력으로 작용할 한양아파트 재건축은 향후 시장의 변동성 앞에서도 꾸준한 사업 속도를 보일 것으로 예상된다.

국제금융 중심지로의 도약을 꿈꾸는 여의도의 핵심 청사진인 '여의도 금융 중심 지구단위계획'에서는 총 4개의 지구를 구획했다. 이 중 주목할 곳이 '도심 주거 복합 지구'이다. 국제 수준에 부합하는 쾌적한 정주 여건을 조성하기 위해 지정한 도심 주거 복합 지구에

*** 정부 주도의 공공 개발과 달리 민간이 정비 사업을 주도하고, 서울시는 계획 수립 초기 단계부터 각종 절차를 지원해주는 제도. 사업 시행과 설계자·시공사 선정 권한은 모두 주민에게 있는 대신, 서울시는 공공성과 사업성의 균형을 이룬 가이드라인을 제시하고 신속한 사업 추진을 지원한다. 정비 사업 초기 단계부터 공공이 주민(조합)을 지원함으로써 통상 5년 정도 소요됐던 정비 구역 지정 절차를 2년으로 대폭 단축시킬 수 있으며, 교통·건축·환경 심의 절차를 통합함으로써 사업 시행 인허가 기간 역시 절반으로 줄일 수 있다.

**** 한강의 편의성, 매력을 높여 시민 삶의 질을 높이고 수변의 활력을 한강의 도시 공간까지 확장하여 서울의 도시 경쟁력을 강화하려는 한강 개발 프로젝트이다.

图 전체 대상지(4개지구 구분)
112만 586m²

서울시

	국제금융 중심지구
	도심기능 지원지구
	금융·업무 지원지구
	도심주거 복합지구

여의도동

여의도
공원

9

•IFC

여의나루역

한강

원효대교

마포대교

아파트지구
지구단위계획

여의도역

아파트지구
지구단위계획

63빌딩

올림픽대로

5

신길역

노들로

샛강역

서울시
영등포구

경부

노량진역

1

100m

그림 5
여의도 금융 중심
지구단위계획 대상지(연합뉴스)

여의도 재건축

	구분	재건축 단지	준공 연도	총 세대수	용적률	진행 현황	예정 세대수
아파트 지구	특별계획구역1-1	목화	1977	312	215	조합 설립 인가	
	특별계획구역1-2	삼부	1975	866	187	신통기획 승인	
	특별계획구역2-1	장미	1978	196	225	안전 진단 통과	
	특별계획구역2-2	화랑	1977	160	219	안전 진단 통과	
	특별계획구역2-3	대교	1975	576	205	신통기획 승인	
	특별계획구역3	한양	1975	588	252	신통기획 확정	992
	특별계획구역4	시범	1971	1,584	172	신통기획 확정	2,466
	특별계획구역5	삼익	1974	360	256	안전 진단 통과	
	특별계획구역6	은하	1974	360	256	안전 진단 통과	
	특별계획구역 7·8	광장	1978	744	187	조합 설립 인가	
	특별계획구역9	미성	1978	577	188	추진위원회 승인	
도심 주거 복합 지구		서울	1976	192	210	안전 진단 통과	
		공작	1976	373	267	정비 구역 지정	570
		수정	1976	329	291	추진위원회 승인	466
		진주	1977	376	196	정비 구역 지정	563

는 4개의 재건축 단지가 포함되어 있다. 재건축 4총사인 서울아파트, 공작아파트, 수정아파트, 진주아파트로 모두 고유의 입지 매력을 가지고 있다.

서울아파트와 공작아파트는 전형적인 주거 선호 입지인 한강과 공원을 품고 있어 그린 프리미엄을 누릴 수 있다. 수정아파트는 금융 중심지의 최중심이라고 할 수 있는 '금융특정개발진흥지구'를 곁에 두고 있어 350m가 넘는 여의도 초고층 랜드마크가 탄생할 경우 대체할 수 없는 랜드마크 프리미엄을 누릴 것이다. 한편 의료, 공공, 생활 편익 등 여의도의 도심 생활 지원 기능이 집적될 '도심 기능 지원 기구'와 샛강생태공원에 둘러싸인 진주아파트는 도보로 일상의 모든 기능을 누릴 수 있는 프리미엄을 누릴 것이다.

오랜 기다림 끝에 탄생한 여의도의 미래 청사진은 그 기다림의 크기와 마천루의 높이만큼 대한민국 상위 1%의 마음을 설레게 할 것이다. 그와 더불어 부동산의 가치도 크게 솟아오를 전망이다.

지금까지 숨겨진 고밀 자치구인 영등포구의 매력을 톺아보았다. 1960년대 대한민국의 경제와 하늘을 책임졌던 그곳에서 2030년 영등포의 부동산을 책임질 미래가 싹트고 있음을 확인할 수 있었다. 태생적으로 도심의 요지에 자리 잡은 준공업지역은 도시 문화가 역동하는 락세권으로 변모할 것이다. 특히 서울 3도심의 하나로 격상된 여의도는 재건축 희망 고문의 굴레에서 벗어나 글로벌 금융 마천루라는 실재로 다가올 것이다.

남동국가산단 고도화에 운명이 걸린 인천 남동구

서울 근대화의 주역으로 영등포구에 준공업지역이 있다면, 인천 남동구에는 대한민국의 수출을 주도하며 산업화를 일궈낸 남동국가산업단지(이하 '남동국가산단')가 있다. 인천 최대 산업단지인 남동국가산단을 품고 있는 인천 남동구 역시 공업지역에 밀려 주거지역 면적이 적은 탓에 인구밀도는 7,652명/km²인 데 반해 주거인구밀도는 무려 32,513명/km²이다. 초고밀 지역인 것이다. 9,574,000m²의 면적을 자랑하는 남동국가산단은 서울의 준공업지역과 달리 대부분 일반공업지역이어서 주거지역이나 상업지역으로의 대대적인 변신은 어려운 상황이다. 결국 산업단지의 본원적 경쟁력 강화만이 남동국가산단의 활력을 되살릴 수 있을 것이다. 또한 이 방법만이 남동구 부동산 가치 상승의 유일한 길이라고 할 수 있다.

마침 2020년 정부의 '산업단지 대개조 사업'에 선정되어 남동국가산단에는 2024년까지 368억 원이 투입될 예정이다. '낮에는 비즈니스 공간, 밤에는 산업 문화 공간'이라는 비전 아래 주차장, 공원, 도로 등의 도시 기반 시설 확충 및 산업단지 경쟁력 강화를 위한 '소부장 실증화 지원센터' 건립 등의 사업이 추진될 예정이다. 하지만 이러한 청사진이 제시되기 전인 2018년부터 남동구의 인구수는 (인천)서구에 역전당하며 불길한 조짐을 보이기 시작했다. 검단신도시를 앞세운 서구의 대대적인 신도시 개발 덕분으로 2022~2023년 인천에는 그 전까지 한 번도 없었던 연평균 4만 호의 입주 물량이 쏟아졌다. 그와 함께 남동구 등의 구도심에서 신도시로의 대이주大移住가 이루어졌다.

남동구 부동산의 자존심으로 인천시청을 품고 있는 구월동과 간석동의 인구가 서구의 신도시로 대대적으로 유출되며 남동구는 집값 하락을 피할 수 없었다. 하지만 제2경인고속도로 남단에 위치하여 서구와 생활권이 떨어져 있는 논현지구와 서창2지구의 리딩 단지는 신도시 입주라는 거센 장맛비에도 평당 1,000만 원대 중후반의 가격을 지지하며 남동구의 자존심을 지켜주었다. '물량 앞에 장사 없다'는 부동산의 속설도 비켜간 두 지역의 경쟁력은 무엇이었을까? 논현지구의 경우에는 남동국가산단을 배후로 하여 오랜 시간 탄탄하게 다져진 주거 인프라가, 2018년에 개발이 완료되어 신축의 숲이 조성된 서창2지구는 서창JC를 통한 우수한 서울 접근성이 입주 장맛비를 피할 수 있는 우산이 되어주었다고 할 수 있다.

논현지구와 서창2지구는 반경 10km 내에 남동국가산단뿐 아니라 안산의 반월산단, 시흥의 시화산단도 있다. 산단의 경쟁력 강화가 이들 생활권의 가치 상승에 직간접적인 영향을 미칠 수밖에 없다. 2020년 남동국가산단에 이어 2021년 반월·시화 산단이 산업단지 대개조 사업에 선정되는 호재를 맞이했다. 따라서 인천의 신도시와 구도심 간의 대분기점으로 기록될 '대이주 시대'를 겪으며 체면을 구긴 남동구의 마지막 남은 자존심인 논현지구와 서창2지구의 미래는 양질의 일자리 창출과 제조업 혁신을 목표로 하는 산업단지 대개조 사업의 성공 여부에 달려 있다고 해도 과언이 아닐 것이다.

남동·반월·시화 산단이 과연 정부의 바람대로 미래형 산단으로 거듭날 수 있을까? 산단 대개조 사업의 열매가 맺힐 2025년, 남동구 부동산의 부활을 기대해보자.

광명의 성장을 이끈 개발제한구역 해제(feat. 준서울 주택 공급의 젖줄)

근대화를 일군 공업지역에서 서울과 인천 초고밀 지역의 미래 잠재력을 엿볼 수 있었다면, 경기도의 숨겨진 초고밀 지역과 미래 잠재력은 '그린벨트'(이하 '개발제한구역')*에서 답을 찾을 수 있다.

주거인구밀도로 환산 시 기존 인구밀도의 4배 수준인 약 32,000명/km²으로 급등하는 광명시는 경기도에서 3번째로 높은 상업지역 비율에 밀려 주거지역 비율이 낮은 편이다. 대한민국의 첫 번째 KTX 역세권 개발 사업인 '광명역세권개발사업' 때문으로, 글로벌 유통기업인 이케아와 코스트코, 롯데아울렛 등 대형 상업 시설들이 KTX 광명역 반경 1km 안에 몰려 있다.

그렇다면 2000년대까지만 해도 KTX 광명역만 덩그러니 있었을 뿐 허허벌판이었던 이곳은 어떻게 대규모 상업지역으로 개발되어 상전벽해를 이룰 수 있었을까? 그 답은 바로 '개발제한구역의 해제'에서 찾을 수 있다. 비단 광명역 역세권 개발뿐 아니라 3기 신도시 최대 규모를 자랑하는 광명시흥신도시(384만 평) 역시 개발제한구역 해제를 통해 탄생한 데서 알 수 있듯 지난 10여 년간(2009~2019년) 경기도에서 개발제한구역이 가장 많이 해제된 도시가 바로 광명시이다. 서울과 동일한 지역번호(02)를 사용하며 준서울 느낌을 물씬 풍기는 광명시의 집값은 같은 기간 약 100%의 상승률을 기록했다. 이는 같은 기간 동안 약 290만 평의 막대한 개발제한구역이 해제되

---

* 도시의 무질서한 확산을 방지하고 도시 주변의 자연환경을 보전하여 도시민의 건전한 생활환경 및 도시의 개발을 제한하기 위해 지정하는 구역.

준서울 신도시는 모두
개발제한구역 해제에서 탄생했다고 봐도 과언이 아니다!

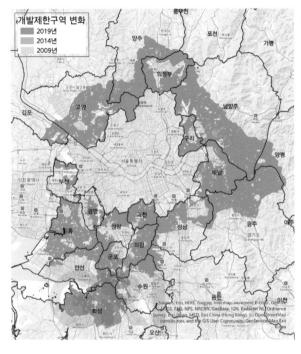

시군	2019	2014	2009
경기도	1,168.98	1,175.54	1,208.09
남양주시	224.57	226.56	231.71
고양시	119.26	119.40	120.20
광주시	104.36	104.36	104.47
화성시	91.37	91.37	92.19
시흥시	85.85	86.27	93.66
양주시	76.47	77.16	77.22
하남시	71.89	71.89	74.03
의정부시	57.33	57.97	58.00
성남시	48.58	48.78	49.22
의왕시	45.68	46.69	47.91
안산시	37.82	37.97	38.00
수원시	32.23	32.23	32.23
과천시	29.75	30.46	32.12
안양시	29.53	30.16	30.16
군포시	22.73	22.73	23.00
구리시	20.49	20.49	21.62
양평군	17.14	17.14	17.10
김포시	16.98	16.98	18.00
부천시	16.23	16.24	17.97
광명시	15.08	15.52	24.69
용인시	3.60	3.60	3.60

(단위: ㎢)

그림 6 　경기도 개발제한구역 면적의 변화(경기연구원)

면서 초고밀 도시에 숨통이 트이고 생활권이 확장될 것이라는 기대
감이 작용한 결과라고 할 수 있다.

〈그림 6〉은 2009~2019년 경기도 개발제한구역의 변화를 나타낸
지도와 세부 통계이다. 지도를 통해 도시의 팽창을 억제하기 위해
지정된 개발제한구역이 서울 외곽을 촘촘히 둘러싸고 있는 것을 볼
수 있다(녹색으로 표시된 개발제한구역 사이로 듬성듬성 나 있는 '구멍'들이

바로 준서울 신도시로 조성된 곳이다). 비단 광명역 역세권 개발뿐 아니라 미사강변도시, 위례신도시, 다산신도시, 삼송·원흥 지구 등 경기도의 거의 모든 준서울 신도시가 개발제한구역의 해제로 탄생했다고 해도 과언이 아니다. 광명시흥신도시를 포함한 3기 신도시 역시 개발제한구역의 대대적인 해제 없이는 탄생할 수 없었다. 앞으로도 준서울 입지의 대규모 주거단지가 들어설 수 있는 여지는 바로 이 개발제한구역 해제에서 비롯할 것이다. 더불어 수도권으로의 인구 쏠림 현상이 가속화됨에 따라 개발제한구역의 해제 주기도 더욱 짧아질 것으로 예상된다.*

3기 대장 신도시, 광명시흥신도시의 빅픽처

앞으로 광명시의 개발축은 광명시흥신도시, 그중에서도 광명시흥신도시 남단과 광명역 역세권 지구 사이를 잇는 생활권을 중심으로 형성될 것이다. 광명시흥신도시 남단에 위치한 2,449,000m² 규모의 광명시흥테크노밸리는 이미 착공한 상황이다. 2조 4,000억 원이 투입될 광명시흥테크노밸리는 일반 산업단지, 유통단지, 첨단산업단지, 주거단지 사업이 진행 중이며, 주거단지가 들어설 '광명학온공공주택지구'(이하 '광명학온지구')를 마지막으로 2026년 개발 완료를 목표로 하고 있다. 특히 광명학온지구에는 2026년경 신안산선 학온역(가칭)이 개통될 예정이다. 신안산선은 광명역 역세권 지구의 중

---

* 수도권으로의 인구 순유입이 본격화된 2017~2021년에 약 30만 명의 인구가 지방에서 수도권으로 순유입되었다. 이는 춘천시의 모든 인구가 수도권으로 유입된 격이라고 할 수 있다.

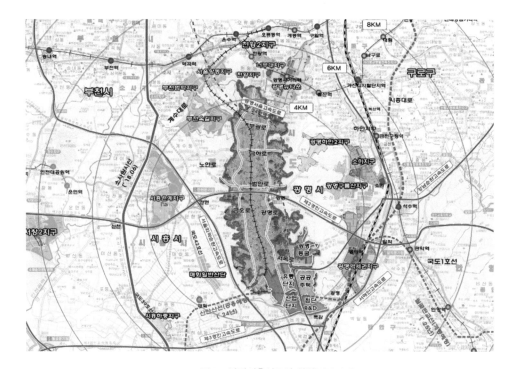

그림 7 광명시흥신도시 위치도(광명시)

심인 광명역을 거쳐 여의도까지 연결되는 노선이다. 현재 1호선만 통과하는 광명역에 신안산선뿐 아니라 판교까지 연결되는 월판선이 2030년경에 개통되면 광명역 역세권의 교통 프리미엄은 한층 더 오를 전망이다.

한편 수도권 핵심 업무 지구로 연결되는 '철도보험'에 가입한 광명학온지구와 광명역 역세권 지구에는 또 하나의 개발 호재가 기다리고 있다. 연간 100만 명 이상이 관람하며 한국 100대 대표 관광지, 경기도 10대 관광지로 선정된 '광명동굴'을 중심으로 개발되는 560,000m² 규모의 '광명문화복합단지 도시개발사업'(이하 '광명문화복합단지 사업')이 2030년 완공을 목표로 사업의 닻을 올린 것이다. 광명동굴 주변에 부족한 편의 시설을 공급하고, 자연·체험·문화·쇼핑 등이 어우러진 개방형 문화 복합 단지 조성을 목표로 하는 광명문화복합단지 사업이 완료될 경우 광명동굴을 중심으로 반경 3km 이내에 있는 광명시흥신도시, 광명학온지구, 광명역 역세권 지구는 '락세권'이라는 또 하나의 선물을 받을 것이다.

광명시흥신도시 남단과 광명역 역세권 지구의 교통 개발을 이끄는 것이 신안산선과 월판선이라면, 광명시흥신도시 남북을 관통하는 교통 개발은 GTX-B가 개통될 2호선 신도림역에서 7호선 광명사거리역을 거쳐 장래의 학온역(신안산선)과 KTX 광명역을 잇게 될 '광명시흥선'이 주도할 전망이다. 이렇듯 광명시흥선이 가시화되고, 광명시흥신도시 북단을 거치도록 계획된 인천-서울 간 제2경인선마저 청신호가 켜진다면 광명시흥신도시는 덩치만 큰 신도시가 아니라 '서울 핵심 업무 지구와의 연결 고리로서의 메가 허브'라는 대체할 수 없는 위상을 가질 것이다.

초고밀 도시 광명시의 도심 공급은 '광명뉴타운 재개발'과 '철산동 재건축'이 책임져왔다. 7호선 광명사거리역을 중심에 두고 남북으로 개발된 광명뉴타운 재개발은 2025년경 총 11개 구역이 모두 완료되면서 약 2만 5,000가구의 미니 신도시급으로 탈바꿈할 전망이다. 광명뉴타운보다 좀 더 서울에 가까운 7호선 철산역을 중심으로 개발된 철산동 재건축 역시 대부분의 개발이 완료되며 2025년까지 대규모 신축 아파트가 들어설 예정이다.

철산동 재건축의 마지막 퍼즐인 광명주공 12·13단지는 재건축 초기 단계로, 2023년을 정점으로 감소하는 수도권 입주 물량의 사이클에 힘입어 '웬만한 서울 지역보다 더 서울스러운 역세권'의 입지 가치를 알아본 투자자들과 실수요자들의 높은 관심을 받을 것이다. 반면 광명시 재건축의 재부흥을 꿈꾸는 '하안동 재건축'의 경우, 향후 7만여 세대가 들어설 광명시흥신도시와 하안동에 인접하여 개발되는 5,000세대 규모의 구름산지구 개발의 물량 공세에 밀려 철산동 재건축의 영광을 재현하기는 어려울 전망이다.

지금까지 광명시의 신도시 개발축과 도심 개발의 미래 흐름을 살펴보았다. 광명시의 미래 가치를 한층 끌어올릴 희망의 원천은 '주거 면적 비중을 대체한 3곳의 샘'에서 솟아날 것이다.

광명역 역세권 지구는 아파트 숲이 빽빽한 다른 신도시와 달리 상업지역의 비중을 높임으로써 이케아, 코스트코 등 글로벌 유통기업을 유치할 수 있었다. 광명시흥테크노밸리 역시 광명학온지구에 공공주택을 건설할 뿐 나머지 구역에서는 유통, 첨단, 일반 산업단지가 대대적으로 개발될 예정이다. 광명문화복합단지의 개발 취지 또한 대규모 주택 공급이 아닌 문화 입지 탄생에 초점이 맞춰져 있다.

미래 광명시의 개발 대장주인 광명시흥신도시는 풍부한 상업 시설, 일자리, 문화시설의 샘이 솟아나며 서울 핵심 업무 지구와의 연결 고리로서의 메가 허브로 도약하는 축포를 터뜨릴 것이다.

개발제한구역 해제의 단서

광명시의 사례에서 보았듯 개발제한구역의 가치는 수도권으로의 인구집중 속도와 비례하여 커질 것이다. 따라서 '고밀 지역 중 어느 곳의 개발제한구역이 해제되어 생활권에 숨통이 트이고 광역 교통망 확장이라는 선물도 덤으로 받을 것인가?'라는 질문은 미래 수도권 부동산의 주요 화두가 될 것이다.

미래 수도권 부동산의 금맥인 '개발제한구역 해제 지역'에 대한 힌트는 문재인 정부가 마지막 3기 신도시로 낙점한 도시에서 찾을 수 있다. 즉 '의왕·군포·안산' 신도시는 지도 위에서 무작위로 손가락을 콕 짚어 하루아침에 개발 지역으로 선정된 것이 아니다. 개발제한구역 해제는 원주민 보상, 환경 단체의 반발 등 매우 민감한 사안과 맞닿아 있으므로 영등포구 사례에서 확인한 공(준공업지역)·역(역세권)·집(집창촌) 같은 시대의 거스를 수 없는 트렌드와 대중의 공감대를 살 수 있는 대의명분이 필요하다.

거스를 수 없는 인구 감소 트렌드는 결국 지역별 인구의 양극화를 심화시키며 수도권 고밀 도시에 더욱 많은 인구를 집중시킬 것이다. 그렇다고 이미 많은 개발제한구역이 해제된 이 지역들에서 추가로 또 해제하기엔 환경 보존이라는 대의명분과 정면으로 충돌한다. 따라서 개발제한구역이 해제될 곳은 인구 쏠림이 심한 고밀 도시 가운데 그간 다른 지역에 비해 해제가 드물었던 곳이어야 할 것이다.

이 조건에 따르면 의왕(약 24,000명/km^2), 군포(약 33,000명/km^2), 안산(약 28,000명/km^2)의 주거인구밀도는 경기도 평균 주거인구밀도(약 23,000명/km^2)보다 높은 수준이다. 또한 의왕시(85%)와 군포시(62%)의 개발제한구역 면적 비율 역시 경기도 평균(24%)을 크게 초과하는 수준으로 다른 고밀 도시와의 개발 형평성이라는 대의명분을 충족한다. 안산시의 경우에도 지난 10여 년간 개발제한구역 해제 면적이 0.18km²로, 광명시의 같은 기간 해제 면적인 9.6km²의 50분의 1 수준에 불과하다.* 이는 수도권의 타 지역에 비해 안산에서 개발이 매우 소극적으로 이루어졌다는 것을, 따라서 환경 보존이라는 대의명분에서 좀 더 자유로울 수 있다는 사실을 시사한다.

차세대 개발제한구역 해제 유망지

그렇다면 향후 수도권 공급의 중추가 될 '정해진 미래' 3기 신도시를 넘어 2030년 이후 수도권을 책임질 '차세대 개발제한구역 해제 유망지'는 어디일까? 주거인구밀도로 환산 시 고밀 도시로 손꼽히면서도 지난 10여 년간 다른 지역 대비 개발이 소극적으로 진행된 경기 북부에서 두 곳, 경기 남부에서 두 곳을 추려볼 수 있다.

의정부시(약 28,000명/km²)와 구리시(약 26,000명/km²)는 주거인구밀도로 환산 시 경기도 평균 수준을 뛰어넘는 동시에 개발제한구역의 면적 비율이 60%를 상회하는 도시이다. 인구집중 트렌드와 개발 형평성이라는 대의명분을 모두 충족시키는 차세대 경기 북부 유망지인 것이다. 그간 북한 접경지로 군사 보호 시설 등 여러 규제가 중첩되어 묶여 있던 경기도 북부는 '공정 개발'이라는 대의명분하에 김동연 현 경기도지사가 '경기북부특별자치도' 설치를 위한 구체적인 로드맵 구상에 나서는 등 향후 10~20년 개발의 부흥기를 맞이

---

* 이 책에서 제시한 개발제한구역 면적은 2019년 기준으로, 지난 10여 년간 개발제한구역 면적의 변화는 2009~2019년의 변화량을 의미한다.

할 것이다.

특히 의정부의 경우에는 미군기지 이전, 반환 지역 개발을 시작으로 '창동역-의정부역'을 잇는 GTX-C노선과 7호선 의정부 연장 노선을 따라 고밀 도시의 생활권 확장을 위한 개발축이 형성될 것으로 예상된다. 또한 구리시에서는 수도권 부동산 불멸의 입지 프리미엄인 한강변을 품은 토평동 일대 약 88만 평의 개발제한구역에 '한강 조망이 특화된 고품격 주거·신산업·레저가 어우러진 도시'를 콘셉트로 토평2지구 개발이 진행된다. 약 1만 8,000호의 주택 공급이 예정된 토평2지구에 신성장 혁신산업 유치가 성공적으로 이뤄질 경우, 한강을 마주하고 있는 강동의 고덕비즈밸리와 함께 '한강변 첨단 일자리 벨트' 탄생이 기대된다. 전국에서 가장 면적이 작은 시이지만 토평2지구 개발이 본격화될 경우 구리시는 '한강변 첨단 신도시'라는 명품 옷을 입고 작지만 값비싼 도시로 거듭날 전망이다.*

경기 남부의 차세대 개발제한구역 해제 유망지는 안양시와 광주시를 꼽을 수 있다. 주거인구밀도가 약 36,000명/km²인 안양시의 경우 개발제한구역의 면적 비율은 경기도 평균을 상회하는 50% 수준이다. 주거인구밀도가 약 33,000명/km²인 광주시의 경우에는 무려 104km²의 부지가 개발제한구역에 묶여 있는 데 반해 해제된 면적은 지난 10여 년간 불과 0.1km²에 불과하다. 즉 안양과 광주 모두 인구 쏠림 대비 개발 압력이 높은 곳이라고 할 수 있다.

---

* 문재인 정부 3기 신도시에 이어 윤석열 정부 역시 수도권 택지를 추가로 발표했는데, '김포 한강2(4만 6,000호), 평택 지제역 역세권(3만 3,000호), 구리 토평2(1만 8,000호), 오산 세교3(3만 1,000호), 용인 이동(1만 6,000호)' 등이 있다.

안양시에서는 인접한 과천시의 택지개발이 종료되고 신도시 생활권이 안정될 2030년 중반 이후 개발제한구역 해제 이슈가 모락모락 피어오를 것이다. 개발의 형평성을 위해 안양에서 과천 축이 아닌 안양 구도심에서 경기 광명시, 서울 금천구를 잇는 개발축을 중심으로 생활권의 확장이 이뤄질 가능성이 높다.

광주시의 경우에는 판교로 출퇴근이 가능한 경강선이 2016년에 개통되었고, 강남권 접근이 가능한 위례삼동선과 수서광주선 개발 시 향후 더욱 많은 인구집중이 예상된다. '2030 광주도시기본계획'에 제시된 개발 가능지 분석에 따르면, 광주 도심인 경안동에서 남서·남동으로 뻗어나가는 개발축인 오포축과 곤지암축에 개발 가능지가 집중되어 있다. 여기서 오포축은 용인과, 곤지암축은 이천과 맞닿아 있다. 용인 기흥구와 이천시는 모두 '반도체 도시'로 반도체 사업의 경기와 광주시 부동산의 성장 가능성이 밀접하게 연결되어 있음을 알 수 있다.

수도권의 숨겨진 초고밀 도시가 우리에게 주는 교훈은 '제약의 가치'에 주목하라는 것이다. 앞으로 수도권으로의 인구집중에 가속도가 붙을수록 수도권 고밀 도시에 추가로 들어설 수 있는 양질의 주거 입지는 '제약'될 것이다. 인구집중의 속도에 맞추어 주거 입지가 탄력적으로 제공될 수 없다는 현실, 특히 양질의 입지 제공은 더욱 비탄력적이라는 사실을 직시하자. 영등포구와 광명시의 사례가 알려준 공·역·집과 개발제한구역 해제 지역은 시간의 함수에 기대어 대체할 수 없는 가치를 키워나갈 것이다.

고밀 지역 TOP 4 (주거인구밀도)

해운대의 미래를 책임질 '센텀2지구', '우동&중동 재개발'

앞서 5대 광역시의 고밀 도시를 소개하며 부산의 여러 자치구를 언급했다. 그런데 부동산을 좀 아는 독자라면 이 지역이 언급되지 않은 것에 의문을 품을 것이다. 바로 부산의 대표 자치구인 '해운대구'이다.

해운대구는 주거인구밀도로 환산 시 인구 10만 명 이상의 부산 자치구 중 가장 높은 약 33,000명/km²을 기록하며 부산의 1등 초고밀 지역으로 등극한다. 주거인구밀도가 가장 높다는 것은 해운대구의 주거 면적 비중이 상업, 공업, 녹지 등의 다른 도시 면적들에 밀려 적다는 의미이다. 앞서 부산의 초고밀 자치구로 꼽혔던 연제구 주거 면적 비율(63%)의 3분의 1에 불과한 수준이다(22%).

해운대구의 주거 면적 비중을 쪼그라뜨리는 가장 큰 요인은 녹지 면적(69%)이다. 다만 도시 개발이 비교적 용이한 '자연녹지'가 녹지 면적의 100%를 차지하고 있어 개발제한구역 해제를 위한 부담은 비교적 적다고 할 수 있다. 마침 해운대구의 개발제한구역 면적이 부산에서 3번째로 많은 수준이어서 앞서 살펴본 광명시처럼 초고밀 생활권 확장에 대한 힌트를 개발제한구역의 해제에서 찾을 수 있을 것이다.

향후 10년간 해운대구를 들썩일 58만 평 규모의 메가 프로젝트 '센텀2지구' 사업의 정식 명칭은 '센텀2지구 도시첨단산업단지 조성 사업'이다. 개발제한구역을 해제해 사업 부지의 85%를 확보한 상태이며, 통상 제조업 중심 산업단지가 도시 외곽에 위치하는 것과 달리 4차 산업혁명을 선도할 융합 부품 소재, 정보통신 기술, 첨단 해양산업, 영상·컨텐츠 등의 산업을 도심에 유치하여 '부산형 판교테크노밸리'를 건설하는 것을 목표로 하고 있다. 국내 최고의 해양관광도시 해운대구에 2조 원의 대형 사업인 센텀2지구가 순조롭게 조성된다면 첨단 업종과 유망 IT기업, 고급 인재들이 대거 유입되어 '첨단 일자리+일류 해양도시'라는 유례없는 시너지가 창출될 것이다. 이를 통해 2030년 해운대구는 '첨단 마리나 벨리'라는 도시의 새로운 지평을 열 것으로 기대를 모으고 있다.

센텀2지구의 개발은 지리적으로 연접한 반여동·재송동의 부동산을 들썩이게 할 것으로 보인다. 반여1-2구역 재개발 사업으로 탄생한 '센텀아스트룸SK뷰'는 2022년에 접수된 1순위 청약에서 52 대 1의 경쟁률을 기록하며 센텀2지구 개발에 대한 시장의 기대감을 확인시켜주었다. 2020년 조합 설립을 마친 반여3구역·반여3-1구역 재건축(반여3-1구역은 건축 심의까지 통과)과 조합 설립을 위한 추진위원회를 결성한 재송4구역·재송5구역 재건축도 개발 사이클상 '센텀2지구 개발 열차'와 궤를 같이하며 투자자들의 관심을 꾸준히 끌 것이다. 통상 재건축보다 더 오랜 기간이 소요되는 재개발이지만 반

여2동, 반여3동을 중심으로 개발될 '반여주거환경개선지구'는 센텀
2지구 인근 개발지 중 가장 큰 규모를 자랑하는 대장주로 재개발 사
업의 첫 단추인 '조합 설립'에 성공한다면 해운대구를 대표하는 재
개발 사업장으로 거듭날 전망이다. 재건축·재개발의 잠룡들이 대기
하고 있는 센텀2지구는 주거 생활권 개발 외에도 해운대 상권의 중
심인 센텀시티까지 연결되는 '해운대 터널'과 전국구 관광단지로 부
상한 오시리아관광단지를 잇는 '반송 터널'이 부산시 도로건설관리
계획에 반영되며 '주거+교통+일자리'의 3종 세트 선물을 받았다.
부산의 미래를 선도할 대장주의 자리를 예약했다고 할 수 있다.

한편 센텀2지구와 함께 향후 해운대의 도시 개발을 주도할 곳은
우동과 중동의 재개발이다. 명실공히 해운대의 랜드마크 입지로 많
은 이슈를 생산해냈던 우동3구역은 2022년 시공사를 확정하며 최
고 39층, 공동주택 2,400여 세대라는 청사진을 품게 되었다. 우동
재개발 건너편에 위치한 중동5구역 재개발의 경우에는 1,100여 세
대 규모의 신축으로 거듭날 계획하에 2023년 조합 설립을 완료했
다. 우동3구역이 끌고 중동5구역이 밀고 나아갈 해운대의 중심지
재개발, 그리고 신흥 개발지인 센텀2지구 반경에 위치한 반여동·재
송동의 재건축·재개발을 선으로 이으면 마치 눈썹달이라고 불리는
그믐달의 실루엣 같다. 아침을 맞이하는 새벽녘에만 볼 수 있다는
그믐달처럼, 우동에서 반여동을 잇는 '그믐달 개발축'은 2030년 해
운대구의 새로운 아침을 알릴 것이다. 마침 그믐달 개발축을 마주
하고 있는 곳이 그 유명한 '달맞이고개'이다. 달구경의 명소 달맞이
고개를 마주보며 떠오를 해운대구의 개발 풍경을 기대해보자.

대구 달서구의 부동산은 다시 달릴 것이다!

해운대구의 주거인구밀도를 쫓는 곳은 대구의 달서구와 울산의 동구이다. 달서구의 주거인구밀도는 약 26,000명/km², 동구의 주거인구밀도는 약 25,000명/km²으로 두 지역 모두 주거 면적에 비해 공업 면적 비중이 높다는 공통점이 있다. 달서구와 동구 모두 대구와 울산에서 둘째가라면 서러울 집값 수준을 자랑한다. 달서구의 성서산업단지와 동구의 미포산업단지에는 제조 강국 대한민국을 대표하는 기계, 자동차, 조선업 등의 산업군이 집적되어 있다. 여전히 대한민국의 주력 제조업이 양질의 일자리와 소득을 제공함으로써 우량 산단을 배후에 둔 주거지가 고밀 생활권을 유지하도록 지지하는 것이다.

달서구는 10여 년 만에 발생한 대구의 공급 충격에서 당분간 헤어나오지 못할 것이다. 하지만 장기 평균 수준으로 수급의 균형을 맞추려는 시장의 관성에 따라 2025년 즈음에는 충격이 진정될 것이다. 공급 충격의 가늠자인 미분양이 위험 수준 아래로 떨어지는 순간 든든한 제조업 일자리가 받쳐주는 달서구의 도시 정비 사업 가치는 크게 반등할 것이므로 양질의 입지에 있는 사업 초기 단계의 시업징을 지금부터 눈여겨볼 필요가 있다.

먼저 도시 정비 사업의 씨앗 단계인 정비 예정 구역을 살펴보자. 유망 중학교, 사설학원이 밀집된 학군 입지인 월성주공 1·4·5단지가 정비 예정 구역으로 선정되었다. 정비 구역 승인 도장을 받은 그린맨션 1·2·3차 재건축도 공세권과 역세권의 입지를 자랑한다. 여기에 시공사 선정을 마친 달서4구역은 차후 1,200여 세대 규모의 역세권 브랜드 단지라는 청사진을 품고 수급 안정 이후의 대구 분양시장을 기다리고 있다.

인구밀도와 산업이 받쳐주는 청주, 도심 개발의 시간이 온다!

광역시를 제외한 지방 도시 중 주거인구밀도가 20,000명/km²에 육박하는 곳으로는 청주시가 꼽힌다. 기존의 청주시와 청원군이 통합하여 인구 80만 명의 거대 통합시로 탄생한 청주시는 인구가 꾸준히 감소하고 있는 여타 지방 도시와 달리 출범 후 2023년까지 단 한 번도 인구가 감소하지 않은 '인구 불패' 도시이다. 현재 인구 85만 명의 고지를 점령한 충청권 대형 고밀 도시 청주시의 사례가 지방 도시의 미래에 주는 시사점은 크다.

청주시와 대전시 사이에는 세종특별자치시가 있다. 한때 인구 블랙홀이라고 불리며 충청권의 주택 수요를 빨아들였던 세종시로 인해 대전의 인구는 가파른 내리막길을 걸었다. 그에 반해 '행정 통합'의 배수진을 친 청주시의 인구는 오히려 상승 가도를 달렸다. 청주시가 세종시라는 인구 블랙홀에 대항할 수 있었던 것은 행정 통합에 따른 인구 시너지와 더불어 IT·BT(생명공학) 등 소위 잘나가는 산업을 유치할 수 있는 산업단지를 적극적으로 육성한 덕분이다. SK하이닉스, LG에너지솔루션, 삼성SDI, 셀트리온, 에코프로 등 주린이도 알 만한 대기업들이 오창산업단지와 청주테크노폴리스에 자리 잡고 있다.

도시계획 전문가 마강래 교수는 《지방분권이 지방을 망친다》에서 지자체 간 격차가 큰 상황에서는 자치와 분권이 아닌 '행정구역

통합을 통한 광역화'가 지방 경제를 부흥시킬 수 있는 현실적인 해결책이라고 피력했다. 청주의 배턴을 이어받아 행정 통합의 군불을 지피고 있는 '대구·경북, 광주·전남, 부산·울산·경남 중 과연 어느 곳이 먼저 통합의 깃발을 꽂을 것인가?' 하는 문제는 미래 지방 부동산의 중요한 관전 포인트가 될 것이다.

인구밀도가 받쳐주고 대기업 일자리가 끌어주는 청주시에서는 향후 도심의 재개발을 눈여겨볼 만하다. 사직1구역(2,482세대 예정), 사직3구역(2,330세대 예정), 사모1구역(2,512세대 예정) 모두 도시 정비 사업의 8부 능선인 관리 처분 인가를 받았다. 청주 도심 재개발 3총사가 2025년경 신축으로 거듭날 무렵, 이어지는 대장주 사모2구역(4,148세대 예정)이 청주 도심 개발의 화룡점정을 찍을 것으로 예상된다. 모두 합쳐 1만여 세대가 청주 도심에 들어설 경우 청주의 한강인 무심천은 신축 타운의 호위를 받으며 조망 가치를 높여갈 것이다. 그동안 테크노폴리스, 동남지구, 방서지구 등 도시 외곽에 들어서는 신축 아파트를 부러운 눈으로 바라만 보았던 청주 도심에도 부동산 부흥의 바람이 무심천을 가로지르며 불어올 것이다.

해운대구 🏢

재건축

재건축 구역	재건축 단지	준공 연도	총 세대수	진행 현황	예정 세대수	시공사 (브랜드)
우동1 재건축	삼호가든	1985	1,076	건축 심의 통과	1,303	아크로원 하이드
반여3-1 재건축	왕자맨션, 현대4차	1979/1989	510	건축 심의 통과	813	힐스테이트 루센츠
반여3 재건축	삼익그린맨션, 현대그린맨션	1985/1986	915	조합 설립 인가	937	DL이앤씨
반여4 재건축	창신, 반여, 삼보주택	1986/1985	425	관리 처분 인가	536	DL이앤씨

재개발

위치	구역명	개발 면적	진행 현황	예정 세대수	시공사 (브랜드)
우동 1074번지 일대	우동2구역	14,750	관리 처분 인가	660	
우동 229번지 일대	우동3구역	160,727	건축 심의 통과	2,413	디에이치 아센테르
중동 785-8번지 일대	중동5구역	70,607	조합 설립 인가	1,149	DL이앤씨

달서구 🏢

재건축

재건축 단지	구역 면적	준공 연도	총 세대수	진행 현황	예정 세대수	시공사
달서6구역 (달자01지구 재건축)	29,516			사업 시행 인가	575	롯데건설

달서9구역 (남도라일락성남황실 재건축)	30,732	1979~1988	485	사업 시행 인가	716	롯데건설, 포스코이앤씨
성당우방 (우방아파트 재건축)	21,339	1985	265	사업 시행 인가	534	한화건설
그린맨션1차	36,751	1984	648	정비 구역 지정		
그린맨션2차	35,627	1986	672	정비 구역 지정		
그린맨션3차	46,652	1988	822	정비 구역 지정		
월성주공1단지	72,672	1991	1,234	정비 예정 구역		
월성주공4단지 (월성센트로파크)	83,150	1992	1,840	정비 예정 구역		
월성주공5단지	56,452	1992	1,740	정비 예정 구역		

재개발

위치	구역명	개발 면적	진행 현황	예정 세대수	시공사
두류동 840번지 일대	반고개 재개발 (달서4구역)	82,500	조합 설립 인가	1,254	롯데건설, 포스코이앤씨

2장

상위 10%의 소득이 몰리는 곳을 주목하라

부자들은 초고밀을 싫어해

대한민국에서 가장 비싼 집값을 자랑하는 도시로 강남·서초를 꼽는데 이의를 제기하기는 어려울 것이다. 과거부터 그래왔고 앞으로도 그러하리라는 전망에 큰 무리가 없어 보인다. 그러나 앞서 고밀 도시 올림픽에서 강남·서초가 언급되지 않은 것을 보면 두 도시의 인구밀도가 넘사벽 집값을 대변할 만큼의 수준은 아니라는 걸 알 수 있다. 물론 약 13,000명/km²(강남구), 9,000명/km²(서초구)에 달하는 강남·서초의 인구밀도도 결코 낮은 수준은 아니다. '높은 인구밀도＝비싼 집값'의 공식은 유효하다. 하지만 뭔가 아쉬움이 있다. 집값의 정해진 미래를 보다 분명하게 판독하기 위해서는 인구밀도를 보완할 무언가가 필요하다. 물론 인구밀도처럼 웬만하면 변하지 않는 반석 같은 변수여야 한다.

인구밀도와 함께 저성장 뉴노멀 시대의 '쏠림이 쏠림을 강화하는' 트렌드를 대변하는 또 다른 변수는 '소득'이다. 더 정확히는 우리나라 전체 소득의 46%를 차지하는 '상위 10%'의 소득이다.*

좋은 일자리, 좋은 상권, 좋은 교통을 갖추는 데 중요한 '높은 인구밀도'는 도시의 성장에 필수 불가결한 조건이다. 인재가 집중된 곳에 좋은 일자리가 따라붙고, 강력한 구매력을 가진 수요가 쏠리는 곳에 좋은 상권이 탄생한다. 고밀 주거지, 광역 업무 지구 그리고 복합 상권이라는 복잡한 도시 생태계를 지탱하기 위해 촘촘한 교통 인프라가 구축되는 것은 당연지사이다. 이렇게 좋은 여건을 갖춘 고밀 도시에 인구가 계속 몰리다보면 좋은 것들 중에서도 더 좋은 것을 선점하기 위해 경쟁이 심화된다. 자본주의 사회에서는 고소득자가 도시의 탄생과 성장 과정에서 유리한 고지(입지)를 선점한다.

고소득자가 더 좋은 것, 가장 좋은 것을 선점하려는 과정에서 그들에게 '선택된 지역'에는 당연하게도 부富가 몰린다. 그런 과정에서 부자들의 초超유동성을 먹고 쑥쑥 커버린 집값은 기존의 주민을 밀어내고 추가적인 인구 유입을 차단하는 바리케이드 역할을 하여 가파르게 오르던 인구밀도가 감소한다. 고소득자들의 집중이 인구를 밀어내는 '바리케이드 인구밀도'는 10,000명/km² 수준이다. 소득수준이 연 1억 5,000만 원을 상회하는 상위 10% 초고소득자들의 거주지인 강남, 서초, 용산의 인구밀도도 9,000~13,000명/km² 수준이다. 서울뿐 아니라 경기도 주요 도시의 '소득×인구밀도' 분포를

---

* 토마 피케티 등, 〈세계불평등보고서 2022〉(데이터 기준 시점은 2021년이다).

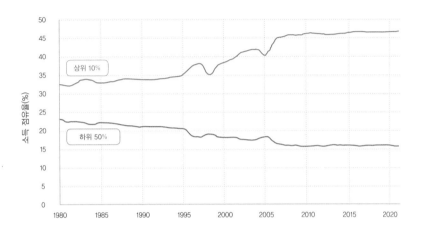

**상위 10% 소득의 점유율은
2000년대에 비약적으로 상승하였으며,
이들의 소득 집중도는 2010년 이후 콘크리트처럼 굳어졌다**

그림 8   우리나라 상위 10%와 하위 50%의 소득 집중도 추이(《세계불평등보고서 2022》)

나타낸 〈그림 9〉를 살펴봐도 인구밀도와 소득이 동반 상승하는 패턴을 보이다가 상위 10%의 연소득이 1억 원을 지나면서 해당 도시들의 인구밀도가 10,000명/km² 수준으로(혹은 그 이하로) 뚝 떨어지는 것을 볼 수 있다. 의도했든 의도하지 않았든 부자들은 인구밀도 10,000명/km²을 '허용 가능한 밀집도'라고 보는 듯하다.

《21세기 자본》의 저자 토마 피케티가 이끄는 연구진이 발표하는 〈세계불평등보고서〉에 따르면 글로벌 상위 10% 부자들이 전 세계 소득의 52%를 벌어들이는 등 '부의 집중'은 비단 우리나라만의 현상은 아니다. 우리나라의 경우 1997년 IMF 사태 이후 상위 10%로 부의 집중이 가속화되었으며, 2008년 글로벌 금융위기 이후로 역대

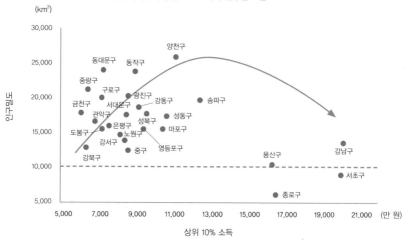

서울 자치구의 상위 10% 소득과 인구밀도 분포

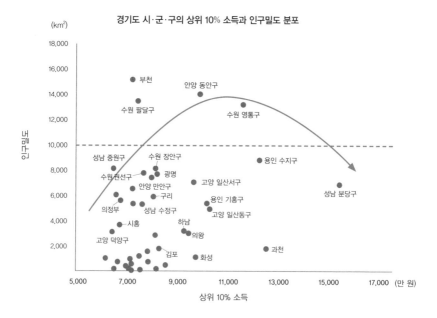

경기도 시·군·구의 상위 10% 소득과 인구밀도 분포

그림 9 수도권 상위 10% 소득과 인구밀도 분포

최고 수준의 부의 편중 상황이 벌어지며 현재까지 유지되고 있다.

부의 집중도가 견고한 상황에서 거주자의 평균 혹은 중위 소득으로 도시 간 부의 수준을 가늠하기는 어렵다. 결국 도시 간 부의 진검 승부는 부가 집중되어 있는 상위 10%의 소득 비교에서 판가름 날 것이다.

상위 10% 고소득자들이 몰리는 곳은 도시의 태동부터 양질의 일자리* 생태계가 창출하는 초유동성이 도시의 초격차 성장 궤도를 그려내고, 성장 궤도의 가파른 경사를 타고 쌓이는 입지 평판은 도시 고유의 브랜드 자산이 된다. 또한 대체할 수 없는 입지 평판 덕에 해당 도시의 주택은 주거 형태, 노후도에 상관없이 고른 상승 궤적을 그리고, 예상치 못한 정부 규제(문재인 정부 시절 규제가 집중되었던 곳의 '규제 이전과 규제 이후' 집값 추이를 살펴보라), 예상치 못한 사회적 재난(코로나19에도 상승세를 이어나갔던 곳을 살펴보라), 예상치 못한 시장 충격(역대급 미국 금리 인상에도 가격 방어에 성공한 곳을 살펴보라)에도 강력한 회복탄력성**을 지녀 장기적으로 우상향하는 부동산 가치곡선을 그린다.

고소득자의 쏠림이 미래의 집값을 결정한다는 원리는 1970년대 본격적인 개발이 시작되어 1980년대에 대법원, 검찰청, 한국전력, 무역센터 등 유수의 일자리 기관들이 이전하거나 설립된 강남이 이

---

* 비정형적 인지 업무를 수행하는 관리자와 전문가 및 관련 종사자를 뜻한다.

** 경제 위기, 환경 재앙 등과 같은 외부 충격과 스트레스를 극복하고 이전보다 더욱 높은 상승(성장) 궤도에 올라타는 것.

미 오래전에 증명해주었다. 1970년대에 태어난 강남의 입지 평판을 50년 넘게 구축한 것은 개발 초기의 소위 '복부인', '부동산 업자'와 같은 투기 세력이 아니다. 1970년대부터 2001년까지 정·관계, 학계, 재계, 법조계, 의료계 등 우리나라의 파워 엘리트들을 조사한 연구 결과에 따르면,* 유수의 기관들이 강남으로 이전한 1980년대 이후 강남 3구의 파워 엘리트 비율이 도심 3구를 역전했으며, 파워 엘리트뿐 아니라 인구수, 종사자 수까지 강남 3구가 도심 3구를 역전한 1990년대부터 강남은 초격차 성장 궤도를 타고 대체 불가능한 입지 평판을 얻었다고 할 수 있다(〈그림 10〉).

비단 강남뿐일까? 1기 신도시 역시 태초부터 고소득자들의 쏠림이 만들어낸 격차가 수십 년 후의 집값을 결정지었다. 1기 신도시 입주 초기에 실시된 국토연구원의 조사에 따르면 분당, 일산 거주자의 소득이 다른 신도시를 압도했다. 그중 분당 거주자의 소득이 단연 높았던 것을 볼 때 현재 분당의 위상은 이미 30년 전에 예견되었다고 할 수 있다.**

결코 짧지 않은 도시 개발의 역사가 증명해주었고 앞으로도 견고할 부의 쏠림 트렌드를 감안하면 고소득자들의 집중은 미래 집값을 결정짓는 또 하나의 '반석 데이터'라고 할 수 있다. 이제 고밀 도시를 넘어 고소득자들의 도시에서 미래의 정해진 기회를 톺아보자.

---

* 김창석, 〈서울시 상류계층(파워 엘리트)의 주거지역 분포특성과 형성요인에 관한 연구〉, 대한국토도시계획학회, 2002.

** 천현숙, 〈수도권 주택건설과 인구집중〉, 국토연구원, 2002.

도시 경쟁력의 티핑포인트는
고소득자의 움직임으로부터 온다

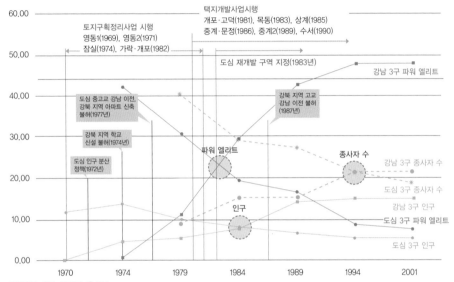

도심 3구: 중구, 종로구, 용산구
강남 3구: 서초구, 강남구, 송파구
◯ 도심 3구와 강남 3구의 비율이 역전되는 시점

그림 10   도시개발 정책과 인구 및 파워 엘리트의 비율 변화

대한민국 고소득 도시 올림픽

서울 고소득 지역 열전

강남구	서초구	용산구	송파구
19,336만 원	19,153만 원	16,618만 원	12,025만 원

고소득 지역 TOP 4(연소득 상위 10%)

강남 대 서초: 10년 후 강남구, 서초구의 빅픽처

1980년대 택지개발사업으로 태어난 개포지구는 40여 년이 흐른 2024년 천지개벽의 역사를 쓸 예정이다. 2019년부터 입주를 개시한 개포주공2단지(래미안블레스티지), 개포주공3단지(디에이치아너힐즈), 개포시영(개포래미안포레스트), 개포주공8단지(디에이치자이개포)와 2023년 개포주공4단지(개포자이프레지던스), 그리고 6,702세대의 초대형 단지인 개포주공1단지(디에이치퍼스티어아이파크)가 2024년 입주를 마무리하며 개포지구 대부분의 아파트가 신축으로 탈바꿈하기 때문이다.

강남구의 천지개벽을 주도한 개포지구의 배턴을 이어받아 서초구에서는 반포지구가 변화를 주도한다. 래미안원베일리(신반포3차·경남아파트 재건축), 신반포르엘(신반포13차 재건축)을 시작으로 2025년까지 래미안원펜타스(신반포15차 재건축), 메이플자이(신반포4지구 재건축) 등으로 탈바꿈할 예정이다. 또한 반포 한강변 신축 프리미엄의 초석을 다진 아크로리버파크 좌측에 위치한 대장주 반포주공1단지의 형제 재건축 격인 반포디에이치클래스트(반포 1·2·4주구 재건축)와 래미안트리니원(반포3주구 재건축)의 공사가 순조롭게 진행된다면 이들 7,000여 세대가 입주할 2027년 반포의 한강 라인은 대한민국 집값 피라미드의 최상단을 견고하게 다질 것이다.

강남과 서초의 천지개벽을 주도할 재건축 지구의 개발 타임라인을 정리해보면 다음과 같다. 2025년을 기점으로 강남의 개포지구에서 서초의 반포지구로 개발 중심이 옮겨간다. 시장에 미치는 파급력은 개포지구보다는 반포지구의 변화가 더 강력하다. 반포지구 같은 '평지 한강변' 아파트 지구는 서울 면적의 단 0.7%에 불과한 초희소 입지로,* 런던 템스강, 파리 센강의 5배나 되는 한강의 강폭이 선사하는 시원시원한 강 조망은 고밀 도시의 치명적 단점인 갑갑함을 뻥 뚫어주며 앞으로도 꾸준히 대한민국 상위 1%의 부자들을 끌어들일 것이기 때문이다. 그러나 반포지구로 넘어간 주도권을 가만히 보고만 있을 강남구가 아니다. 앞서 살펴본 여의도 재건축과 더불어 2040 서울플랜으로 뜨거운 스포트라이트를 받은 곳이 바로 압구정 재건축이기 때문이다.

여의도와 함께 신통기획호에 탑승한 압구정 2~5구역은 현 8,443세대가 향후 1만 1,000여 세대의 한강 생활권 특화 단지로 거듭날

---

* 1970년대 이뤄진 한강변 공유수면매립사업으로 반포, 압구정, 잠실, 구의, 서빙고, 동부이촌동 지구가 탄생했다. 흙, 모래, 돌 등을 인위적으로 수면에 채워넣어 토지를 조성한 이들 아파트 지구의 면적은 약 4.3km²로 서울 전체 면적(605km²)의 0.7% 수준이다.

예정이다. 각개전투로 추진되던 반포 재건축과 달리 각 구역이 경관, 보행, 녹지, 교통체계가 통합된 '하나의 도시'로 개발될 청사진을 마련한 압구정 재건축은 2030년경 한강 주도권을 재탈환할 준비를 마쳤다. 2030년경 강남이 탈환할 한강의 주도권은 쉽사리 서초로 넘어가지 않을 전망인데, 결정적 무게 추는 바로 '한강의 입체적 활용'이다. 즉 압구정2구역은 수변 커뮤니티 시설이 들어선 여가 거점으로, 압구정3구역은 한강변 덮개 시설이 갖춰진 문화 거점으로, 압구정 4·5구역은 조망 데크 공원이 설치된 조망 거점으로 거듭날 예정인 것이다. 특히 대장주인 압구정3구역에는 강북의 성수 생활권과 도보, 자전거, PM(개인형 이동장치)* 등으로 통행할 수 있는 입체 보행교가 설치될 예정이다. 한남뉴타운과 함께 강북 대장 재개발로 꼽히는 성수전략정비구역, 그리고 미래 첨단산업의 거점으로 거듭날 삼표 부지 개발이 기대되는 성수와의 시너지를 통해 압구정 재건축 중에서도 특히 3구역은 일자리, 문화, 자연 입지의 반경을 더욱 넓혀가며 한강 파노라마의 중심에서 넘볼 수 없는 가치를 뽐낼 것이다. 또한 최고 50층 내외로 계획된 신통기획안을 감안할 때 압구정 재건축은 최고 30층대에 머물 반포주공1단지 형제 재건축(반포디에이치클래스트, 래미안트리니원)이 넘볼 수 없을 만큼 '높이'에서도 반포지구를 압도할 전망이다.

압구정은 '학군'이라는 대한민국 불변의 입지 요소에서도 반포를 능가한다. 학군 좋다는 강남구에서도 특목고 진학률과 학업 성취도

---

* Personal Mobility. 전기를 동력으로 사용하는 1인용 교통수단을 말한다.

그림 11   압구정지구 신통기획 관련 구역(서울시)

수준이 우수한 압구정중학교가 압구정 재건축 지역에 자리하고 있다. 혹여 독자들 중 저출산에 따른 학령인구 감소로 '직주근접은 미래에도 입지 가치를 인정받겠지만 학군의 입지 가치는 여전히 유효할까?'라는 의문을 가질 수 있다. 그러나 저출산은 꽤 오래전부터 진행되고 있는 인구 트렌드이다. 학군의 최종 목표인 대입을 위한 수능 응시자 수도 2000년 86만 명으로 정점을 기록한 후 2023년 역대 최저 수준인 44만 명으로 떨어지는 등 전반적인 대입 경쟁 강도는 수십 년 전부터 완화되어온 것이 사실이다. 하지만 상위권 대학 진학을 위한 N수생들의 수능 원서 접수 비율은 2015년을 기점으로 상승했으며, 2023년에는 2001년 이후 최고 수준인 28%를 기록하는 등 상위권 대학을 향한 입시 경쟁은 갈수록 치열해지는 상황이다.

흥미롭게도 N수생의 수능 원서 접수 비율이 상승세로 접어들던 2015년 이후 지방 20대 인구의 수도권 순유입도 반등하며 '지방 소멸론'이 현실화되었다. 2016년에는 일자리를 찾아 지방에서 수도권으로 이동하는 인구도 순유입으로 전환되어 일자리를 향한 수도권으로의 인구집중이 가속화되었다.

비슷한 시기에 발생한 'N수생의 증가, 수도권 인구 쏠림 현상'은 저성장 뉴노멀 시대가 본격화되며 기회의 문이 닫히는 속도가 자연적인 인구 감소 속도보다 더 강력하게 대한민국 사회에서 체감되고 있음을 보여주는 증거이다. 당장 눈앞에서 빠르게 닫히고 있는 기회의 문은 'ㅇㅇ 아니면 안 된다' '최소한 ㅇㅇ 자격 요건은 갖춰야 된다'는 강박을 대한민국 사회에 심어주고 있다. 부의 세습을 다룬 여러 실증 연구와 도서에서 밝히듯 고학력이라는 수단을 통해 자녀에게 고소득 일자리를 대물림하는 부자들의 패턴은 점점 더 강화될 것이다. 실제 통계를 확인해봐도 재수, 삼수를 해서라도 서울대에 입학한 신입생 비율은 2015년부터 증가세를 보이다가 2021년에는 역대 최고 수준인 59%를 기록했다. 2021년 대학 수능 응시 접수자 중 N수생 비율이 가장 높은 서울의 자치구도 53%를 기록한 강남구·서초구다. 이는 전국 평균인 27%의 2배에 달하는 수준이다. 저성장이라는 우울한 미래의 성장 궤도가 수정되지 않는 한, 앞으로도 학군 입지는 닫혀가는 기회의 문을 선점하려는 유동성을 먹고 자라며 그 가치를 보존해나갈 것이다.

강남의 학군 입지에서 빼놓을 수 없는 곳이 있다. 대한민국 학군의 대명사가 된 대치동의 중심에서 '은마는 달리고 싶다'를 외치는 은마아파트이다. 대한민국 재건축의 대명사인 은마아파트는 2003년 추진위원회 설립 이후 20년 만인 2022년 재건축 정비계획을 수립했다. 2017년 49층 재건축 계획안이 35층 룰*에 걸려 무산되었던 경험 때문인지 1979년생 은마는 불혹을 넘긴 나이에 걸맞게 초고층의 유혹에 흔들리지 않고 최고 35층, 상한 용적률 250% 이하(총 33개 동 5,778세대 신축 예정)로 정비계획을 승인받았다.

긴 인고의 시간을 거쳐 재건축 추진의 첫 테이프를 끊은 은마아파트이지만 앞으로 넘어야 할 장애물이 적지 않다. 은마아파트는 통상 재건축 분쟁의 이슈가 되는 상가 소유주가 500여 명에 이른다.** 또한 시공사 선정 역시 20여 년 전의 일이다. 과거 은마아파트 재건축 사업을 수주한 삼성물산 컨소시엄과 공사비 협상, 설계 변경 이슈에 따른 갈등의 소지 등이 있는 것이다. 2023년 추진위원회

---

* 서울시는 2013년 '서울시 스카이라인 관리 원칙'을 마련해 제3종 일반주거지역은 35층 이하로, 한강수변 연접부는 15층 이하로 층고를 제한했다. 이 같은 원칙은 2014년 확정된 '2030 서울도시기본계획'에도 반영되었다. 이후 대부분의 한강변 아파트가 35층을 넘지 못했다. 35층 룰의 여파로 서초구 반포·잠원동 일대 한강변 단지들의 층수가 모두 최고 35층 이하로 정해졌고, 서초구 반포주공1단지(1·2·4주구)도 애초 45층 높이로 계획했다가 서울시 심의에 부딪혀 35층으로 낮췄다.

** 재건축 추진 시 아파트 조합원과 상가 소유주 간의 분쟁은 사업 지연 혹은 사업 중단의 주된 사유가 된다. 상가 소유주의 경우 재건축 기간 동안 상가 영업이 불안할 수 있고, 준공 후 어느 곳에 상가가 배정되느냐에 따라 재산적 가치와 미래 영업수익이 크게 달라질 수 있기 때문이다. 또한 상가 소유자의 과도한 보상 요구가 있기도 하는데 결국 분쟁의 본질은 재건축 후 개발 이익에 대한 '조합원-상가 소유주 간'의 이해관계 충돌이다. 주택산업연구원에 따르면 조합원-상가 소유주 간의 소송으로 인해 조합 설립 인가가 무효되거나 관리처분 계획이 취소된 사례가 절반에 달한다.

의 강을 건너 조합 설립의 이정표를 세웠지만, 재건축 정비계획 승인을 위해 참았던 초고층의 욕망이 과도하게 분출될 경우 압구정과 달리 신통기획 대상지가 아닌 은마아파트는 초고층 변경 시도를 두고 인허가청과 팽팽한 줄다리기를 할 것으로 예상된다. 과연 은마아파트의 앞날은 어떻게 될 것인가? 확률에 기대어 전망해보면 서울 노후 아파트의 '잔존 확률'에서 그 해답을 찾아볼 수 있다.

2023년 현재, 서울 아파트 가운데 재건축 연한인 30년을 넘은 아파트 비율은 25%이다. 좀 더 연령층을 높여 살펴보면 40년 이상 아파트 비율은 6%, 50년 이상 아파트 비율은 0.8%이다. 서울에서 50살이 넘은 아파트 단지는 가히 천연기념물감이라고 할 수 있는 것이다. 서울 아파트의 연령별 잔존 확률이 주는 메시지는 명확하다. 준공 40년차가 되면 재건축 사업성이 담보된 아파트는 개발 담론이 강하게 끓어오르기 마련이다. 이변이 없는 한 10년 내에 사업 시행인가, 관리 처분 인가 등 재건축의 클라이맥스로 치닫는 상황이 전개된다는 것이다. 결국 준공 50년차 안팎의 시점에서 서울의 웬만한 아파트는 시간의 함수에 기대어 신축으로 거듭난다.

서울 아파트 잔존 확률이 말해주는 '재건축 40/50 클라이맥스 법칙'은 은마아파트에도 어김없이 적용되어 준공 44년차에 은마가 달릴 철길의 설계도 초안이 마련되었다. 2030년이 되면 은마아파트는 하늘의 순리를 알게 되는 지천명의 나이를 넘어 51살이 된다. 재건축 40/50 클라이맥스 법칙을 지천명의 은마아파트는 정녕 따를 것인가, 아니면 거스를 것인가? 1%가 채 안 되는 서울의 '초고령, 극노후 단지'라는 오명을 은마아파트 조합원 누구도 원치 않을 것이다.

은마아파트는 재건축 40/50 클라이맥스의 골든타임을 값지게 쓸 수 있을 것인가? 2022년의 '재건축 정비계획 승인'이라는 훈장은 은마아파트 재건축의 앞날에 시사하는 바가 크다. 2022년은 서울의 긴 활황기가 종료되는 시점이었고, 은마아파트는 인허가청에 고개를 숙이고 최고 35층 설계안을 받아들였다. 서울, 아니 대한민국 재건축 전반에 미치는 파장이 큰 은마아파트는 부동산시장이 안정세에 접어들수록 인허가청의 사업 승인 부담을 덜어줄 것이다. 또한 골든타임을 놓치지 않아야 한다는 조합원들의 절박함이 클수록 인허가청과의 협의 과정도 매끄러울 것이다. 향후 부동산 경기와 재건축조합의 현명한 태도는 골든타임에 진입한 은마아파트 재건축의 성패를 가를 것이다.

미래에도 대한민국 입지의 절대 기준이 될 학군, 그 중심에 자리한 은마아파트와 한강의 주도권을 다시 강남으로 가져올 압구정의 변신까지! 향후 10년을 바라보는 투자자라면 서초보다는 강남의 빅픽처에 관심을 갖는 게 현명한 선택일 것이다.

강남의 틈새시장은 틈새가 아니다

반포, 압구정, 은마라는, 이름만 들어도 알 만한 강남권 대표 단지들의 큰 흐름에 이어, 그 흐름들 사이에서 전개될 틈새시장의 움직임도 살펴보자. 여기서 틈새시장은 '작다'는 뉘앙스를 풍길 수 있는데, 이는 강남권에서의 상대적 크기를 나타낼 뿐이다. 강남과 서초의 넘사벽 상위 소득이 말해주듯이, 틈새라고 해도 수도권 최상급지 개발과 견주고도 남을 대어급 기회이기 때문이다.

개포와 반포 모두 서쪽에서 진행된 대형 재건축에 이어 동쪽의 틈새시장이 떠오르며 강남권 재건축 시즌 2를 시작할 것이다.

개포지구 동쪽 재건축에서는 '3'이라는 숫자를 기억할 필요가 있다. 재건축을 이끌어갈 곳들이 3호선 라인인 대치역, 학여울역, 대청역 총 3개 역에 위치해 있다. 대치역에는 '우선미'라고 불리는 '개포우성, 대치선경, 대치미도' 재건축이, 학여울역에는 '우쌍쌍'이라고 불리는 '대치우성1차, 대치쌍용1차, 대치쌍용2차' 재건축이, 마지막으로 대청역에는 '개우현'이라고 불리는 '일원개포한신, 개포우성7차, 개포현대4차' 재건축이 있다. 또한 신축으로 거듭난 개포주공 선배들의 뒤를 이어 개포주공 막내 3형제인 개포주공 5·6·7단지가 조합 설립을 마치고 재건축 항해를 위한 닻을 올렸다.

개포지구 동쪽 재건축은 세대수가 적은 틈새 재건축인 만큼 아무래도 단지 규모에 민감하다. 따라서 아킬레스건인 작은 덩치를 극복하기 위해 통합 재건축을 시도하는 단지가 적지 않다. 통합 재건축 협상에 성공할 경우 규모의 가치가 빛을 발할 것이다. 우선 개포주공 막내 3형제 중 6·7단지가 통합 재건축을 확정지으며 향후 약 3,000세대 대단지로의 탄생을 예고했다. 또한 3호선 역세권 재건축인 '우쌍쌍' 역시 대단지로 거듭나기 위해 통합 재건축 협상을 진행 중이다. 향후 통합 재건축 확정 시 그 가치는 개포주공 6·7단지를 능가할 것으로 예상된다. 은마아파트를 코앞에 둔 '우쌍쌍'은 대치동 학군이라는 입지 메리트를 누릴 뿐 아니라, 은마아파트 남단의 '우선미'에서 추진 중인 약 7,000세대 규모의 재건축 사업이 본궤도에 오를 경우 '범은마타운'의 일원이 될 것이기 때문이다.

한편 시장은 불확실성을 싫어한다. 재건축의 미래 가치 판단에서 사업 속도를 무시할 수 없는 이유다. 개포지구 동쪽 재건축 가운데 가장 빠른 속도로 진행되고 있는 곳은 사업 시행 인가를 통과해 재건축의 7부 능선을 넘은 '우쌍쌍'이다. '우선미' 중에서는 대치미도 재건축이 오세훈 시장의 신통기획 1호 단지로 선정되었다. 향후 속도전을 통해 최고 50층, 3,800세대로 태어날 예정이다.

'3', '규모의 가치', '사업 속도'. 이 세 가지는 개포지구 동쪽 재건축의 미래를 조망하기 위해 반드시 기억해야 할 핵심 키워드다.

반포지구 서쪽을 대표하는 것이 대한주택공사(현 LH)가 주도하여 개발한 반포주공아파트라면, 반포지구 동쪽은 민간인 (주)한신공영이 총 28차에 걸쳐 건설한 1만여 가구의 '신반포아파트' 시리즈, 즉 신반포지구이다. 향후 반포지구 개발을 주도할 신반포 재건축은 개포지구 동쪽 재건축보다도 규모가 작다. 따라서 더욱 규모의 가치에 민감할 텐데, 이곳에서 기억해두어야 할 숫자는 '3+1'이다. 200~300여 세대 규모의 아기자기한 소규모 재건축이 주를 이루는 신반포 재건축 중에서도 규모가 있고 입지가 빼어난 3개의 재건축이 신반포 2·4·7차 재건축이다. 이들은 신반포4차아파트를 중심으로 역삼각형으로 포진되어 '잠원동 삼각 재건축'이라고도 불린다.

조합 설립을 모두 완료한 잠원동 삼각 재건축 중 대장주는 단연 한강변을 끼고 있는 신반포2차이다. 신반포2차는 신통기획이라는 패스트트랙을 타고 2,000세대가 넘는 한강변 랜드마크를 향한 여정을 시작했다. 그에 비해 1,800여 세대의 대단지로 재탄생할 신반포

4차는 3개의 지하철 노선이 교차하는 고속터미널역(3·7·9호선)과 반포역(7호선)으로 둘러싸인 역세권 부자 입지를 자랑한다. 강남권 최초로 공공 재건축 방식을 선택한 신반포7차 역시 1,000여 세대 규모의 잠원역(3호선) 초역세권 입지를 자랑한다.

잠원동 삼각 재건축은 2025년 '청담고 이전'이라는 공통의 학군 호재가 있다. 잠원동 삼각 재건축 중앙에 자리한 '잠원스포츠파크' 부지에 청담고가 이전해오는 일은 지난 30년간 고등학교 부재로 나름 원거리(?) 통학을 시켜야 했던 잠원동 학부모들에게는 격하게 환영할 만한 소식이다. 이는 자연스레 대입을 위한 잠원동 사교육 학군이 확장되는 계기가 될 것이다.

이 외에도 비록 규모는 400여 세대에 불과하나 거의 모든 세대가 한강 조망을 누릴 수 있는 신반포16차 재건축 역시 잠원동의 노른자 재건축이라고 할 수 있다. 2025년을 전후하여 프리미엄 브랜드를 내건 시공사들의 치열한 수주전이 이뤄질 전망이다.

신반포 2·4·7차 재건축과 신반포16차 재건축까지, 비록 틈새시장이지만 결코 무시할 수 없는 한강변 신반포 '3+1' 재건축의 미래를 기대해보자.

인프라 개발이 열어젖힐 강남권 남쪽 틈새시장

거미줄처럼 촘촘히 지하철로 연결된 강남 중심 업무 지구에 달랑 역이 하나 신설된다고 호재가 되는 것은 아니다. 삼성역의 GTX-A 노선 추가 설치는 오히려 강남 주민들의 원성을 사고 있다. 이미 너무 붐비는 중심 업무 지구인데 더욱 붐비게 된다? 부자들은 초고밀을 싫어한다. 그러나 중심 업무 지구에 비해 개발이 미진한 강남권 남단에 역세권을 중심으로 한 대형 개발 호재가 생긴다면 어떨까? 이는 대한민국 초고밀 특구인 강남 중심 업무 지구의 생활 밀도를 낮추는 동시에 베드타운인 강남권 남단의 경제 활력을 북돋아주는 1석 2조의 효과를 가져다줄 것이다. 약 12만 평의 규모와 1조 원이 넘는 사업비를 자랑하는 '수서역세권개발사업'은 강남권 남단의 개발 밀도를 높여줄 강남 대표 인프라 사업으로 2030년경 완성될 예정이다.

　SRT, 3호선, 수인분당선 외에도 향후 GTX, 수서-광주 철도 노선이 지나갈 수서역에는 복합환승센터뿐만 아니라 2030년경 들어설 신세계백화점을 포함하여 지하 9층, 지상 26층 9개 동 규모의 판매·업무·숙박·문화 공간 등이 들어설 계획이다. 하지만 생활 편의, 일자리, 주거, 교통까지 한곳에서 누리는 원스톱 지구가 될 수서역 역세권에 공급되는 공동주택은 많지 않아 자연스레 인근에 위치한 세곡지구의 가치가 높아질 것이다. 또한 탄천을 사이에 두고 수서역 역세권 지구를 마주한 문정동(송파구)의 대장 재건축인 올림픽훼밀리타운도 수혜를 받을 전망이다. 마침 탄천을 끼고 있는 데다 수서역 역세권과 나란히 위치한 수서차량기지 개발의 청사진이 발표되었다. 서울시는 기존 차량기지의 상부를 인공 데크로 덮고 그 위에 업무·주거·상업 시설 등의 복합 도시를 조성할 뿐만 아니라 탄천으로 단절된 수서-문정 지역을 보행교로 연결한다는 계획이다. 첨단산업단지가 들어설 수서차량기지 개발이 완성될 경우 동남권 유통단지, 법조타운 등으로 둘러싸인 문정동이 수서와 함께 강력한 시너지를 내며 올림픽훼밀리타운 재건축의 후광이 되어줄 전망이다.

1988년 서울올림픽 당시 국제올림픽위원과 선수 가족들의 숙소로 지어진 4,494세대의 올림픽훼밀리타운은 이제 막 재건축 추진을 위한 걸음마를 뗀 단계로, 단지 규모와 입지 면에서 헬리오시티와 유사하여 제2의 헬리오시티라고 불린다. 수서역 역세권 개발과 수서차량기지 개발이라는 서울 동남권 대형 호재의 쌍두마차를 앞세워 재건축 항해에 나서는 올림픽훼밀리타운은 잠실로 대표되는 송파구 재건축의 대어급 틈새시장으로 떠오르고 있다. 범수서권의 장기 미래 가치를 선점하려는 투자자들의 많은 관심을 받을 전망이다.

'수서역세권개발사업'보다 규모는 다소 작지만 무시 못할 '개발 당위성'이 군불을 지피고 있는 강남권 남단의 인프라 호재가 또 하나 있다. '제2차 복합환승센터 개발계획'에 이어 '제3차 환승센터 및 복합환승센터 구축 기본계획'(2021~2025년)의 계속 사업으로 선정된 '사당역 복합환승센터 개발사업'(이하 '사당역세권개발사업')이다. 서초구 방배동 사당주차장 용지에 복합환승센터를 건설하는 이 사업에는 서울의 환승센터 사업 가운데 복정역 환승센터 다음으로 많은 사업비(8,251억 원)가 편성되었다. 한때 900%가 넘는 용적률을 적용해 100m 높이의 환승센터를 짓겠다는 청사진이 나오기도 했다.

일반환승센터와 '복합'환승센터는 큰 차이가 있다. 환승 정류장, 환승 주차장만 설치하게 되어 있는 일반환승센터와 달리 복합환승센터에는 상업·업무·공공 시설 등의 환승 지원 시설이 한데 들어선다. 신세계백화점이 들어선 동대구역 복합환승센터가 바로 최초의 복합환승센터이다. 따라서 복합환승센터의 명찰을 달 사당역 역세권 개발은 단지 교통 효율 개선뿐 아니라 지역 경제 활성화에도 기여하며 주변 부동산의 가치를 한껏 끌어올릴 것이다.

사당역 역세권 개발의 당위성은 대도시 광역교통위원회가 밝힌 '환승 통계'에서 찾을 수 있다. 경기·인천에서 서울로 진입하는 광역 대중교통 중 환승 통행이 차지하는 비중은 절반이 넘는 63%이다. 향후 3기 신도시 등 경인권에 대규모 주거단지가 형성될 경우 환승 통행의 급증으로 서울 진입 시 교통 혼잡은 더욱 극심해질 것이다. 잠실 다음으로 수도권 환승객이 많은 사당역에 환승센터를 건설하지 않을 수 없는 이유이다.

인근에 재건축 단지를 찾아보기 힘든 수서역 역세권 개발과 달리 사당역 역세권 개발은 방배 재건축이 천지개벽을 예고하고 있다. 사당역에서 1km가 조금 안 되는 거리에 자리한 이수중학교를 방패처럼 둘러싸고 방배 5·13·14·15구역 총 4개의 재건축이 진행 중이다. 2027년경이면 방배 재건축의 최대 규모인 방배5구역(디에이치방배)을 포함해 방배13구역(방배포레스트자이), 방배14구역(방배르엘)이 신축으로 탈바꿈하며 '이수타운'이 건설될 예정이다. 이수타운의 마지막 퍼즐인 방배15구역은 이수타운의 기틀을 닦은 선배 재건축들의 발자취를 따라 서초구의 대어 틈새시장의 한 축을 형성할 것이다.

이수타운 외에도 서리풀공원 인근의 '방배신동아, 방배신삼호, 방배삼익, 방배7구역' 등의 방배 재건축이 추진 중이다. 마침 서리풀공원 내 약 2만 9,000평 부지에 첨단 업무 시설과 문화예술 시설이 들어설 '정보사 부지 개발 사업'도 진행 중이다. 사당역 역세권 개발과 정보사 부지 개발 사업이라는 개발 호재의 숲으로 둘러싸인 방배 재건축은 2030년이 가까워질수록 신축 1군 브랜드의 숲까지 우거지며 반포지구로 대표되는 서초 재건축의 대어 틈새시장으로 거듭날 것이다.

정해진 미래 개발 지역 ❻

강남구 🏢

압구정 재건축

재건축 구역	재건축 단지	구역 면적	총 세대수	진행 현황	예정 세대수
압구정1구역	미성 1·2차	81,454	1,223	추진위원회 승인	
압구정2구역	신현대 9·11·12차	172,588	1,924	신통기획 확정	2,700
압구정3구역	현대 1~7차, 10·13·14차, 대림빌라트	360,187	3,946	신통기획 확정	5,800
압구정4구역	현대8차, 한양 3·4·6차	108,050	1,341	신통기획 확정	1,790
압구정5구역	한양 1·2차	65,736	1,232	신통기획 확정	1,540
압구정6구역	한양 5·7·8차	48,440	672	안전 진단 통과 (한양7차 조합 설립 인가)	

개포·대치 재건축

재건축 단지	준공 연도	총 세대수	용적률	진행 현황	예정 세대수	시공사
개포경남	1984	678	175	통합 재건축 (신통기획 확정)	2,340	
개포우성3차	1984	405	178			
개포현대1차	1984	416	179			
일원개포한신	1984	364	179	관리 처분 인가	498	GS건설

개포우성7차	1987	802	157	조합 설립 인가		
개포현대4차	1987	142	199	소규모 재건축 사업		
개포우성1차	1983	690	178	안전 진단 통과		
개포우성2차	1984	450	179	안전 진단 통과		
대치선경 1·2차	1983	1,034	179	안전 진단 통과		
대치미도	1983	2,436	179	신통기획 확정	3,800	
개포주공5단지	1983	940	151	사업 시행 인가	1,279	
개포주공 6·7단지	1983	1,960	150	건축 심의 통과	2,698	
개포우성4차	1985	459	149	조합 설립 인가	1,080	
개포우성6차	1987	270	106	추진위원회 승인	417	
개포우성7차	1987	802	157	조합 설립 인가	1,234	
대치우성1차	1984	476	179	사업 시행 인가	712	
대치쌍용1차	1983	630	169	사업 시행 인가	1,072	
대치쌍용2차	1986	364	176	사업 시행 인가	560	현대건설
은마	1979	4,424	204	조합 설립 인가	5,778	삼성물산, GS건설

서초구 🏢

반포 재건축

재건축 단지	준공 연도	총 세대수	진행 현황	예정 세대수	시공사 (브랜드)
반포주공1단지 (1·2·4주구)	1973	2,210	관리 처분 인가 (이주)	5,002	반포디에이치 클래스트
반포주공1단지 3주구	1973	1,490	관리 처분 인가 (이주)	2,091	래미안트리니원
신반포2차	1978	1,572	신통기획 확정	2,050	
신반포4차	1979	1,212	조합 설립 인가	1,828	

신반포7차	1980	320	조합 설립 인가 (공공 재건축)	1,045	DL이앤씨
신반포12차	1982	324	건축 심의 통과	432	`
신반포16차	1983	396	사업 시행 인가	468	
서초진흥	1979	615	신통기획 확정	825	
서초삼풍	1988	2,390	안전 진단 통과		

방배 재건축

구분	재건축 구역	위치	진행 현황	예정 세대수	시공사 (브랜드)
단독주택 재건축	방배5구역	방배동 946-8번지 일대	관리 처분 인가 (이주)	3,080	디에이치방배
	방배13구역	방배동 541-2번지 일대	관리 처분 인가 (이주)	2,369	방배 포레스트자이
	방배6구역	방배동 818-14번지 일대	관리 처분 인가 (이주)	1,097	래미안원페를라
	방배14구역	방배동 975-35번지 일대	관리 처분 인가 (이주)	487	방배르엘
	방배15구역	방배동 528-3번지 일대	조합 설립 인가	1,688	
	방배7구역	방배동 891-3번지 일대	건축 심의 통과	316	

구분	재건축 단지	준공 연도	총 세대수	진행 현황	예정 세대수	시공사 (브랜드)
일반 재건축	방배신삼호	1983	481	조합 설립 인가	857	
	방배신동아	1982	493	관리 처분 인가 (이주)	843	포스코이앤씨
	방배삼익	1981	476	관리 처분 인가 (이주)	707	아크로리츠 카운티
	방배임광3차	1988	316	안전 진단 통과		

미래 입지의 완결, 용산

첨단 지식이 핵심인 4차 산업혁명을 주도하는 도시를 상상하면서 '창조성'을 빼놓을 수는 없을 것이다. 세계적인 도시경제학자 리처드 플로리다는 창조성을 기반에 둔 직업인 과학자, 엔지니어, 엔터테이너, 디자이너 등을 일컬어 '창조 계급creative class'이라고 명명했다. 그러고는 이들 창조 계급을 끌어당길 수 있는 매력 넘치는 도시가 바로 미래 혁신을 주도할 '창조 도시'가 될 것이라고 주장했다. 그는 창조 도시의 조건으로 성별·국적 등에 상관없이 모든 이들을 포용함으로써 창의성의 발현을 돕는 '관용'을 특별히 강조한다.

용산은 관용의 지표로 삼을 수 있는 '외국인 거주 비율'에서 앞서 살펴본 부자 도시 강남(1.7%), 서초(1.8%)의 약 4배(7.4%)에 달한다. 용산에 거주하는 외국인 수 역시 약 1만 6,000명으로 강남(약 9,000명), 서초(약 7,000명)를 한참 앞선다.* 개성 있는 철학을 담은 소규모 문화 공간, 카페, 레스토랑과 같은 어메니티amenity**도 창조 계급을 끌어당기는 또 하나의 중요한 요소인데, 강남, 서초가 'ㅇ리단길' 시리즈의 시초인 용산을 따라잡기에는 역부족으로 보인다.

한국을 대표하는 창조산업인 K-뷰티의 아모레퍼시픽 본사, K-팝의 내냉사 BTS가 속한 HYBE 본사, 그리고 현대자동차의 4차 산

---

* 인구총조사(2021년).

** 인간이 생태적·문화적·역사적 가치를 지닌 환경과 접하면서 느끼는 매력, 쾌적함, 즐거움 또는 이러한 느낌을 가져오는 장소를 의미한다. 리처드 플로리다는 창조 도시의 어메니티는 프로 스포츠, 오페라극장과 같이 값비싼 어메니티가 아닌 개개의 라이프스타일을 존중하는 소규모이면서 덜 권위적인 문화 공간이어야 한다고 주장한다.

업혁명 기술이 집약된 AAM(미래항공모빌리티)*연구소로 낙점된 곳이 모두 용산에 모여 있는 것은 우연의 일치가 아니다. '창조 입지'의 잠재력을 지닌 용산의 매력 때문이라고 할 수 있다.

구글이 안드로이드 모바일 기기 이용자의 위치 데이터를 분석해 발표한 〈코로나19 이동 보고서〉에 따르면 코로나 직후 한국인이 가장 많이 찾은 곳은 '공원'이었다. 미래의 입지 조건 가운데 창조 입지는 당연히 중요하다. 하지만 코로나19를 겪으면서 고밀 도시의 시급하고 중대한 화두로 떠오른 생활 안전 입지도 빼놓을 수 없게 중요해졌다. 그리고 미래 고밀 도시에서 생활 안전 입지의 한 축은 공원이 될 것이다. 국책 연구 기관인 건축공간연구원(AURI)에 따르면 도시공원은 태생적으로 '도시 재난'에 대응하기 위해 만들어진 공간이다. 근대의 급속한 도시화에 따른 환경오염, 전염병의 유행 등 사회적 재난에 대처하기 위해 조성되었다.

서울 역시 도시화 과정을 거치며 1940년 142개였던 공원 수가 2016년 2,834개로 약 20배 증가했다. 하지만 가파른 인구 증가 속도를 따라잡지 못해 1인당 공원 면적은 1940년의 14.8m²에서 2016년 16.5m²로 별다른 차이가 없다. 미래에는 더더욱 가치가 높아질 도시공원이지만 공급 속도가 따라주지 못하는 상황이라고 할 수 있다. 그런 점에서 뉴욕 센트럴파크(3,410,000m²)에 육박하는 3,000,000m²의 규모로 태어날 국가 공원 1호 용산공원은 용산 부동

---

* Advanced Air Mobility. 도심 항공 모빌리티Urban Air Mobility(UAM)와 지역 간 항공 모빌리티Regional Air Mobility(RAM)를 포함하는 개념으로, 현대차그룹은 2027년 원효로 일대 부지에 AAM연구소를 개소할 예정이다. 향후 1만여 명의 연구원이 근무할 예정이다.

산의 미래 가치가 담긴 보물이다.

'용산공원 정비구역 종합기본계획 3차 변경계획'에는 용산공원에 해당하는 '용산공원 정비구역'뿐 아니라 '복합시설조성지구'(캠프 킴, 유엔사, 수송부 부지), 그리고 용산이 물고 있는 3대 여의주 '한남재정비촉진지구, 용산국제업무지구, 서빙고아파트지구(동부이촌동 재건축)'가 포함된 '공원 주변 지역'을 한데 모아 정비 구역으로 포함하는 계획이 담겨 있다. 용산공원을 중심으로 '2030 용산'의 천지개벽이 예상된다.

용산공원 개발에 대한 기대감은 '용산 시대'를 연 윤석열 대통령의 취임 직후 극대화되었다. 2022년 6월 네이버에서 '용산공원' 검색량은 9만 9,000건을 기록하며 대한민국의 대표 개발 호재인 'GTX' 검색량(3만 8,000건)을 압도했다. 또한 대한민국 부동산 투자의 큰손인 강남구 투자자들의 용산구 집합건물** 매수 건수는 오세훈 시장이 취임한 2021년 4월 한 달에만 781건에 달하는 등 역대 최고 수준을 기록했고, 윤석열 대통령이 취임한 2022년 5월에는 506건을 기록하며 용산이 서울과 대한민국의 대표 미래 도시로 등극하는 일은 시간문제임을 확증해주었다.

이제 창조 입지와 국가 공원 1호 입지(생활 안전 입지)라는 미래 입지의 양 날개를 달고 2030년 강남과 서초를 뛰어넘을 용산의 3대 여의주를 본격적으로 살펴보자.

** 구분 소유가 가능한 건물로 아파트, 다세대, 연립주택과 상업용 건물을 포함하여 지칭하는 개념이다.

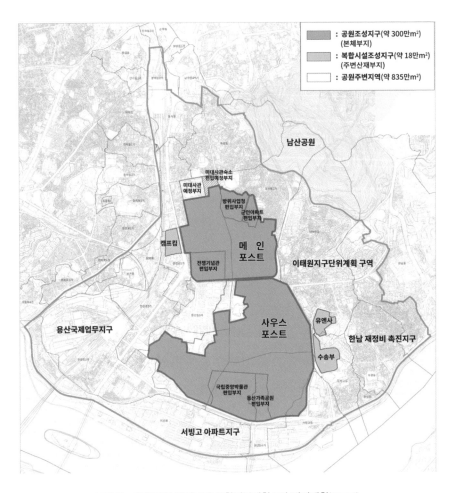

그림 12   용산공원 정비구역 종합기본계획 3차 변경계획(국토부)

용산의 3대 여의주

한남재정비촉진지구

미래 입지를 날개 삼아 비상할 용산은 3개의 여의주를 물고 있는 형국이다. 그중 가장 큰 여의주는 단연 한남재정비촉진지구이다(이하 '한남 재개발'). 대장주인 한남3구역에 무려 7조 원의 사업비가 투입되는 가운데 서울 최대 재개발 사업으로 등극한 한남 재개발은 한강을 남향으로 누릴 수 있다는 점에서 한강을 북향으로 둔 강남 아파트들에 비해 한강 프리미엄의 가치가 더 높다.

한남 재개발은 총 5개 구역으로 이루어져 있다. 대장주인 한남3구역(총 5,816세대 예정)이 가장 빠른 진도를 보이며 양 날개를 이끄는 형세이다. 마치 압구정 재건축 6개 구역 가운데 대장주인 3구역이 중심에서 나머지 재건축을 이끄는 모습과 닮아 있다. 한남 재개발은 압구정 재건축과 비교하여 사업 진도가 빠른 편으로, 한남4구역(총 2,331세대 예정)은 '좋은 사업성', 한남5구역(총 2,560세대 예정)은 '빼어난 입지'를 내세우면서 한남3구역의 뒤를 이을 사업장은 '나야나'라며 대한민국 상위 1%의 투자를 기다리고 있다.

한남4구역은 재개발 사업의 이익을 결정할 일반 분양분이 조합원 수 대비 가장 많은 구역이다. 하지만 재개발·재건축 사업의 걸림돌이 되는 상가조합원 역시 가장 많아 향후 재개발 사업의 진행 속도에 걸림돌이 될 수 있어 불확실성을 싫어하는 투자자들을 망설이게 할 것이다. 반면 한남5구역은 4구역에 비해 사업 속도가 빠르고 한남 재개발 중 유일하게 '평지 한강 조망 입지'를 자랑하는 동시에 용산공원과도 인접해 있다. 그런 점에서 '대체 불가능한 미래 가치'에 높은 점수를 주는 대한민국 상위 1% 투자 수요의 인기를 한 몸에 받을 전망이다.

한남 4·5구역이 조금 먼 미래라면 한남3구역과 더불어 시공사 선정을 마친 한남2구역은 가까운 미래라고 할 수 있다. 관리 처분을 통과한 한남3구역에 이어 사업 시행 인가를 받은 한남2구역은 이태원 상권을 품은 역세권 단지이자 한남뉴타운 내 유일한 초품아 단지라는 장점을 가지고 있다. 한편 과거 정비 구역 해제의 아픔을 겪었던 한남1구역은 바로 옆에 자리한 한남 2·3구역이 7,000여 세대의 신축으로 거듭나고, 유엔사 부지를 복합 개발한 '더파크사이드서울'의 완성을 지근거리에서 지켜보며 재개발의 꿈을 다시 품을 것으로 예상된다. 향후 한남 재개발의 막내가 될 한남1구역은 6호선 녹사평역과 이태원역의 더블 역세권인 데다 용산공원 접근성도 좋다. 그런 점에서 반경 3km 이내에서 주거, 일자리, 여가를 모두 누리고자 하는 고소득 30, 40대 젊은층의 장기투자처로 각광받을 전망이다.

용산국제업무지구

용산역 1번 출구를 나서면 좌우로 고층 주상복합 건물인 래미안과 푸르지오가 멋들어지게 자리하고 있는 것을 볼 수 있다. 재개발 구역이었던 용산역 전면 2구역과 전면 3구역이 고층 브랜드 타운으로 변신한 것이다.

마지막으로 남은 전면 1구역은 2021년 조합을 설립함으로써 용산역 마스터플랜의 구성원이 될 준비를 마쳤다. 아파트(총 777세대 예정)뿐 아니라 판매 시설과 업무 시설, 오피스텔도 함께 들어설 예정이다. 전면 1구역은 용산 비즈니스축의 중심에 있기 때문에 연접한 용산정비창 부지에 용산국제업무지구가 계획대로 진행될 경우 시너지를 내며 고소득 전문직의 투자 유동성을 끌어모을 것으로 전망된다.

2022년 발표된 '용산국제업무지구 개발구상'에 따르면 용산국제업무지구 개발의 당위성을 '서울의 글로벌 경쟁력 제고'에서 찾는다. 이는 다시 말해 용산은 서울을 넘어서서 대한민국 도시 경쟁력의 핵심이라는 의미이며, 특별히 '창조 경제', '미래 선도 일자리' 창출이라는 측면에서 용산국제업무지구에 대한 기대치가 크다는 것을 보여준다. 또한 오세훈 시장 취임 이후 발표된 '서울비전 2030'과 '2040 서울도시기본계획'은 마치 용산정비창 개발을 염두에 두고 설계한 마스터플랜인 양 그 핵심 키워드들이 '용산국제업무지구 개발구상'에도 고스란히 담겼다. 일례로 '2040 서울도시기본계획'의 6대 공간 계획 중 하나인 '보행 일상권 도입'과 '경직된 도시계획 대전환(비욘드조닝 도입)'은 주거 위주의 일상 공간을 전면 개편하여 도보 거리 내에서 주거, 일자리, 여가를 모두 누리는 복합화된 도시 공간을 추구한다. 그리고 그것은 '용산국제업무지구 개발구상'에 "일자리와 연구개발R&D, 회의장·전시장(마이스MICE)부터 주거, 여가·문화 생활까지 도시의 모든 기능이 이 안에서 이뤄지는 '직주혼합' 도시로 조성된다"라는 내용으로 담겼다.

'2040 서울도시기본계획'의 또 다른 공간 계획인 '중심지 기능 강화'는 3도심인 서울 도심(한양도성), 여의도, 강남뿐 아니라 용산을 중심으로 하는 '국제경쟁혁신축(한양도성-서울역-용산-한강-여의도-영등포-구로)'을 활성화한다는 구상이다. '서울비전 2030'에서 최초로 제시된 개념인 국제경쟁혁신축을 추진할 서울투자청*은 2022년 신설되었다.

여기서 눈여겨봐야 할 기회 지역은 용산국제업무지구와 함께 국제경쟁혁신축에 포함되었으며, 용산과 남북으로 연결되어 시너지를 낼 여의도와 서울역 개발축이다. 한강을 중심에 두고 용산국제업무지구는 '첨단산업', 여의도는 '금융 중심지'로 조성한다는 글로벌 혁신 코어 계획이 수립되었다. 서울역의 경우에는 '서울로7017' 북측에 약 2조 원의 사업비가 투입될 '서울역북부역세권개발사업'이 진행 중이다. 약 29,000m^2 부지에 최고 38층 높이의 호텔, 판매·업무시설, 오피스텔 등이 들어설 예정이다. 강북권 첫 글로벌 마이스 복합단지를 탄생시킬 서울역북부역세권개발사업은 2028년 준공을 목표로 진행되고 있다.

서울의 도시 경쟁력 강화라는 빅픽처에 따라 용산국제업무지구 개발은 여의도, 서울역 역세권 개발과 더불어 시너지를 낼 것이다. 부동산 가치 역시 함께 연동하며 상승 기류를 만들어낼 전망이다. 서울광장의 40배에 달하는 약 500,000m^{2}의 거대 개발지 용산정비창은 과거의 실패를 교훈 삼아 공공기관(코레일, SH공사)이 먼저 16조 원을 투입해 부지를 조성하고 인프라를 구축한 후 민간이 배턴을 이어받아 획지별 구상에 따른 창의적인 도시 공간을 조성하는 로드맵을 세움으로써 사업의 안전성과 실현성을 높였다. 또한 전체

---

* '아시아 금융 중심 도시', '글로벌 금융 허브 서울'을 위해 만든 투자 유치 전담 기구로 2030년까지 연 300억 달러(39조 원)의 서울 외국인직접투자(FDI) 유치를 목표로 하고 있다.

개발 부지의 70% 이상을 업무·상업 등 비주거 용도로 채운다는 구상인데, 이는 반대로 해석하면 '주거 공급'은 그만큼 희소하다는 뜻이다. 서울형 미래 도시의 완결판인 용산국제업무지구를 향한 고소득자의 주거 경쟁이 그만큼 치열해질 것으로 예상된다.

서빙고아파트지구(동부이촌동 재건축)

한강 버스킹 축제가 열리는 노들섬. 그 노들섬을 가로지르는 한강대교가 이촌동을 나누는 경계가 되어 동쪽은 동부이촌동(이촌1동), 서쪽은 서부이촌동(이촌2동)이라고 부른다. 동부이촌동은 앞서 살펴본 반포·압구정 지구처럼 1960년대 후반 공유수면매립사업으로 탄생했다. 즉 서울에 0.7%밖에 없는 '평지 한강변 아파트 지구'로, 향후 개발 시 한강변 부촌의 재탄생이 기대되는 곳이다.

동부이촌동에서 사업 진도가 빠른 재건축은 2021년 시공사를 선정한 한강맨션이다. 한강맨션은 재건축 사업에서 두 가지 시사점을 보여준다. 첫째, 시시각각 바뀌는 정부 정책에 사업 속도가 춤을 추는 재건축이지만 결국엔 선입선출이라는 점이다. 태어난 지 오래된 아파트일수록 개발될 확률이 높다는 의미이다. 동부이촌동에서 고령에 속하는 1971년생 한강맨션은 50살을 맞이하면서 1,400여 세대 규모의 대단지로 변신할 청사진 수립과 함께 시공사를 선정했다. 동부이촌동에서 가장 먼저 시공사를 선정한 한강삼익아파트 역시 1979년생으로 한강맨션과 함께 1970년대생이다.

둘째, 입지와 규모 면에서 으뜸인 '대장 아파트'가 먼저 치고 나갈 때 대장 아파트가 속한 재건축 지구의 가치는 더욱 높아진다. 서울에는 다수의 재건축 지구가 있다. 따라서 재건축 지구 간에 경쟁이 붙는데, 경쟁에서 앞서려면 이슈화에 성공해야 한다. 널리널리 입소문이 퍼져야 하는 것이다. 평지에서 한강을 남향으로 누릴 수 있는 희소 입지에 대규모 브랜드 단지가 들어선다면 동부이촌동 재건축 지구에 속한 단지들은 언론, 소셜미디어 등에서 자주 회자될 것이다. 이는 사업 초기 단계에 있거나 입지가 상대적으로 떨어지는 단지들도 덩달아 입소문이 나며 투자자들을 유인할 동력이 되어준다. 또한 가장 먼저 신축으로 변신한 선배 대장 아파트의 가격을 나머지 후배 재건축들도 뒤따라가며, 시세 '키 맞추기 효과'에 따른 가치 상승을 기대할 수도 있다. 반대로 입지가 상대적으로 떨어지고 규모가 작은 재건축 단지의 사업 속도가 지나치게 빠른 경우 해당 재건축 지구의 이슈는 더욱 강력한 경쟁 지구의 이슈에 묻히며 입소문 경쟁에서 밀릴 가능성이 높다.

동부이촌동 재건축에서 기억해둘 키워드 넘버는 '3+1'이다. 방금 언급한 한강맨션, 한강삼익 그리고 한강변 최고 높이(최고 56층, 약 200m)를 자랑하는 래미안첼리투스 바로 옆에 위치한 왕궁맨션이 동부이촌동 재건축 3형제에 속한다. 나머지 '1'은 동부이촌동과 함께 서빙고아파트지구로 묶여 있는 신동아아파트이다.

동부이촌동과 함께 공유수면매립사업으로 탄생한 신동아아파트는 2021년 초 조합을 설립하며 본격적인 재건축 항해의 닻을 올렸다. 2023년, 압구정과 함께 지구단위계획이 수립되면서 아파트 북동쪽의 슬럼화된 개발 잔여지 일대가 특별계획 가능 구역으로 지정되어 통합 개발이 가능해졌다. 이로써 '용산공원-신동아아파트-한강'의 남북 녹지축 조성을 위해 아파트 서측변에 공원이 계획되는 등 단순한 재건축의 가치를 넘어 플러스알파의 프리미엄 역시 기대할 수 있게 되었다.

개발 압력이 거세지는 40대에 접어든 신동아아파트는 플러스알파의 프리미엄과 더불어 동부이촌동 3형제를 능가하는 규모를 자랑한다. 개발 잠재력과 규모 면에서 뛰어난 미래 가치를 품고 있는 신동아아파트는 재건축 초기 단계인 만큼 향후 10년 용산의 비상과 함께 날아오를 장기투자처로 안성맞춤이라고 할 수 있다.

한편 동부이촌동에서는 '전신 성형'이라고 할 수 있는 재건축은 아니지만 '부분 성형'이라고 할 수 있는 리모델링도 활발하게 추진되고 있다. 6개의 리모델링 단지 중 역시 선입선출의 법칙에 따라 1974년생인 이촌현대(총 750세대 예정)가 '르엘이촌'이라는 브랜드를 달고 2026년에 가장 먼저 재탄생할 예정이다. 그 뒤를 이어 이촌코오롱(총 959세대 예정)은 삼성물산, 이촌강촌(총 1,114세대 예정)은 현대건설, 이촌한가람(총 2,281세대 예정)은 GS건설·현대엔지니어링, 이촌우성(총 272세대 예정)은 SK에코플랜트를 각각 시공사로 선정했다. 한강대우 역시 무난하게 1군 브랜드를 단 시공사를 찾을 것으로 보인다. 재건축보다 사업성이 낮은 리모델링이지만 1군 브랜드들이 동부이촌동에 총집결하는 까닭은 역시나 용산의 미래와 한강변 평지 입지라는 동부이촌동의 대체 불가한 매력 때문일 것이다.

2025~2030년, 용산의 3대 여의주 중 가장 한강에 가까운 서빙고 아파트지구는 1군 프리미엄 브랜드로 촘촘한 최고 60여 층의 초고층 숲을 조성하며 서울의 중심, 용산의 비상을 널리 선포할 것이다.

용산구 🏢

한남재정비촉진지구

위치	구역명	개발 면적	진행 현황	예정 세대수	시공사 (브랜드)
이태원동 77번지 일대	한남1구역	정비 구역 해제	신통기획 추진		
보광동 272-3번지 일대	한남2구역	114,581	사업 시행 인가	1,537	한남써밋
한남동 686번지 일대	한남3구역	386,396	관리 처분 인가 (이주)	5,816	디에이치한남
보광동 360번지 일대	한남4구역	162,030	조합 설립 인가	2,331	
동빙고동 60번지 일대	한남5구역	183,707	조합 설립 인가	2,560	

용산역 개발

위치	구역명	개발 면적	진행 현황	예정 세대수	시공사
한강로3가 40-641번지 일대	정비창 전면 1구역	71,901	조합 설립 인가	777	
한강로2가 342번지 일대	정비창 전면 3구역	5,805	조합 설립 인가	128	
한강로2가 2-5번지 일대	신용산역 북측 1구역	14,343	사업 시행 인가	324	
한강로2가 2-194번지 일대	신용산역 북측 2구역	22,324	사업 시행 인가	340	현대건설

서빙고아파트지구

구분	단지	준공 연도	총 세대수	진행 현황	예정 세대수	시공사(브랜드)
재건축	한강맨션	1971	660	관리 처분 인가	1,441	이촌자이더리버
	한강삼익	1979	252	사업 시행 인가	329	아크로루센티움
	왕궁맨션	1974	250	조합 설립 인가	300	

	신동아	1984	1,326	조합 설립 인가	1,620	
	이촌반도	1977	119	안전 진단 통과		
리모델링	이촌현대 (현대맨숀)	1974	653	철거 및 착공	750	르엘이촌
	이촌코오롱	1999	834	시공사 선정	959	래미안이스트빌리지
	이촌강촌	1998	1001	시공사 선정	1,114	디에이치아베뉴이촌
	이촌한가람	1998	2,036	시공사 선정	2,281	현대엔지니어링, GS건설
	이촌우성	1995	243	시공사 선정	272	SK에코플랜트
	한강대우	2000	834	조합 설립 예정	959	

송파, 잠실의 확장을 기대하며

잠실은 강남, 서초와 함께 강남 3구라고 불리는 송파구를 고소득 도시의 반열에 올려놓았다. 반포, 압구정과 마찬가지로 잠실도 공유수면매립사업을 통해 서울의 초희소 입지인 평지 한강변 아파트 지구로 탄생했다.

잠실의 랜드마크 재건축인 잠실5단지는 2022년 잠실역에 인접한 일부 용지의 용도지역 상향(제3종 일반주거→준주거)이 포함된 재건축 정비계획안이 확정되면서 최고 50층 건립이 가능해졌다. 하지만 이에 만족하지 않고 2023년 신통기획 자문을 통해 최고 70층으로 정비계획을 변경했다. 이로써 기존 3,930세대에서 6,303세대의 매머드급 단지로 탈바꿈할 잠실5단지는 향후 2,000여 세대의 일반 청약 물량을 기대할 수 있게 되었다.

1978년에 태어나 46년이라는 세월을 보내고서야 겨우 '정비계획 변경'이라는 이정표를 달성한 잠실5단지의 사례는 부동산 뉴스의 헤드라인에 자주 오르내리는 소위 '재건축 대어大漁' 단지의 사업 추진이 결코 녹록지 않음을 시사한다. 전 국민의 이목을 집중시키는 재건축 대어 단지는 이슈의 크기만큼 정책 설계자들의 부담을 가중시킬 수밖에 없다. 또한 수천 세대 규모의 대단지일수록 사공(조합원)이 많아 최고의 수익성, 최고의 브랜드, 최고의 랜드마크를 탄생시키려는 열망이 뒤엉켜 빚어지는 내부 갈등이 사업 추진의 걸림돌이 되기 십상이다. 어쨌든 길고 긴 터널을 지나 사업 추진의 기본 틀이 완성된 잠실5단지는 향후 사업 시행 인가, 관리 처분 인가 단계를 밟아갈 때마다 기존의 잠실 대장주인 엘·리·트(잠실엘스, 리센츠, 트리지움) 집값의 하방 경직성을 지지해주며 잠실 집값의 안전판이 되어줄 전망이다.

잠실의 아성에 맞서 홀로 고군분투하고 있는 9,510세대의 초대형 단지인 가락동 헬리오시티는 국민 평형인 전용 84m²의 매매가격이 20억 원을 넘나들며 잠실의 엘·리·트와 어깨를 견주고 있다. 전국, 특히 서울에서 극심해져가는 주택 고령화는 헬리오시티처럼 매머드급 신축이 들어서는 동네의 집값 전반을 레벨업하며 그간 견고했던 지역 생활권의 위계를 뒤바꾸고 도시의 집값 등고선을 곳곳에서 뒤틀고 있는 중이다. '대규모 신축 아파트의 입주'라는 이벤트 자체가 지역 생활권 전반의 입지 수준을 레벨업하는, 즉 '신축이 입지'라는 뉴노멀 트렌드는 가락동뿐 아니라 서울 곳곳으로 확산되며 오랫동안 익숙했던 지역 생활권의 집값 서열을 흔들고 있다.

송파·성남·하남이 연합하여 탄생한 위례신도시에 연접한 거여마천뉴타운은 거여2-1구역(송파시그니처롯데캐슬 1,945세대)과 거여2-2

구역(이편한세상송파파크센트럴 1,199세대) 입주를 시작으로 남은 7개 구역이 개발을 추진 중이다. 하지만 국민 평형인 전용 84m²의 매매 가격이 10억 원 초반대에 그치며 잠실과 가락동의 초대형 단지 대비 낮은 시세를 보이고 있다. 이는 송파 생활권의 전통적인 입지 수준이 반영된 결과라고 할 수 있다. 다만 단일 규모로 3,000~5,000세대가 즐비한 잠실지구의 체급을 고려했을 때 1,000여 세대의 아파트는 송파구에서 그리 눈에 띄지 않는 규모라는 특수성도 어느 정도 반영되었다고 볼 수 있다.

송파구에서는 거여마천뉴타운에 뒤이어 송파구의 본토라고 할 수 있는 송파동·방이동·가락동·문정동에서 개별 재건축이 진행 중이다. 안전 진단을 통과하고 조합 설립 인가를 넘어 사업 시행 인가의 문을 두드리고 있는 사업장이 즐비하다.

그간 전국에서 유일하게 사업 시행 인가 이후 시공사를 선정해야 했던 서울시 정비 사업은 2023년 7월부터 조합 설립 직후 시공사를 선정할 수 있게 바뀌었다. 그로 인해 사업 시행 인가를 기다리던 조합들은 서둘러 시공사 선정에 나섰다. 무려 86곳 조합 10만여 가구가 시공사 선정에 나섰고, 송파구에서도 15곳 조합 약 2만여 가구가 시공사를 선정했다.* 이는 향후 5년 내에 적지 않은 송파구 본토 재건축이 가시화된다는 것을 암시한다. 송파구 본토 재건축은 입지여건, 단지 규모가 잠실급에 미치지 못해 절대적 가치 수준은 잠실

---

* "조합설립 직후 시공자 선정 '시동'… 송파·압구정지역 '군침'", 하우징헤럴드, 2023. 7. 12.

에 비해 낮을 것이다. 그러나 앞서 잠실5단지의 사례가 보여준 재건축 대어 리스크를 감안한다면 '가치 상승률'과 '사업 진행 속도'에 방점을 둔 실속형 투자처로 관심을 갖는 것도 현명한 틈새 전략이 될 것이다.

2008년 금융위기 이후 송파구의 개발 사이클을 짚어보면 '잠실주공 재건축(엘·리·트)→위례신도시 개발→가락동 초대형 재건축(헬리오시티)→거여마천뉴타운→송파구 본토 개별 재건축' 순으로 흘러갔다. 그리고 결국 송파구 개발 사이클의 완성은 돌고 돌아 잠실에서 이루어질 것이다. 2030년 송파구 개발의 화룡점정을 찍을 잠실의 대어 재건축으로는 앞서 소개한 잠실5단지와 그 우측의 장미 1·2·3차 아파트, 그리고 좌측의 우성아파트, 아시아선수촌아파트를 꼽을 수 있다.

잠실급답게 3,000여 세대의 규모를 자랑하는 장미 1·2·3차 아파트 재건축은 2020년 조합 설립 이후 오세훈 시장이 야심 차게 추진하는 신통기획 열차에 올라타며, 잠실5단지와 비견될 최고 층수에 대한 기대감이 부풀어오르고 있다. 신통기획의 취지대로 수년 내 정비기본계획이 수립될 경우 장미아파트 재건축은 잠실지구 최초의 한강변 신통기획 재건축이라는 타이틀을 거머쥐며 잠실5단지와 함께 잠실의 가치를 수직 상승시킬 것으로 예상된다.

장미아파트 재건축에 이어 2021년 조합 설립 인가를 받은 잠실우성 1·2·3차 아파트와 사업 시행 인가를 받은 잠실우성4차아파트도 2030년경이면 잠실운동장 생활권의 주거 풍경을 바꿔놓을 것이다. 변화된 풍경의 중심에서는 우리나라 최초로 지하주차장이 설치된 아시아선수촌아파트 재건축이 꽃을 피울 것이다. 1986년 서울아시안게임을 대비하여 조성된 아시아선수촌아파트는 약 2만 평의 아시아공원을 코앞에 둔 진정한 공세권으로, 2021년 용적률, 건폐율, 임대 공급 방안 등이 포함된 지구단위계획이 발표되었다. 그리고 2023년, 올림픽 3대장 재건축이라고 불리는 올림픽선수기자촌, 올림픽훼밀리타운과 함께 조합 설립을 위한 안전 진단을 통과했다.

잠실운동장 주거 생활권의 랜드마크가 될 아시아선수촌아파트와 우성아파트 재건축의 미래 가치는 약 2조 원의 사업 규모를 자랑하는 잠실 마이스 사업에 달려 있다고 해도 과언이 아니다. 잠실 마이스 사업은 350,000m²의 잠실운동장 일대를 개발하여 전시·컨벤션·야구장·호텔·수변 레저 시설 등을 건설하는 사업으로, 2021년 우선협상대상자가 선정되었고 2030년경 완공을 목표로 하고 있다.

잠실 마이스 사업과 짝을 이루는 사업으로는 삼성동의 '영동대로 지하공간 복합개발사업'이 있다. 해당 사업은 '영동대로 코엑스사거리(봉은사역)–삼성역사거리(삼성역)' 지하를 개발하여 지하 4~7층에 5개의 철도 노선(삼성역을 지나는 GTX-A·C 노선, 위례신사선, 2호선과 봉은사역을 지나는 9호선)과 환승센터를 설치하고, 지하 2층과 3층은 공공 상업 공간, 지하 1층은 기존 도로를 지하화하여 지상에 녹지 광장을 조성하는 사업이다. 2021년 착공해 2028년 완공을 목표로 하고 있다.

잠실 마이스 사업과 영동대로 지하공간 복합개발사업은 비슷한 개발 타임라인으로 진행되고 있다. 잠실의 역사를 생각해보면 이 두 사업은 어쩌면 운명처럼 예견되었는지도 모르겠다. 아시아선수촌과 우성아파트가 지어진 땅은 본래 부리도라는 섬이었다. 1971년 잠실지구 공유수면매립사업으로 부리도가 잠실도와 연결되어 지금의 잠실이 된 것인데, 매립 당시 부리도 옆에 있었던 삼성동까지 연결하지 못한 것이 못내 아쉬웠을까?

잠실의 아쉬움을 달랠 계기는 2014년 발표된 '서울국제교류복합지구' 청사진에 마련되었다. '삼성동 코엑스–잠실종합운동장'을 잇는 1,990,000m²의 지역을 국제 업무, 전시·컨벤션 산업의 메카로 성장시키는 것을 목적으로 하는 이 계획은 앞서 언급한 잠실 마이스, 영동대로 지하공간 복합개발뿐 아니라 현대GBC(글로벌비즈니스센터)와 한강·탄천 일대 개발을 통해 잠실과 삼성동을 하나로 이어줄 것이다. 마침 2020년 이후 각 사업별 시행자들이 속속 선정되며 완성 시점이 모두 2030년을 가리키는 상황이다. 따라서 2030년이 가까워질수록 송파구 잠실이 아니라 잠실의 강남화가 더욱 가속화될 것이다. 서울국제교류복합지구 개발은 2030년을 향해 달려가는 잠실 재건축 단지들에게 꽃길을 선사하며 강남의 웬만한 비非한강변 단지를 뛰어넘는 미래 가치를 안겨줄 것이다.

송파구

잠실 재건축

재건축 단지	준공 연도	총 세대수	진행 현황	예정 세대수	시공사 (브랜드)
잠실주공5단지	1978	3,930	조합 설립 인가	6,303	
장미 1·2·3차	1979(1·2차), 1984(3차)	3,522	신통기획 승인	5,000	
잠실우성 1·2·3차	1981	1,842	조합 설립 인가	2,680	
잠실우성4차	1983	555	사업 시행 인가	825	
아시아선수촌	1986	1,356	안전 진단 통과		
미성·크로바	1980·1983	1,350	관리 처분 인가 (이주)	1,910	잠실르엘
진주	1981	1,507	관리 처분 인가 (이주)	2,678	잠실래미안 아이파크

송파 재건축

재건축 단지	준공 연도	총 세대수	진행 현황	예정 세대수
가락미륭	1986	435	건축 심의 통과	614
방이동 한양3차	1985	252	건축 심의 통과	508
송파한양2차	1984	744	신통기획 확정	1,270
삼환가락	1985	648	사업 시행 인가	1,101
가락극동	1984	555	조합 설립 인가	975
가락프라자	1985	672	사업 시행 인가	1,068
가락1차현대	1984	514	건축 심의 통과	842
가락삼익맨숀	1984	936	사업 시행 인가	1,531

가락상아1차	1984	226	사업 시행 인가	405
올림픽훼밀리타운	1988	4,494	안전 진단 통과	
올림픽선수기자촌	1988	5,540	안전 진단 통과	
대림가락	1985	480	조합 설립 인가	925

성남 분당구
15,197만 원

과천시
12,581만 원

인천 연수구
10,445만 원

고소득 지역 TOP 3 (연소득 상위 10%)

성남 분당구

분당은 대한민국 상위 10% 소득 도시 TOP 5에도 이름을 올린 경기도 1기 신도시의 자존심이다. 그리고 그러한 분당의 향후 10년 개발 키워드는 단연 '리모델링'이다. 부분 성형을 하는 리모델링보다는 전면 철거 후 신축을 하는 전신 성형, 즉 재건축이 좋겠지만 분당은 용적률이 높아 재건축 사업을 기대하기 어렵다. 그런 이유로 분당에서는 현실적인 대안인 리모델링이 향후 10년간 활발하게 진행되며 집값의 지형을 흔들어놓을 것이다. 특히 서울 한복판, 그것도 한강 지구인 동부이촌동에서 리모델링의 이슈화가 본격화할 2025년을 기점으로 기다렸다는 듯 리모델링 신축 단지가 탄생하며 리모델링의 성지로 거듭날 것이다. 리모델링은 대한민국 부자 도시 TOP 5 안에 드는 용산에서 끌고 분당에서 밀어주는 가운데 향후 10년 동안 1기 신도시 전반으로 확산될 것이다.

분당의 1호 리모델링 추진 단지는 한솔마을5단지이다. 분당 지하철 4대 천왕* 가운데 한 곳인 한솔마을5단지는 정자역 역세권에 자리하고 있어 그 파급 효과가 더 클 것으로 기대된다. 주차 대수는 기존 529대에서 1,834대로 증가하여 세대당 0.46대였던 열악한 주차 환경이 세대당 1.44대 수준으로 대폭 개선된다.

분당뿐 아니라 현재 1기 신도시 거주자들의 가장 큰 불편은 세대당 평균 0.8대 수준인 주차 환경이다. 1기 신도시 거주자를 대상으로 한 경기연구원의 설문에 따르면 단지 내 주차장에 대한 불만족도가 가장 높은 것으로 조사되었다. 쾌적한 주차 공간을 품고 더 넓은 평면으로 다시 태어난 옆 동네 리모델링 단지를 보고 있자면, '그래도 재건축이 더 낫잖아! 버텨보자'는 목소리는 5년이 지나고 10년, 15년이 지나며 작아질 수밖에 없다.

앞서도 언급했듯이 재건축의 개발 담론은 통상 준공 후 40년부터 꽃피기 시작한다. 따라서 1990년대생이 대부분인 분당의 아파트 단지들은 2030년대가 되어야 본격적으로 재건축 추진이 논의되기 시작할 것이다. 하지만 대부분 용적률이 높은 단지들이라 그때까지 기다린다고 재건축이 추진된다는 보장이 없다.* 한솔마을5단지의 이웃사촌인 한솔마을6단지는 바로 이러한 이유로 성남시가 지원하는

---

* 분당의 지하철역 중 연간 승차 인원이 1,000만 명이 넘는 곳은 판교·야탑·정자·서현으로, 독자의 이해를 돕기 위해 '4대 천왕'이라는 별칭을 붙였다.
* 분당을 포함한 1기 신도시의 대대적 정비(재건축)를 위해 '노후계획도시 특별법'이 시행될 예정이다. 노후계획도시는 택지 조성 사업 완료 후 20년 이상 경과한 1,000,000m² 이상의 택지이다. 약 28만 가구에 달하는 1기 신도시의 일시 정비 시기 도래 대응 차원에서 볼 때 특별법의 추진은 시의적절하나, 국토부의 기본 방침과 지자체의 기본 계획 수립 완성까지 적지 않은 시간이 소요될 전망이다. 특히 수많은 단지 가운데 어느 곳을 노후계획도시의 꽃인 '특별정비계획구역 선도지구'로 지정하느냐와 관련해 정치적 부담과 주민 간의 갈등이 클 것으로 예상된다. 노후계획도시 재건축은 중앙정부, 지자체, 신도시 주민, 재건축조합 간의 이해관계를 조율하는 데 난항이 예상되어 1기 신도시에서는 적어도 2030년대까지 리모델링이 대세가 될 전망이다.

공동주택 리모델링 사업에 지원했던 것이고, 결국 2021년 리모델링 공공 지원 단지로 선정되었다. 한솔마을6단지와 대각선으로 마주보고 있는 느티마을 3단지와 4단지 역시 리모델링 사업의 마지막 단계인 사업 계획 승인을 통과하며 2026년 완공을 목표로 하고 있다. 따라서 한솔마을6단지 리모델링 사업까지 본격화된다면 정자역 도보 생활권에 있는 총 4개의 단지가 신축으로 변신하며 정자역 생활권은 '리모델링 시범 단지'라는 별칭을 얻을 것이다.

또 다른 분당 지하철 4대 천왕인 야탑역 생활권에서는 매화마을1단지가 사업 계획 승인을 통과했다. 매화마을1단지 바로 남단에 있는 매화마을2단지 역시 한솔마을 5·6단지의 사례처럼 2021년 조합을 설립하며 본격적인 개발의 닻을 올렸다. 그렇다면 앞으로 리모델링 사업이 추가로 진행될 단지는 어디가 될 것인가? 답은 2022년에 발표된 '성남시 공동주택 리모델링 기본계획'(이하 '성남시 기본계획')에서 찾을 수 있다.

2025년까지의 목표가 담겨 있는 '성남시 기본계획'에 따르면, 정자역과 야탑역 생활권 외에 미금역을 품은 '금곡동'의 단지들이 주로 언급되어 있다. 성남시 기본계획 〈미래 시나리오〉대로라면 금곡동의 청솔마을 단지가 유력한 후보이다. 비록 분당 지하철 4대 천왕 가운데 하나는 아니지만 수인분당선, 신분당선이 지나는 더블 역세권의 미금역과 정자공원, 서울대병원마저 품고 있는 금곡동은 '공세권', '의세권'의 입지를 자랑하는 곳이다.

인구 노화는 미래 바이오 기술로 해결할 수 있을지 모르나 주택 노후화는 재건축에 대한 각종 규제, 인허가에 대한 정치적 부담 등

수직 증축 적용 시 (구조도면 필요)	사업 준비	수평 증축 적용 시 (수직 증축 미적용 시)
조합 설립 인가		**조합 설립 인가**
시공사 선정	사업 준비	시공사 선정
1차 안전 진단		1차 안전 진단
1차 안전성 검토	사업 진행	1차 안전성 검토
건축위원회 심의		건축위원회 심의
권리 변동 계획 수립		권리 변동 계획 수립
2차 안전성 검토	사업 확정	2차 안전성 검토
사업 계획 승인(리모델링 허가)		사업 계획 승인(리모델링 허가)
분담금 확정 총회		분담금 확정 총회
이주		이주
2차 안전 진단	사업 완료	2차 안전 진단
착공 신고		착공 신고

제외 (사업 간소화)

재건축	구분	리모델링
도시 및 주거환경정비법	**법적 근거**	주택법
준공 30년 경과 이후 추진 가능 (안전 진단 강화로 실제 40년 경과 이후)	**연한**	준공 15년 경과 이후 추진 가능
법적 상한 용적률 이내 (최대 300% 이하)	**용적률**	제한 없음
리모델링에 비해 사업 장기화 가능성 농후	**소요 기간**	리모델링 규모에 따라 다름
완화 적용 없음	**건축법 완화 적용**	건축선, 용적률, 건폐율, 높이 제한, 공개 공지 확보, 조경 등 완화
최소 D등급 이하(D, E)	**안전 진단**	수직 증축(B등급 이상), 수평 증축(C등급 이상)
도로, 공원, 녹지 등 의무 제공	**기반 시설 기부채납**	없음
증가 용적률의 50% 건립 (전용 60㎡ 이하)	**소형 임대주택 건립**	없음
3,000만 원 초과 시 10~50% 국가 환수	**초과이익 환수**	없음

그림 13   리모델링 추진 절차(위)와 재건축과 리모델링 비교(아래).

에 발목 잡혀 앞으로도 쉽게 해결하기 힘들 것이다. 그런 점에서 명실공히 수도권 대체 불가 입지인 분당에서는 1군 브랜드의 리모델링 수주 각축전이 벌어질 것이다. 투자자들은 그중에서도 성남의 미래 계획이 점찍어준 정자역·야탑역·미금역 생활권을 주목해보길 추천한다.

과천시

경기도에서 분당 다음으로 고소득자가 몰려 있는 도시는 과천이다. 1980년대 초까지만 하더라도 '시흥군 과천면'이었던 과천. 시로 승격된 이후로도 30년간 인구 6만 명의 작은 도시로 유지되던 과천은 정부청사 이전의 아픔을 겪으면서도 어떻게 고소득자들이 모여 사는 도시가 될 수 있었을까?

작지만 강한 과천은 수도권의 수많은 신도시들이 갖고 싶어하는 '절대반지'를 하나가 아니라 두 개나 가지고 있다. "서울은 낭떠러지라 과천에서부터 기어간다"는 속담이 있다. 지방 사람이 인심이 야박한 서울 입성을 앞두고 갖는 공포심을 비유한 속담이다. 이 속담을 곰곰이 되씹어보면, 예로부터 과천이 서울의 중요한 관문이었음을 알 수 있다. 실제로 조선시대에 '충청·전라·경상', 즉 삼남에서 한양으로 가는 길이라고 해서 삼남길이 있었는데, 서울로 진입하는 마지막 길이 바로 과천을 관통하는 '한양 관문길'이었다. 과천은 이미 수백 년 전부터 현재의 신도시들이 갖기 원하는 절대반지, 즉 '서울의 핵심 관문' 입지를 찜하고 있었던 것이다.

근대 공업화의 상징인 경부선은 안양, 군포, 의왕을 지나며 과천을 피해갔다. 이로 인해 경부선의 영향권에 있던 경기 서부의 반월은 공업 신도시로 개발되어 지금의 안산이 되었다. 그에 비해 당시 함께 신도시로 개발된 과천은 빗겨간 경부선 덕분에 국내 유일의 행정형 신도시로 태어날 수 있었다. 과천은 정부 핵심 기능의 이전을 위해 조성된 신도시인 만큼 전형적인 주택형 신도시인 개포·고덕·목동·상계 등과 달리 저밀 주거지로 개발되었다. 정부제2종합청사를 중심으로 스카이라인을 고려한 건축계획에 따라 10층 이상의 아파트도 짓지 못하게 했다. 다만 최종 건축계획이 변경되며 10층 이상의 아파트도 건설되었지만 대부분 최고 층수가 15층이다. 이로인해 과천은 리모델링이 현실적 대안인 분당과 달리 용적률이 낮아 어느 단지나 재건축 사업을 용이하게 추진할 수 있는 행운을 안았다. 또한 붐비는 상업 시설 대신 어린이대공원, 국립현대미술관, 국립과천과학관 등 공공을 위한 국가대표 문화시설이 자리 잡아 과천을 더욱 품격 있는 문화 교양 도시로 만들어주고 있다.

두 번째 절대반지는 수도권 신도시 역사에서 다시 찾아보기 힘든 '중앙행정 기능'이다. 향후 '지방 소멸론'이 대두될수록 수도권의 기능을 지방에 분산시켜야 한다는 주장은 더욱 힘을 받을 것이고, '공공'이 먼저 총대를 메야 한다는 당위성은 더욱 커질 것이다. 그럴수록 준서울 입지로 고관대작들의 주거 타운이었던 과천신도시의 역사는 도시 고유의 브랜드 자산이 되어줄 것이다.

중앙행정도시 시절, 과천 지하철의 핵심이었던 정부과천청사역은 출근길 공무원에게 불친절한 역이었다. 당시 보도자료를 살펴보면, 정부과천청사역에서 과천청사 정문까지 제법 거리가 있어 눈이 소복이 쌓인 청사 앞 운동장을 가로질러 출근하는 공무원들의 긴 행렬을 담은 사진을 볼 수 있다. 역세권의 참기능은 '출근의 편의성'에서 나오는데 과천의 지하철은 태초부터 그렇지 않았음을 알 수 있는 대목이다.

일반적인 신도시와 태생부터 결이 달랐던 과천신도시의 주민들은 입주가 시작된 1980년대 이후 '저밀·쾌적·품격'에서 주거의 가치를 찾으며 살아왔다. 현재 수도권 신도시의 흔한 미덕이라고 할 수 있는 '고밀·상업 시설·역세권'과는 거리가 먼 삶을 살아온 것이다. 과천신도시의 탄생 과정을 살펴보노라면 과천 재건축 단지가 한데 모여 있는 과천 원도심의 독특한 '도시 유전자'가 드러난다. '저밀, 쾌적'을 해치는 '고밀, 붐빔'에 민감하게 반응하며, 그에 대한 예민함이 역세권, 상업 시설과 같은 '빠르고 편리한' 생활 인프라에는 둔감하게 반응하는 것, 이것이 바로 과천 원도심의 독특한 도시 유전자이다. 2020년 당시 정부가 야심 차게 내놓은 과천정부청사 유휴부지의 주택 공급 방안이 과천시와 시민의 거센 반발로 철회된 것도 고밀에 민감한 과천 원도심의 도시 유전자가 잘 드러난 사례라고 할 수 있다. 도시 고유의 브랜드 자산과 독특한 도시 유전자를 유지하려는 관성에 힘입어 과천 원도심의 재건축과 향후 과천의 남북으로 조성될 신도시 간의 집값 격차는 좀처럼 좁혀지지 않을 전망이다.

과천 재건축은 크게 1기, 2기, 3기 재건축으로 구분될 수 있다. 1기 재건축은 2000년대 입주를 완료한 래미안슈르와 래미안에코팰리스이며, 과천 재건축의 몸통인 2기 재건축은 2020년대 입주가 이뤄진 과천 1·2·6·7·12단지이다. 과천 재건축의 화룡점정을 찍을 3

기 재건축은 사업 진도가 빠른 순으로 과천 4단지, 8·9(통합)단지, 5단지, 10단지이며, 1군 건설사의 프리미엄 브랜드 간판이 예정되어 있다. 온난화와 팬데믹 이슈는 뜨겁고 붐비는 도심을 떠나 여유 있고 쾌적한 삶을 누리고자 하는 주거 트렌드를 확산시킬 것이다. 이러한 트렌드를 추구하는 동시에 도심 근교에 살고 싶어하는 고소득자들은 과천 재건축 단지를 선택하며 과천 원도심의 위상을 견고히 지켜줄 것이다.

도로를 외곽에 끼고 있는 과천 원도심과 달리 과천 북쪽에 조성될 과천지구와 과천주암지구 그리고 남쪽에 조성되고 있는 과천지식정보타운의 단점은 47번국도, 제2경인고속도로 등 각종 도로가 신도시 내부를 관통하는 것이다. 이 역시 태초부터 도로 계획이 과천 원도심을 위해 설계된 덕분(?)이다. 향후 과천 외곽에 조성되는 신도시로 인해 신혼부부의 수요가 급증할 텐데, 과밀을 싫어하는 과천 원도심의 특성을 감안하면 신도시 거주자의 생활 편의 충족을 위해 안양, 의왕 등 과천 인근 구도심에 학원가, 상업 시설 등의 인프라 투자가 가속화될 것이다.

2030년, 외양의 확대로 새로운 전기를 맞이할 과천은 도시 고유의 브랜드 자산을 지닌 원도심의 환골탈태와 도시 외곽 주거 타운의 조성을 통해 인근 구도심의 학군, 상권을 확장시키며 준서울 신도시 중 가장 독특한 가치 상승 궤적을 그려낼 전망이다.

성남 분당구

리모델링 단지	준공 연도	총 세대수	진행 현황	예정 세대수	시공사
한솔마을5단지	1994	1,156	사업 계획 승인	1,271	포스코이앤씨, 쌍용
무지개마을4단지	1995	563	사업 계획 승인 (이주)	647	포스코이앤씨
느티마을3단지	1994	770	사업 계획 승인 (이주)	873	포스코이앤씨
느티마을4단지	1994	1,006	사업 계획 승인 (이주)	1,149	포스코이앤씨
매화마을1단지	1995	562	사업 계획 승인	638	포스코이앤씨
매화마을2단지	1995	1,185	건축 심의 통과	1,345	한화건설
정든마을한진7단지	1994	382	경기도 리모델링 자문 시범 단지		
한솔마을6단지	1995	1,039	성남시 리모델링 공공 지원 단지		

과천시

재건축 단지	준공 연도	총 세대수	용적률	진행 현황	예성 세대수	시공사(브랜드)
과천주공4단지	1983	1,110	159	관리 처분 인가 (이주)	1,445	과천센트럴자이
과천주공5단지	1983	800	164	건축 심의 통과	1,260	써밋마에스트로
과천주공 8·9단지	1983·1982	2,120	128	건축 심의 통과	2,829	디에이치 르블리스
과천주공10단지	1984	632	86	조합 설립 인가	1,179	래미안 원마제스티

인천 연수구

인천의 가장 부자 도시는 어디일까? 바로 송도신도시가 있는 연수구이다. 삼성바이오로직스, 셀트리온으로 대표되는 바이오산업, 연세대학교와 자사고인 인천포스코고등학교 등의 우수 학군, 국내 최고 수준의 잭니클라우스 골프장 등 뭐 하나 빠지는 것이 없는 곳이 송도이다. 여기에 인천의 부자들을 송도로 모이게 한 숨은 원인이 또 하나 있다. 2010년부터 불어닥친 인천의 도시 정비 사업 불황으로 인천의 재건축·재개발 공급은 무려 8년 동안 연평균 900세대에 그쳤는데, 이 '잃어버린 8년' 동안 인천의 부자들은 원도심 개발을 포기하고 경제자유구역*으로 개발되어 글로벌 자본이 유입되던 송도로 모인 것이다. 실제로 송도신도시의 인구는 2010년 4만 명을 돌파한 뒤 불과 4년 만인 2014년 8만 명을 넘어섰으며, 2017년에는 2010년의 3배 수준인 12만 명을 돌파했다. 송도신도시 인구의 기록적인 수직 상승은 인천 구도심의 잃어버린 8년 동안 이루어진 것으로, 구도심의 부동산 불황이 아이러니하게도 송도신도시의 성공을 만들어준 셈이다.

송도신도시의 생활권은 1공구, 2공구 등과 같이 '공구'로 구분된다. 이는 매립으로 탄생한 신도시인 만큼 공유수면매립사업이 시작된 순서대로 이름을 붙였기 때문이다. 국내에서 가장 큰 신도시로약 1,600만 평의 면적을 자랑하는 송도신도시는 인천경제자유구역

---

* 외국인 투자 기업의 경영 환경과 생활 여건을 개선하고, 각종 규제 완화를 통한 기업의 경제활동 자율성과 투자 유인을 최대한 보장하여 외국인 투자를 적극적으로 유치하기 위한 특별경제구역을 말한다.

청의 자료에 따르면 약 75% 수준의 개발 진도를 보이고 있다.

완성되어가는 송도신도시의 화룡점정은 어느 공구가 될 것인가? 송도신도시의 미래 키워드 넘버는 11(공구), 6·8(공구)이다. 송도신도시 11개 공구 중 가장 넓은 약 370만 평의 면적을 자랑하는 11공구에는 '송도 안의 작은 송도'라는 별칭이 붙었다. 넓은 개발 면적 때문에 11공구는 11-1, 11-2, 11-3 총 3개의 공구로 나뉘어 개발되는데, 이들의 터를 닦는 기반 공사는 2025년경 마무리될 전망이다. 11공구에서 가장 면적이 큰 11-1공구에는 삼성바이오로직스, 연세대학교, 인하대학교 등 바이오클러스터와 대학교가 입주할 예정이다. 마침 유수의 바이오기업이 있는 4·5공구와 11-1공구가 맞닿아 있어 첨단 바이오 일자리 창출의 시너지 효과가 극대화될 전망이다. 또한 송도 주민들이 애타게 기다렸던 대학병원(송도세브란스병원)도 11공구와 인접한 7공구에서 공사를 시작했다. 800병상의 대학병원이 완공될 2027년경이 되면 11공구는 고소득 일자리, 학군, 의세권을 두루 갖춘 송도 위의 송도로 자리매김할 전망이다.

약 86%의 개발 진도를 보이고 있는 6·8공구의 남은 14%는 송도신도시 전반의 위상을 드높일 약 39만 평의 '랜드마크 부지'이다. 2006년부터 인천의 극초고층 랜드마크 개발계획이 수립되었던 해당 부지는 2008년 글로벌 금융위기, 민간 시행자와의 소송 등에 휘말리며 어느덧 20년 가까운 세월을 흘려보냈다. 과연 민간 시행자와 인천시, 그리고 송도 주민 간의 협의가 잘 이루어져 송도와 인천을 대표하는 명품 랜드마크가 착공될 수 있을 것인가?

주거 입지의 완결을 향해가는 송도신도시는 그토록 기다렸던 대학병원과 GTX-B노선의 개발 확정을 넘어 초고층 랜드마크라는 입지 완결의 마지막 퍼즐을 고대하고 있는 중이다. 랜드마크타워가 높이의 소모전에서 벗어나 대한민국 1호 경제자유구역의 랜드마크로 태어난다면 송도신도시는 대한민국의 관문에서 차원이 다른 부의 품격을 자랑하는 글로벌 도시로 발돋움할 것이다.

지방 고소득 지역 열전

대구 수성구	창원 성산구	천안 서북구	서귀포시
11,450만 원	9,033만 원	8,704만 원	8,692만 원

고소득 지역 TOP 4(연소득 상위 10%)

대구 수성구

수도권을 넘어 지방으로 눈을 돌려보자. 지방 도시 중 부의 첨탑이 가장 뾰족하고 높은 곳은 어디일까? 아마도 인구밀도가 높은 5대 광역시 중 어느 곳일 텐데, 정답은 바로 대구광역시의 수성구이다.

고소득자들을 끌어당기는 수성구의 비결은 '명문 학군'에서 찾을 수 있다. 불수능을 넘어 마그마수능이라고 불렸던 2022년 대학 수능에서 재수생을 제치고 고3 재학생이 자연계 수석을 차지했다. 자연계 수석을 배출한 곳은 서울의 대치동, 목동이 아닌 대구의 수성구. 대구 수성구는 비단 2022년 수능뿐 아니라 지난 수십 년간, 특히 자연계에서 전국 톱 수준의 강세를 보여온 자연계 명문 학군이다.

수성구를 대표하는 학교는 경신고로, 자사고에서 일반고로 전환한 이후 처음 맞이한 2021년 대입에서 일반고 가운데 의대 합격자를 가장 많이 배출했다(84명). 여기에 대륜고, 정화여고, 대구여고 등 수성 학군의 다른 학교들도 전국 의대 합격자 TOP 40위권에 랭크되어 있다. 이처럼 수성 학군은 변덕스러운 입시제도 가운데서도 꾸준한 실적을 내며 전국구 자연계 명문 학군의 위상을 뽐내고 있다.

범4만3. 수성구에서 명문 학군이 몰려 있는 곳을 부르는 별칭으로 범어4동, 만촌3동을 줄여서 부르는 말이다. 학군에 민감한 수성구인 만큼 수성구 상위 10% 아파트들은 이 범4만3에 몰려 있다. 그러나 아무리 범4만3이라고 할지라도 5년 연속(2018~2022년) 연평균 2만 호가 넘는 대구의 분양 물량 폭탄에 따른 가격 조정은 피해갈 수 없었다. 입지를 가리지 않는 대구의 하락세는 이들의 입주가 마무리될 2024년까지는 이어질 전망이다.

　여기서 눈여겨볼 점은 대구의 하락기가 마무리되고 회복기를 맞이할 2025년을 기점으로 수성구 재건축을 주도할 생활권이 교체된다는 것이다. 대구의 하락기와 궤를 같이하며 신축으로 탈바꿈 중인 수성구의 재건축은 파동, 지산동 등 수성구 외곽에 주로 포진되어 있다. 반면 2025년 이후 대구의 회복 사이클과 궤를 같이할 재건축은 범4만3에 집중되어 있다. 따라서 2025년 이후 대구의 시장 사이클과 수성구 명문 학군 재건축의 타임라인이 맞물리며 수성구 재건축은 강력한 폭발력을 발휘할 것이다.

　개발 기간이 긴 재건축 투자의 기본은 장기 사이클의 관점에서 접근하는 것이다. 따라서 상승세를 탄 지역보다 하락의 터널을 지나는 지역에 관심을 두고 해당 지역이 터널의 어디쯤을 통과하고 있는지 꾸준히 살펴보아야 한다. 보통 어느 도시가 하락의 터널에 진입하면 대중들은 바로 관심의 스위치를 끈다. 그러나 현명한 투자자는 어두컴컴한 터널에 조용히 관심의 등불을 비춘다. 그러고는 명실공히 지역 상급지라는 명찰이 붙은 부동산이 터널의 끝을 얼마나 앞두고 있는지 살피며 매수 타이밍을 포착한다.

그렇다면 하락 터널의 끝에서 수성구 부동산을 빛으로 이끌 명문 학군 범4만3에 속한 도시 정비 사업장은 어디일까? 먼저 재건축의 경우 범어동의 '경남타운, 범어목련아파트, 을지맨션'을 꼽을 수 있다. 경신중·경신고, 정화중·정화여고가 반경 500m 내에 자리한 이들 범어 재건축 3총사는 2021년에 시공사를 선정하며 대구의 다음 상승 사이클에 올라탈 준비를 하고 있다. 한편 재개발의 경우에는 역시 대륜중, 대륜고 등 명문 학군을 품은 '만촌3동 재개발'이 범어 재건축 3총사와 함께 수성구 부동산 도약의 발판을 마련할 것으로 예상된다.

수성구의 회복탄력성을 신뢰하며 멀리 보는 투자자라면 범어4동에 속한 정비 예정 구역 '가든하이츠3차, 장원맨션 재건축'도 미래 투자 지도에 추가해볼 수 있을 것이다. 대구 입주 폭탄에 따른 시장 하락의 골이 깊을수록 향후 범4만3 재건축·재개발의 가치는 더욱 가파르게 상승할 것이다. 부동산의 장기 사이클은 여느 투자자산과 마찬가지로 상승과 하락을 반복하는데, 그 진폭은 하락의 폭이 클(작을)수록 상승의 폭 역시 크게(작게) 나타나며, 장기적으론 균형을 이루려 하기 때문이다. 시장 사이클의 자연법칙을 신뢰한다면, 또한 수성구가 오랫동안 증명한 의대 입시 실적을 신뢰한다면, 범4만3 재건축·재개발의 미래 역시 신뢰하지 않을 이유가 없을 것이다.

대구 수성구

재건축

재건축 단지(지구)	구역 면적	준공 연도	총 세대수	진행 현황	예정 세대수	시공사
중동희망지구	50,359			사업 시행 인가	908	GS건설
경남타운	26,174	1982	312	조합 설립 인가	410	포스코이앤씨
을지맨션	14,816	1987	213	조합 설립 인가	234	현대산업개발
범어목련	13,971	1987	250	조합 설립 인가	281	현대산업개발
수성지구2차 우방타운	36,195	1986	535	조합 설립 인가	677	현대산업개발
궁전맨션	33,282	1988	538	정비 구역 지정	620	

재개발

위치	구역명	개발 면적	진행 현황	예정 세대수	시공사
만촌동 866-3번지 일대	만촌3동	58,608	관리 처분 인가	864	GS건설
수성동1가 641-19번지 일대	수성1지구	106,410	조합 설립 인가	1,901	DL이앤씨

창원 성산구

5대 광역시를 제외한 지방 도시 중 가장 높은 부의 수준을 자랑하는 곳은 어디일까?

1970년대 후반은 중화학공업 육성을 위한 신도시 개발이 본격화된 시기로, 수도권에 반월신도시(현재 안산시)가 있었다면 지방에는 창원기계공업기지(현재 창원국가산업단지) 개발로 조성된 창원시가 있었다. 현재 창원은 마산·진해를 거느린 인구 100만의 거대한 통합시가 되었는데, 우리나라 최초로 '신도시'라는 용어를 달고 계획도시로 조성된 창원의 중심은 성산구이다. 계획도시의 조상답게 성산구는 직주근접의 입지를 자랑한다.

주거단지와 산업단지를 구분 짓는 것은 전국에서 가장 긴 직선형 도로인 창원대로이다. 무려 15km의 길이를 자랑하는 창원대로를 사이에 두고 남쪽에는 일터인 창원국가산업단지(창원국가산단)가, 북쪽에는 주거단지가 있다. 주거단지 중심에서 산업단지까지는 직선거리로 약 1km이며 도보로 출퇴근이 가능하다. LG전자창원공장, 현대로템, 효성중공업, 두산인프라코어 등 우리나라를 대표하는 기계·전기·운송장비 업체가 모인 창원국가산단을 직주근접으로 품고 있는 성산구는 지방에서 가장 높은 소득을 자랑한다. 여기에 수도권 비즈니스 출장객들을 맞이하는 KTX 창원중앙역도 근거리에 있어 광역 교통 여건 또한 우수하다.

1970년대 후반 신도시로 조성된 창원 성산구는 어느덧 신도시 40년을 훌쩍 넘긴 만큼 재건축 개발 압력이 강해지고 있다. 현재 성산구 리딩 단지의 공통점은 재건축으로 다시 태어난 1군 브랜드 아파트라는 점이다. 창원시청 반경 1km 내에 상남1구역(총 728세대 예정), 신월1구역(총 1,812세대 예정), 신월3구역(총 701세대 예정) 등 총 3개의 재건축 단지가 모여 있다. 이 중 진도가 빠른 상남1구역과 신월3구역은 사업 시행 인가를 받아 수년 내 일반 분양에 돌입할 준비를 하고 있으며, 가장 규모가 큰 신월1구역은 그 뒤를 따르며 창원 최중심의 프리미엄을 완성할 전망이다.

‘직주근접 도시의 조상’답게 성산구 재건축의 미래 가치는 주거단지 지척에 있는 고소득 일자리 클러스터, 창원국가산단의 성공적인 변신에 달려 있다. 산단을 430,000㎡ 확장하는 사업이 진행 중인 가운데 2025년경에는 전기·수소 등 첨단산업 업종이 입주하며 친환경 그린산단의 초석을 쌓을 전망이다. 이와 더불어 창원국가산단 전체를 ICT, 그린산업과 결합시켜 첨단 기계 제조업의 메카로 육성하는 ‘창원스마트그린산업단지’가 계획대로 구축될 경우 창원국가산단은 ‘스마트그린산단’이라는 새 옷으로 갈아입을 것이다.

가까운 미래에 탄생 50주년을 맞이할 창원의 최중심 성산구는 1군 브랜드의 주거단지와 첨단산업단지가 시너지를 내며 여타 지방 도시와의 격차를 벌려나갈 것이다. 또한 주거 혁신과 일자리 혁신을 통해 리뉴얼된 직주근접의 가치는 성산구 부동산을 5대 광역시뿐 아니라 수도권의 평범한 도시를 능가하는 자리에 올려놓을 것이다.

천안 서북구

창원 성산구 다음으로 소득이 높은 지방 도시는 천안 서북구이다. 천안 서북구를 대표하는 주거와 상업의 중심지는 불당동으로, 불당신도시의 리딩 단지는 평당 2,000만 원을 호가하는 등 시세가 수도권의 웬만한 단지를 능가한다.

도시가 팽창하고 인기를 얻으면 지역 주민들이 분류한 나름의 생활권을 바탕으로 별칭이 붙는다. 불당동 역시 ‘구불당’과 ‘신불당’이라는 별칭을 얻었다. 천안시청을 중심으로 우측은 원도심인 구불당, 좌측은 아산탕정신도시 개발로 조성된 신불당(이하 ‘불당신도시’)

이 되었다. 불당신도시는 앞서 소개한 성산구와 유사한 입지 특성을 가지고 있다. 불당신도시 북측에 삼성SDI를 품은 고용 인원 1만 5,000여 명 규모의 천안3산업단지가 자리 잡고 있으며, 남단에는 KTX 천안아산역이 있다.

반경 2km 내에 대기업 일자리와 KTX역을 품은 불당신도시는 성산구와 마찬가지로 직주근접과 광역 비즈니스 교통의 입지 방정식을 충족하며 지방 부자 도시로 성장할 수 있었다. 이는 투자자나 실수요자 모두 기억해둘 만한 '지방 도시의 성장 방정식'이다. 대기업을 유치한 산업단지와 KTX 같은 광역 고속철도가 반경 2km 이내에 자리 잡은 지방 도시의 집값은 인구절벽의 미신을 보란 듯이 타파하며 장기 상승의 궤적을 그려나갈 것이기 때문이다.

한편 천안의 원톱인 불당신도시의 개발이 완료되었기 때문에 천안의 미래 개발축은 '균형 발전'의 나침반을 따라 서북구에서 동남구로 이동할 것이다. 그 덕분에 동남구는 문재인 정부 시절 야심 차게 추진했던 '도시재생 뉴딜사업'(이하 '뉴딜사업')의 과실을 맛볼 전망이다. 뉴딜사업은 노후 주거지와 쇠퇴한 구도심을 지역 주도로 활성화해 도시 경쟁력을 높이고 일자리를 만드는 국가적 도시 혁신 사업이다. 동남구에서만 5개의 사업이 추진되고 있으며, 총 사업비는 약 1조 2,000억 원에 달한다. 천안역을 중심으로 추진되는 뉴딜사업 중 가장 많은 사업비가 투입된 '도시재생 선도사업'을 통해서는 동남구청사 복합 개발이 이루어졌다. 신축된 동남구청사 인근에 최고 44층의 주상복합아파트(힐스테이트천안)가 입주했으며, 청년들과 중소기업을 위한 행복기숙사와 지식산업센터가 건설되었다.

뉴딜사업 외에 앞으로 눈여겨볼 동남구 재개발 중 빠른 진도를 보이고 있는 곳은 성황원성구역 재개발(총 1,684세대 예정), 문화구역 재개발(총 837세대 예정), 대흥4구역 재개발(총 2,440세대 예정)이다. 3곳 모두 재개발의 8부 능선인 관리 처분 인가를 통과했고, 향후 신축으로 탈바꿈할 경우 뉴딜사업의 후광에 힘입어 저평가된 입지 가치가 재조명될 것으로 예상된다.

다음으로 뉴딜사업의 과실을 향유하게 될 곳은 사업 초기 단계에 있는 문화3·성황구역 재개발, 문화2구역 재개발, 사직구역 재개발이다. 뉴딜사업이 모두 완성될 즈음에는 꽃망울을 틔우며 범수도권 지방 투자처를 찾는 장기투자자들로부터 큰 관심을 받을 것이다. 이들은 모두 총 6,000억 원의 예산이 투입될 '천안역세권도시재생뉴딜사업', '천안역세권혁신지구도시재생사업'의 주인공인 천안역 반경 1km 내에 위치하고 있다. 천안역은 2003년부터 20년 넘게 임시 역사로 방치되어 있었는데, 800억 원의 예산이 투입되어 2026년경 증·개축될 예정이다. 만약 국가대표 개발 호재인 GTX-C노선 연장마저 이뤄진다면 천안역을 반경에 둔 동남구 부동산은 저평가의 딱지를 떼고 우량자산으로 거듭날 것이다.

천안 동남구의 도시재생 사례는 우리에게 지방 재개발·재건축의 미래 트렌드를 보여준다. 그간 지방의 재개발·재건축은 부산, 대구와 같은 광역시 위주로 진행되어왔다. 지방 5대 광역시와 인구밀도 격차가 컸던 기타 지방의 재개발·재건축 사례는 찾아보기 힘들었다. 그러나 2015년을 기점으로 천안을 포함한 충청권과 강원도의 도시 정비 사업이 기지개를 펴며 2015~2022년 약 2만 호의 재개발·재건축 물량이 공급되었다.

2015년은 지방에서 수도권으로의 인구 쏠림이 본격화된 시기로 일자리, 학군, 인구 등의 '쏠림 압력'이 수도권 집값을 가파른 상승 궤도에 올려놓은 원년이었다. 수도권이 상승궤도에 오르자 인접지인 강원, 충청권의 집값도 키 맞추기 장세를 타고 2015년 이후 가파른 상승을 경험했다. 한편 정부는 수도권으로의 쏠림을 막기 위해 수도권 내 공장의 신·증설에 대한 규제를 강화해왔는데 이 또한 대기업들이 강원, 충청에 일자리 거점을 조성하는 결과를 낳았다. 즉 수도권 인근에 위치한 덕분에 강원, 충청은 '기타 지방 대비 높은 집값', 그리고 '양질의 일자리 유치'라는 수혜를 받으며 민간 재개발·재건축 사업의 수익성을 담보할 수 있는 수준으로 도약한 것이다.

앞으로도 수도권 쏠림은 지속될 것이고, 이를 억제하기 위한 정부의 균형 정책 강도는 높아져갈 것이다. 이로 인해 강원·충청권의 부동산은 반사이익을 누릴 것이다. 뿐만 아니라 KTX·GTX 등 광역철도의 확장도 등에 업을 것이다. 그와 함께 범수도권이 될 강원·충청권의 탄탄한 입지를 자랑하는 구도심에서는 여느 수도권과 마찬가지로 재개발·재건축 사업이 활발하게 일어날 것이다. 1군 건설사들의 치열한 수주 전쟁은 당연하게 벌어질 전개 과정이다.

제주 서귀포시

천안 서북구 다음으로 높은 소득을 자랑하는 지방 도시는 코로나19의 반사이익을 누리며 수도권 관광객의 여행 비율이 한층 높아진 제주도에 속해 있다.

제주도에는 제주시와 서귀포시가 있는데 성산일출봉으로 유명한 서귀포시는 지방에서도 손에 꼽히는 부자 도시이다. 서귀포시의 발전은 제주도를 글로벌 도시로 육성하려는 제주국제자유도시 조성과 궤를 같이한다. 개발 주체는 제주국제자유도시개발센터(이하 JDC)로, JDC가 추진하고 있는 핵심 사업인 제주영어교육도시, 신화역사공원, 제주헬스케어타운이 모두 서귀포시에 자리 잡고 있다. JDC가 추진하는 사업들이 열매를 맺어가며 서귀포시를 지금의 고소득 도시로 도약하게 해준 셈이다.

　대한민국 유명 인사 자녀들의 입학으로 전국적으로 유명세를 떨친 제주영어교육도시는 브링섬홀아시아 등 영어권의 명문 학교를 유치하여 4,000여 명의 학생이 재학 중이다. 포스트코로나 시대의 안전한 교육 환경과 제주의 청정 자연에 대한 선호도가 높아지며 매년 지원 경쟁률이 상승하고 있다. 향후 3개 국제학교의 추가 유치와 정주인구 2만 명을 목표로 하는 제주영어교육도시의 집값은 높아지는 학군의 명성만큼 대한민국 부자들의 관심을 끌어모으며 웬만한 수도권의 집값을 뛰어넘었다.

　제주영어교육도시 인근에 자리 잡은 신화역사공원은 약 120만 평의 부지에 숙박 시설·테마 파크를 갖춘 복합 리조트와 휴양 리조트, 항공우주박물관 등 복합 관광단지를 조성하는 사업으로 국내 관광 개발 사업 중 외국인의 직접 투자가 최대 규모이다. 2019년 약 2조 원 규모의 1단계 사업이 마무리되어 제주신화월드와 서머셋, 메리어트 등의 5성급 호텔, 외국인 전용 카지노 등이 개장했다. 마지막 2단계 사업은 약 1조 원의 사업비를 투입해 2025년까지 잔여 부지

개발을 완료할 예정이다.

제주영어교육도시, 신화역사공원에 이어 서귀포 부동산의 미래 가치를 끌어올릴 주요 사업으로는 아직 개발의 싹을 틔우지 못한 제주헬스케어타운과 제주 제2공항이 있다. 제주헬스케어타운은 약 47만 평의 부지에 의료, 휴양, R&D가 융합된 복합 의료 관광단지를 목표로 개발 중에 있다. 중국 녹지그룹이 전체 시설 용지 중 48%를 개발한 상황으로, 외국 의료기관(영리병원) 개설 허가와 관련해 제주도와 소송전이 벌어지며 사업이 지연되고 있다. 향후 녹지그룹과 제주도의 협의에 따라 사업 정상화 여부가 결정될 제주헬스케어타운은 사업 완료 시 서귀포시를 글로벌 의료 관광 도시의 반열에 올려놓을 전망이다. 한편 서귀포시 성산읍 일원 약 5,500,000m² 부지를 예정지로 추진 중인 제주 제2공항은 제주도의 첨예한 쟁점 사업이다. 향후 개발 확정 시 수도권 관광객과 광역 비즈니스 인구의 유입을 촉진시키며 서귀포뿐 아니라 제주 부동산 전반의 가치를 끌어올릴 것으로 예상된다.

이 밖에도 제주에는 고숙련 일자리가 집적된 산업 클러스터가 조성되어 있다. 카카오, 이스트소프트 등 유수의 IT기업이 자리 잡으며 일자리 고속 성장을 이룬 고용 인원 3,000여 명 규모의 제주첨단과학기술단지가 그것이다. 제주첨단과학기술단지는 제2단지 조성으로 더욱 확장될 예정인데, IT뿐 아니라 BT(생명), CT(문화컨텐츠), ET(환경공학기술) 분야의 기업을 유치하여 3,000여 명의 고급 인력이 추가로 제주에서 근무할 것으로 예상된다. 향후 첨단산업의 창의 인력들이 모여든다면 이들을 지원하기 위한 원격 협업 커뮤니티,

실증 단지*와 같은 창의 업무 지원 시설이 확충될 것이다. 또한 포스트코로나 시대의 새로운 업무 트렌드인 워케이션** 수요와 디지털 노마드족이 제주도로 유입될 것이다. 장소에 구애받지 않고 창의적인 업무 환경을 선호하는 고소득 인력들의 장·단기 체류는 제주를 대표하는 휴양 관광 인프라 확충이 가속화되고 있는 서귀포 부동산에 플러스알파가 되어 입지 프리미엄을 든든히 뒷받침해줄 것이다.

부동산 입지에서 불변의 가치로 불리는 '학군, 의세권, 직주근접, 락세권'. 글로벌 도시를 표방하는 제주도는 애초부터 이 모든 입지 가치를 글로벌 수준으로 계획했으며, 개발의 과실을 수확하고 있다. 입지 클래스가 다른 제주, 그중에서도 개발 호재가 집중되어 있는 서귀포 부동산은 개발 활주로에서 추진 가속을 마치고 상승 여정을 위한 본격적인 비행을 시작했다.

---

* 연구개발(R&D)을 통해 탄생한 제품을 상용화하기 전에 일정 기간 동안 다양한 조건에서 시험해 제품의 신뢰성과 안전성을 검증하는 장소.

** 코로나19 이후 다양한 근무 형태가 확산되었는데, 워케이션은 일work과 휴가vacation의 합성어로 집이나 사무실이 아닌 곳에서 업무와 휴가를 병행하는 근무 형태를 말한다. 워케이션은 생산성과 창의성을 높일 수 있다는 점에서 창의 인력에게 매력적인 근무 형태로 각광받고 있다. 질그랭이센터, 리플로우 제주, 스페이스모노, 오피스제주, 집무실, 코사이어티 빌리지 제주 등 다양한 워케이션 업체가 자리 잡으며 제주도는 워케이션의 성지로 부상하고 있다.

PART 2

정해진 기회

가구 트렌드가 알려주는
미래의 기회

1장

주택 수요의
기본 단위는
인구가 아닌 가구

2022년에 치러진 20대 대선 공약에서 화두는 단연 부동산이었다. 그중에서도 '주택 공급'에 방점을 두고 후보 간에 치열한 숫자 싸움이 벌어졌다. 200만 가구도 모자라 300만 가구까지 주택을 공급하겠다는 공약이 있었다. 여기서 눈여겨볼 것은 바로 몇백만이라는 숫자 뒤에 따라붙은 단위, 즉 '가구'이다.

대한민국 20대 대통령으로 취임한 윤석열 후보의 '250만 가구 공급' 공약은 그만큼의 수요가 있다고 판단했기에 나온 것이었다. 실제로 당시 윤석열 후보의 주택 공약 헤드라인 문구는 '수요에 부응하는 주택 250만 가구 공급'이었다. 그렇다, 공급은 수요가 있기에 존재하는 것이고, 그것을 셈하는 단위 역시 서로 같아야 할 것이다. 즉 주택의 수요를 셈하는 단위는 비단 대선 공약뿐 아니라 역대 부동산정책을 대표했던 공급 숫자 뒤에 항상 따라붙었던 '가구'이다.

필자 역시 '인구수'가 아닌 '가구수'를 기준으로 지역별 주택 수요

예측 모형을 개발했다. 이 모형은 호황과 불황을 거치면서도 10년 넘게 높은 정확도를 유지하며 주택 사업 추진 여부에 관한 중요한 의사결정을 지원해오고 있다. 그렇다면 주택 수요의 단위인 가구의 사전적 의미는 무엇일까? 통계청에 따르면 가구는 "1인 또는 2인 이상이 모여서 취사, 취침 등 생계를 같이하는 생활 단위"이다. 그러므로 독립된 가구가 먹고 자는 일상의 생활을 영위하기 위해 필요한 공간은 당연히 주택일 것이고, 이러한 독립된 가구(수요)가 어느 지역에 얼마나 있으며, 또 어디로 이동하느냐에 따라 지역별 집 값의 흐름이 결정되는 것 또한 당연지사일 것이다.

따라서 주택시장의 흐름을 결정짓는 가구의 미래를 안다면 어느 도시가 뜨고 어느 도시가 질지 내다볼 수 있을 것이다. 통계청에서는 수십 년 후의 인구 전망치를 바탕으로 해당 시점의 가구 전망치를 발표한다. 인구 전망치는 어느 정도 정해진 미래*이기 때문에 인구라는 '원소'로 구성된 가구의 미래 또한 정해진 흐름에 따라 전개될 것이다. 다만 그 전개 양상은 인구보다 가구가 훨씬 다이내믹하다.

가구는 인구의 결합으로 탄생하므로 그 결합 양상에 따라 다양한 조합의 가구가 탄생한다. 인구의 미래는 '인구 감소', '고령화'라는 우울함이 물씬 풍기는 회색빛 키워드로 정리될 수 있다. 하지만 빅데이터 현미경으로 바라본 가구의 미래는 무지개처럼 다양한 기

---

* 인구학의 권위자 조영태 교수에 따르면, 가임기 여성의 규모를 감안한 생의학적 요소만 고려할 경우 오늘의 출생아 수는 대략 30년 후의 출생아 수를 결정한다. 즉 현재의 인구수를 바탕으로 30년 후의 미래를 비교적 신뢰성 있게 추계할 수 있다는 뜻으로 인구의 미래는 '정해진 미래'라고 할 수 있다.

회의 빛을 발하고 있다. 《인구 미래 공존》에서 인구학자 조영태 교수는 미래의 변화를 주도하려면 인구보다 가구 변동에 주목할 것을 강조했다. 그는 가구의 유형과 가구주의 연령대별 매칭을 통해 14개의 가구 세그먼트를 제시함으로써 가구의 다양성이 열어줄 다양한 미래를 보여주었다.

부동산시장 역시 주택 수요의 기본 단위인 가구의 다양성에 집중하지 않을 수 없다. 1인 가구에만 집중하는 데서 벗어나 "어느 도시에 어떤 연령대의 부부 가구가 많이 살고 있으며, 어느 도시에 몇 인으로 구성된 '부부+자녀 가구'가 많이 사는가?" 같은 질문으로 시야를 넓힌다면 해당 도시의 선호 입지와 인기 평형(인기 타입)에 대한 중요한 단서를 얻을 것이다.

'1인 가구 미신'이 너무나 많은 사람들을 혼동시키고 있어 언제 어떤 가구가 대세가 될 것인가를 놓고 의견이 분분하다. 하지만 빅데이터는 이 미신을 타파하고 앞으로도 여전히 꾸준할 주택 수요층과 더불어 미래 부동산시장에 작지만 견고한 틈새시장을 열어줄 가구 유형이 무엇인지 알려줄 것이다. 회색의 인구 덮개에 가려져 있던 무지갯빛 보물을 미래의 가구 빅데이터에서 찾아보자.

2장

가구 이동의
흐름이 알려주는
집값의 미래

주택 수요의 흐름, 즉 가구의 이동은 집값이란 파도의 크기와 떼려야 뗄 수 없는 관계이다. 가구의 이동을 촉발하는 핵심 원인에 대한민국 집값의 작동 원리가 담겨 있다.

"대한민국의 가구 이동을 촉발하는 '트리거'는 무엇일까?"라는 질문에 빅데이터는 두 개의 답을 제시한다. 첫 번째 트리거는 '양질의 일자리'로, 지방 인구의 감소와 깊은 연관이 있다. 2020년, 처음으로 수도권 인구가 지방 인구보다 많아졌다. 그 원인을 따져보니 2017년부터 지방을 떠나 수도권으로 향하는 인구가 급증했다. 2020년 한 해 동안에만도 무려 8만 7,775명이 지방에서 수도권으로 순유출*되었다. 이는 인구 8만 명의 속초시보다도 많은 숫자이다. 국회예산정책처(NABO)는 이러한 현상을 놓고 세종시, 혁신도시가 감당했던 공공기관의 비수도권 이전 효과가 약화되었기 때문이라고 분석한다. 즉 안정적인 고용과 임금이 보장되는 공공 일자리의

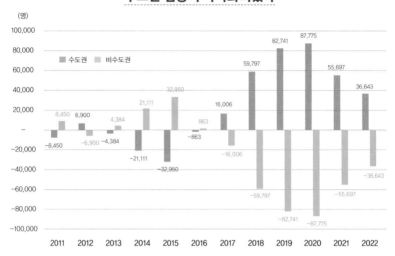

2016년 이후 지방 청년층의 수도권 이동이 본격화되며 수도권 집중이 가속화되었다

(명)

| | | 수도권 | 비수도권 |

그림 1 수도권 대 비수도권 순이동 추이(통계청, 국회예산정책처)

지방 이전이 소강 국면에 접어들면서 지방 인구의 수도권 집중이 다시 거세졌다고 판단한 것이다. 실제로 2016년을 기점으로 공공뿐 아니라 민간 분야에서도 '신생 고성장 기업'이라고 불리는 가젤 기업*의 숫자가 비수도권보다 수도권에서 폭발적인 성장세를 기록

---

* 인구 이동은 언제나 양방향으로 일어난다. 지방을 기준으로 생각하면, 지방에서 수도권으로 이동(유출)하는 인구가 있으면, 반대로 수도권에서 지방으로 이동(유입)하는 인구도 있을 것이다. 여기서 '순이동=유입 인구-유출 인구'로 만약 유출 인구가 유입 인구보다 많다면 순이동은 '마이너스' 부호가 되며 '순유출'이 발생했다고 표현한다. 2020년 지방에서 수도권으로의 순이동은 -87,775명을 기록했다.

* 근로자가 10명 이상인 활동 기업 가운데 최근 3년간 매출액 및 근로자가 연평균 20% 이상 증가한 기업 중 사업자등록 5년 이하인 기업.

했다. 2019년 기준으로 지방의 가젤기업 수는 수도권의 절반에 불과한 상황이다.

지방을 떠나 수도권으로 이동한 주 연령대는 20~34세 청년층**으로 나타났다. 그중에서도 '20~29세'의 지방 엑소더스는 심각한 수준이다. 2020년 한 해 동안에만 약 8만 명이 수도권 대학과 양질의 일자리를 찾아 지방을 떠났다. 그렇다면 지방에서 수도권으로 떠난 '인구' 말고 '가구'의 추이는 어떨까? 가구의 이동은 통계청에서 발표하는 '전입신고 건수'를 참고해 판단할 수 있다. 이 자료는 가구의 전입신고 건수뿐 아니라 전입 가구원 수의 규모(예를 들어 1명만 전입 왔는지, 2명 또는 3명이 함께 왔는지 등)도 알려주어 '몇 인 가구'가 '어느 지역'에 '얼마나' 전입되었는지 추정할 수 있게 해준다.***

전입신고 통계에 바탕하여 지방에서 수도권으로 이동한 가구 형태를 살펴보면, 2021년 현재 1인 가구의 이동 비율이 90% 수준으로 절대다수를 차지한다. 이는 대학과 일자리를 찾아 떠나는 대부분의 인구가 청년층임을 감안할 때 당연한 결과라고 할 수 있다. 이러한 '젊은 1인 가구의 수도권 초집중'은 우리나라 부동산의 미래에 두 가지 시사점을 던져준다.

** '청년기본법'에 따른 청년 연령.

*** 전입신고 건수는 실제 가구 이동 건수보다 다소 많기 마련이다. 전입신고는 가구 전체의 이동뿐 아니라 일부 이동, 편입, 합가, 재외국민의 신고 건수도 포함되어 있기 때문이다. 실제 가구 이동 건수는 통계청의 마이크로데이터서비스에서 제공되나, 이는 별도의 코딩이 필요하여 일반인이 접근하고 분석하기 어렵다. 따라서 '누구나 쉽게 찾아볼 수 있는 데이터'라는 이 책의 취지에 맞게 전입신고 건수를 '가구 이동 건수'로 대체했다(보통 전입신고의 90%가 실제 가구의 이동이다).

첫째, 출산율 충격으로 수도권 역시 자연 인구 감소를 피할 수 없겠지만 생애 주기상 미래의 내 집 마련 수요인 '젊은 20대 1인 가구'의 수도권 쏠림 초강세는 수도권 부동산이 맞닥뜨릴 인구 충격을 상쇄하기에 충분할 것이다. 둘째, 수도권 내에서도 양질의 일자리가 집중되어 있는 곳은 지방 인구뿐 아니라 수도권 내의 젊은 1인 가구도 빨아들여 인구 플러스 효과가 부동산시장에 꾸준한 활력을 불어넣을 것이다.

대한민국의 가구 이동을 촉발하는 두 번째 트리거는 '집값의 압력'이다. 그렇다면 어떤 유형의 가구가 집값의 변동에 민감하게 반응할까?

우리가 흔히 접하는 집값 통계는 우리나라 주택의 63%를 차지하는* 아파트 매매가를 토대로 산출된다. 또 우리나라 주택시장의 트렌드를 선도하는 아파트 거주의 주 수요층은 2, 3인 가구로, 해당 가구의 아파트 점유율은 꾸준한 증가세를 보이며 2021년 52.5%를 기록, 과반을 넘어섰다.**

2050년까지의 통계청 가구 추계 전망에 따르면, 현재의 절반 이하로 감소하는 4인 가구에 비해 3인 가구는 10% 내외의 완만한 감소세를 보인다. 여기에 1인 가구보다도 높은 증가세를 기록하는 2인 가구의 폭발적인 성장에 힘입어 2, 3인 가구의 아파트 점유율은 적어도 현재 수준을 유지하거나 꾸준히 증가할 것으로 예상된다.

---

* 인구주택총조사(2021)

** 인구주택총조사(2021).

따라서 2, 3인 가구는 현재뿐만 아니라 미래에도 아파트의 '몸통 수요'일 것으로 예상된다. 또한 2, 3인 가구의 주거 이동과 집값의 변동성은 긴밀한 영향을 주고받으며 대한민국 부동산의 사이클을 주도할 것이다.

　서울은 대한민국 최고의 고밀 도시인 만큼 집값 역시 가장 높을 수밖에 없다. 그런데 높은 집값 부담에 더해 그 상승폭마저 거세질 경우 아파트의 몸통 수요인 2, 3인 가구의 서울 탈출 규모 역시 더욱 커질 수밖에 없다. 금융위기 이후인 2010~2021년에 서울의 매매가 상승률과 서울을 떠나 경기도로 이주한 2, 3인 가구의 순유출 규모는 통계적으로 매우 높은 상관성을 보였다. '집값 압력'이 가구 이동을 촉발하는 트리거임을 적나라하게 보여준 것이다.[***] 2013~2014년에 연평균 약 1만 7,000가구의 순유출 규모를 보이던 서울의 2, 3인 가구는 서울의 집값 상승세가 본격화된 2015년에는 무려 2만 3,000여 가구가 서울을 떠나 경기도로 이주했다. 그리고 서울의 집값 상승률이 정점을 기록한 2018년에는 역대급 집값 압력에 밀려 역대 최고 수준인 2만 8,000여 가구가 경기도로 이주했다. 이렇듯 집값의 변동은 가구의 주거 이동을 쥐락펴락하는 요인이다. 그런데 가구의 이동을 단지 집값 변동의 결과로만 받아들여야 할까? 서울의 사례가 보여주는 집값 변동과 가구 이동의 높은 상관성에 착안하여 가구 이동의 흐름으로 집값의 미래를 예측할 수도 있

*** 2010~2021년 연도별 '서울 매매가 변동률'과 '서울→경기 순유출 가구 규모(2, 3인 가구)'의 상관계수는 0.7로 매우 높은 상관성을 보였다.

지 않을까?

금융위기 이전으로 시간을 돌려 2006년 서울로 되돌아가보자. 2006년 한 해 동안 서울의 집값은 무려 33%나 상승하며 역대 최고 수준의 상승률을 기록했다. 그러나 아파트의 '몸통 실수요'인 2, 3인 가구의 서울 순유출 규모는 약 1만 7,000가구로 평년 수준에 그쳤으며, 2007년 역시 약 1만 8,000가구에 그쳤다. 즉 2006년은 몸통 실수요의 대대적 이동이 없었던, 단발적 투기 매수세가 선동한 비이성적 과열이 서울 부동산시장을 환각에 빠뜨린 해였던 것이다. 이에 따른 후유증은 2008년 글로벌 금융위기를 계기로 수면 위로 드러나며 서울 부동산을 장기 침체의 늪에 빠뜨렸다.

시장 사이클이 하락에 진입할 즈음이면 어김없이 언론과 미디어에 등장하는 손님이 있다. 바로 '버블 담론'이다. 과거 시장 고점이 '버블이었는가, 아니었는가?'에 대한 이런저런 말들이 여기저기서 쏟아지는 것이다. 여기서는 이런저런 말들을 뒤로하고 2006년 서울의 데이터가 주는 시사점에 주목하자.

서울과 같은 '고밀-고가(고부담) 도시'의 상승세가 단기 과열(혹은 버블)일지, 아니면 실수요의 이동이 수반되는 견조한 장기 상승일지는 '집값 상승폭에 비례한 2, 3인 가구의 유출이 발생했는가?'라는 질문에서 답을 얻을 수 있다. 폭발적인 가격 상승세에 비해 2, 3인 가구의 유출세는 뜨뜻미지근했던 2006년을 제외하면, 2007~2021년 서울의 2, 3인 가구의 순유출 규모와 1년 후의 매매가 상승률은 통계적으로 높은 상관성을 보였다.* 즉 2, 3인 가구의 유출이 눈에 띄게 증가하기 시작했다면 적어도 그다음 해까지 서울 집값은 상승

서울 집값의 파도가 높을수록
경기도로의 2, 3인 가구 이동은 증가한다!

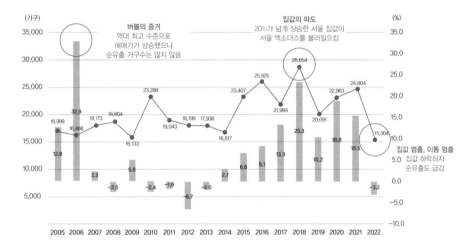

그림 2 서울 집값과 경기도로의 2, 3인 가구 순유출 추이(통계청, 부동산114)

세를 유지할 확률이 높았다.

매달 발표되는 매매가 변동률의 부호는 '플러스(+)'일 수도 있고 '마이너스(−)'가 될 수도 있다. 그러나 고밀−고가 도시에서 인근 저밀 지역으로의 가구 유출이 수개월 동안 눈에 띄게 증가한다면, 매달 발표되는 미시적인 가격 통계에 반영되지 않은 '가격 압력'이 상

---

* 2007~2021년의 당해 '서울→경기 순유출 가구 규모(2, 3인 가구)'와 1년 후의 '서울 매매가 변동률'의 상관계수는 0.47로 유의미한 상관성을 보인다.

승하고 있다는 시그널로 받아들일 수 있다. 서울의 매매가 변동률이 가까스로 마이너스를 탈출하며 2014년을 2.7%로 마감했을 때, 어느 누구도 2015년이 대세 상승장의 시작점이 될 거라는 생각은 하지 못했다. 그러나 2015년 3월 이후 매달 서울을 떠나는 2, 3인 가구의 규모는 전년 동기 대비 꾸준한 증가세를 보였다. 2015년 6월에는 평달 수준(약 1,500가구)을 훨씬 넘어서는 2,500여 가구의 순유출이 발생했다. 이렇듯 2, 3인 가구의 유례없는 증가세는 서울 집값이 장기 상승궤도에 올라탔음을 선제적으로 알려주었다.

한편 고밀-고가 도시에서 인근 저밀 지역으로 유출되는 가구의 이동을 가격 파도에 하염없이 떠밀려가는 수동적 이미지로만 착각해선 안 된다. 경쟁 강도가 높은 고밀 도시를 떠나는 것이기는 하지만 양질의 전입 후보지를 선점하려는 경쟁 또한 매우 치열하다. 2021년, 거래 절벽이라는 말이 무색하게 경기도에서 유일하게 거래량이 상승한 가격대가 있다. 실거래가 기준 8~11억 원대의 중상위 가격, 중상위 입지의 아파트로* 고밀 도시에서의 유출은 '적극적인 가격 파도타기'로 이어진다는 것을 증명해줬다.

고밀 도시의 유출 규모가 눈에 띄게 증가하기 시작했다는 것은 적극적인 가격 파도타기가 시작되었음을 알리는 표지이다. 이것이 꼬리에 꼬리를 무는 유출로 이어지며 일종의 '이동 관성'을 키운다. 또한 고밀 도시의 가격 상승 모멘텀이 강할수록 이동 관성은 더욱

---

* 2021년 실거래가 기준 8~11억 원 범위의 경기도 아파트 거래량은 전년 대비 12% 증가했다.

커져 유출 인구를 받아내는 전입 도시의 가격 상승폭을 키운다. 즉 고밀 도시의 2, 3인 가구 순유출 흐름은 인근 전입 도시의 집값 흐름을 미리 알려주는 강력한 선행지표라고 할 수 있다. 통계적으로 살펴보더라도 서울에서 경기도로 순유입된 2, 3인 가구의 규모와 2년 후의 경기도 집값은 높은 상관성을 보였다.** 즉 서울에서 2, 3인 가구의 유출이 눈에 띄게 증가하기 시작했다면 앞으로 1~2년간 경기도 집값은 상승세를 유지할 가능성이 높은 것이다.

앞서 설명했듯이 2015년 서울 2, 3인 가구의 유출이 상승의 변곡점을 맞이한 뒤 2018년 경기도의 집값은 약 9%의 높은 상승세를 기록했다. 또한 2018년 역대 가장 많은 2만 8,000여 가구가 서울에서 빠져나와 경기도로 순유입되자 2020년과 2021년의 경기도 집값은 연 20%가 넘는 폭발적인 상승세를 기록했다.

고밀-고가 도시의 유출 가구가 많을수록 그들을 받아내는 인근 전입지의 집값이 뒤따라 오르는 메커니즘은 수도권뿐 아니라 지방에도 동일하게 적용된다. 서울 다음가는 고밀 도시인 부산의 경우 인접 도시인 김해시로 순유출이 증가하면 김해시의 집값이 상승하는 것이다. 실제로 2013년 부산에서 김해시로 2, 3인 가구의 순유출이 역대급 규모로 발생하자 2014년 김해시의 집값은 무려 8%나 폭등했다. 마찬가지로 2019년에도 1,800여 가구가 김해시로 순유입되자 김해시의 집값은 2020~2021년 11% 폭등했다.

** 2007~2021년의 당해 '서울→경기 순유출 가구 규모'와 2년 후의 '경기도 매매가 변동률'의 상관계수는 0.51로 유의미한 상관성을 보인다.

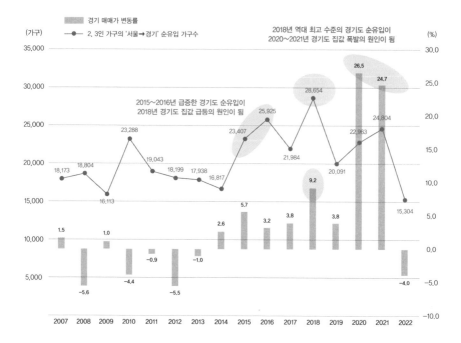

그림 3 경기도 집값과 서울에서의 2, 3인 가구 순유입 추이(통계청, 부동산114)

　대구와 그 인접 도시인 경산 역시 동일한 양상을 보였다. 2011년 대구에서 경산으로 순유출 가구가 급증하자 2011~2012년 경산시의 집값이 무려 20%나 상승했던 것이다. 2019년 역시 순유입 가구가 급증하면서 그 전까지 4년 연속 마이너스를 기록했던 경산시의 집값은 2020년 플러스로 전환하며 가구 유입의 힘을 증명해주었다.

　다시 수도권으로 돌아와보자. 2018년 경기도에서 가장 많은 가구

이동이 발생한 곳은 경기도에서 3번째로 인구밀도가 높은 수원 팔달구로, 인접 지역인 수원 권선구로 약 4,000여 가구가 이동했다. 그해 팔달구의 집값 상승률은 9.8%를 기록했고, 2년 후 권선구의 집값은 24%나 급등했다.

한편 2018년에는 경기도에 속한 대부분의 도시 집값이 상승했으나 유독 안산시에서는 집값 하락세가 컸다. 안산은 전통적으로 단원구가 상록구보다 집값이 높다. 그런데 하락장이 펼쳐지자 무려 3,700여 가구가 상록구에서 단원구로 이동했다. 집값이 낮은 곳에서 높은 곳으로 이주하는 역행이 일어난 것이다. 고밀-고가 도시에서 집값이 상승하면 인근 도시로 유출되는 가구가 급증한다. 하지만 그와 반대로 고밀-고가 도시에서 집값이 하락하거나 안정세를 보이면 인근 도시로 유출되는 가구가 감소하거나 역으로 유입되는 가구가 증가하는 양상을 보이는 것이다.

2018년 경기 남부권 주요 도시의 가구를 두루두루 흡수한 도시도 있었다. 바로 화성시로, 이는 동탄2신도시의 영향 때문이었다. 2018년에 수원, 안산, 용인, 오산에서 1만 5,000여 가구가 화성시로 전입했다. 그리고 2년 후, 동탄2신도시의 집값은 무려 30%가 넘는 상승률을 기록하며 신도시 집값의 미래 역시 가구 이동에 달려 있음을 증명했다. 허허벌판에서 소위 '시범 단지'의 깃발을 꽂으며 시작되는 신도시의 성장은 결국 실수요인 가구 유입 속도에 달려 있는 것이다. 인천의 송도신도시 역시 가구 유입이 급증하면 그다음 해에 높은 집값 상승률을 기록했다. 통계적으로도 동탄2신도시와 송도신도시 모두 2, 3인 가구의 순유입과 그다음 해 집값 상승률이 '높은 상관성'을 보였다.

　지금까지 살펴보았듯 고밀 도시에서의 가구 유출과 집값 변동은 역사적으로 수십 년간 반복되며 통계적으로도 입증된 '정해진 패턴'이다. 가구 이동은 집값에 영향을 받기도 하지만 집값의 미래를 알려주는 시그널이기도 한 것이다. 그런 점에서 앞으로 살펴볼 가구의 중장기 추세는 미래의 '정해진 부동산 수요'에 관한 이야기이다. 정해진 미래인 인구 추계의 뼈대 위에 가구 추계가 작성되기 때문이다. 미래 대한민국의 가구 모습은 어떤 분포를 보이며 전개될 것인가? 미래의 정해진 부동산 수요를 미리 내다봄으로써 앞으로 '뜰 수밖에 없는' 부동산을 살펴보자.

인구 이동 데이터는 주택시장의 궤적을 쫓는 그림자 통계이다!

앞서 필자는 주택 수요의 기본 단위를 가구라고 설명했다. 그러나 우리가 뉴스에서 흔히 접하는 통계는 가구통계보다는 '인구통계'이다. 인구는 가구를 구성하는 기본 요소이므로 친숙한 인구 이동 통계만으로도 주택시장에 대한 많은 힌트를 얻을 수 있다. 통계청에서는 읍·면·동 경계를 넘어 거주지를 변경한 경우를 '이동'이라고 정의한다. 즉 '이동=최소한의 지역 경계를 넘어 살고 있는 집을 옮긴다'는 뜻으로, 이동이 많을수록 그에 따른 주택 거래도 증가함을 뜻한다. 여기서 주택 거래는 순수 투자 성격의 거래가 아닌 실거주지의 이동이 수반되는 실수요 거래를 의미한다. 그러므로 주택시장의 견조한 상승은 단발적 투자 거래가 아닌 실수요의 연쇄적 거래에서 비롯된다는 것을 감안하면 인구 이동 데이터는 중장기 시장 흐름을 결정짓는 중요한 변수라고 할 수 있다.

리얼빅Real-Big data
인구 이동률 데이터는 실수요 거래의 그림자 통계이다!

194쪽의 그래프는 과거 10여 년간의 인구 이동률(100명당 이동자 수)과 집값의 상관관계를 그려놓은 것이다. 2014년과 2015년 전

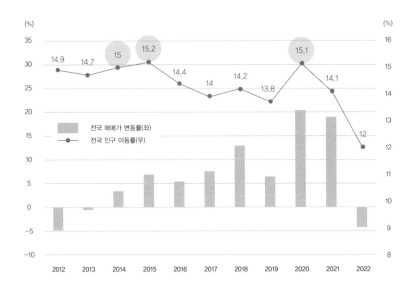

전국 인구 이동률과 집값의 상관관계(통계청, 부동산114)

국은 15% 이상의 높은 인구 이동률을 기록했는데, 실수요의 강력한 이동 모멘텀이 글로벌 금융위기 이후 오랫동안 잠자던 수도권의 부동산을 깨웠다. 단 2년간이었는데도 그 영향력은 강력하고 지대했다. 수도권 부동산은 2018년까지 상승폭을 키워갔는데, 인구 이동률이 14%를 하회했던 2019년은 수도권 부동산이 잠시 쉬어가던 시점이기도 했다. 그리고 2020년! 인구 이동률은 다시금 15%의 벽을 뛰어넘으며 2년간 수도권뿐 아니라 전국의 부동산을 뒤흔들었다. 하지만 인구 이동률이 12%까지 고꾸라진 2022년 전국 부동산시장은 급격한 침체를 맞이한다.

부동산시장은 인구뿐 아니라 금리, 거시경제, 심리 등 다양한 변수에 의해 움직인다. 그중 실수요의 맥을 짚어주는 인구 이동 통계는 미래 주택시장의 강력한 단서이다. 데이터는 전국 인구 이동률이 15% 이상일 경우 중장기 집값 상승, 13% 이하일 경우 중장기 집값 하락을 예견하게 해준다.

서울과 경기도 부동산의 미래를 알려주는 '순이동률 데이터'!

본문에서도 설명했듯 서울은 집값에 밀려 떠나는 유출 규모가 중요하고, 그 유출된 주거 수요를 받아내는 경기도는 유입 규모가 중요하다. 서울은 순유출이 클수록 집값 상승폭이 크며, 경기도는 순유입이 클수록 집값 상승폭이 크다고 해석할 수 있다.

아래 그래프는 서울과 경기도의 순이동률 추이를 나타낸 것이다. 한눈에 봐도 인구 순이동의 방향이 데칼코마니처럼 정반대이다 (서울은 순유출, 경기도는 순유입). 2014년 이후 서울의 순유출과 경

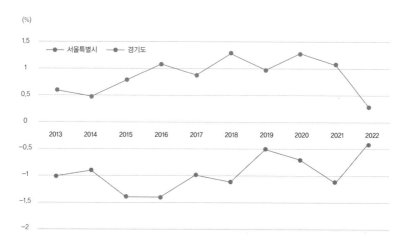

서울과 경기도의 순이동률 추이(통계청)

기도의 순유입 폭이 커지기 시작했으며, 2019년 잠시 그 폭이 줄어들었다가 다시 확장되었으나 2022년 역대급으로 축소되었다. 서울과 경기도 집값의 미래를 알고 싶다면 순이동률 폭에서 그 단서를 찾을 수 있다!

10년 넘게 인구가 순유입되는 지방 도시가 있다! 순이동 데이터!

'지방' 하면 인구 소멸이 자동으로 떠오른다. 언론을 통한 반복 학습의 결과이다. 자, 이제 지방의 인구 이동 통계를 살펴보자. 전입에서 전출 인구를 뺀 순이동 통계의 장기 추세를 살펴보면 강원, 충북, 충남, 제주의 순이동 인구는 2010년 이후 몇 차례 외에는 꾸준히 순유입을 기록했다. 해당 지역을 떠난 인구보다 전입해온 인구가 더 많았다는 뜻이다. 그것도 10년 넘게!

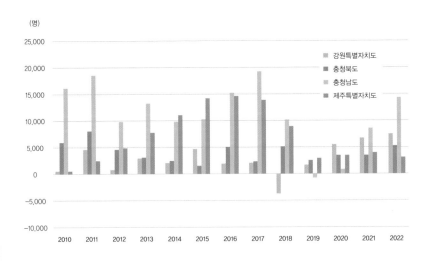

강원·충청·제주의 순이동 추이(통계청)

데이터는 고정관념을 깨는 도끼로, 고정관념에 갇혀 있던 기회를 발견하게 해준다. 저출산 트렌드는 수도권, 지방 할 것 없이 상수가 되어버렸다. 그러나 사회적 인구 증감 지표인 순이동 인구는 부동산 가치 사이클의 변화와 그 궤를 같이하는 그림자 변수로, 실수요 흐름의 맥을 정확히 짚어준다!

가구 이동의 꼬리표 통계인 '전입 사유 통계'는 해당 지역의 입지 평판을 적나라하게 알려준다!

전입신고를 할 때 왜 그 지역으로 이사하게 되었는지 그 사유를 체크해야 한다. 여러 사유 중 가장 주된 사유 한 가지를 선택하게 되어 있다. 그런 이유로 해당 지역으로 이사 오게 된 이유들이 쌓이고 쌓인 전입 사유 통계는 그 지역의 입지 평판을 적나라하게 알려준다. 아래 표는 주거 입지의 중요한 요소인 '직업(일자리), 교육(학군), 자연환경'에 따라 따져보았을 때 순유입된 인구가 전국에서 가장 많은 도시 TOP 10을 정리한 것이다.

직업(일자리)			교육(학군)			자연환경		
지역	2022년 순유입 인구	2015년 대비 증감	지역	2022년 순유입 인구	2015년 대비 증감	지역	2022년 순유입 인구	2015년 대비 증감
서울 관악구	13,490	7,075	서울 관악구	4,694	1,623	제주 제주시	1,221	101
경기 평택시	11,710	6,864	서울 성북구	4,579	2,330	경기 양평군	1,118	291
경기 화성시	8,591	-5,466	서울 동대문구	4,462	2,160	제주 서귀포시	1,088	245
서울 영등포구	7,120	3,812	서울 동작구	3,522	1,718	인천 강화군	443	54
서울 강남구	5,093	-1,332	서울 서대문구	3,309	1,485	경기 양주시	441	231
경기 수원시	4,972	3,583	서울 노원구	3,182	2,848	강원 홍천군	435	62
서울 강서구	4,833	4,962	대구 북구	2,737	2,508	경남 거제시	423	393

인천 중구	4,050	774	부산 금정구	2,301	983	경북 영천시	406	188
서울 송파구	3,937	5,046	서울 강남구	2,278	−72	경북 청도군	380	−51
충남 천안시	3,928	289	서울 광진구	2,151	1,243	충남 태안군	370	225

(출처: 통계청, 단위: 명)

직업과 교육을 사유로 순유입된 인구가 가장 많은 곳은 흥미롭게도 서울 관악구였다. 통계에 따르면 전국 청년층이 가장 많이 유입되는 곳이 관악구인데, 청년들을 위한 취업 준비와 학습 인프라가 잘 갖춰져 있어 1위에 등극한 것으로 해석된다. 그다음이 중요하다. 직업(일자리)에 끌려 유입된 인구가 많은 곳은 경기도에서는 평택시·화성시, 서울에서는 영등포구·강남구이다. 2015년과 대비해보면 평택의 일자리 비전이 꽤 상승했으며, 서울에서는 영등포구가 상승했음을 확인할 수 있다.

교육(학군)의 경우 서울에서는 성북구·동대문구·동작구 등 인서울 대학이 밀집한 곳으로의 유입이 두드러졌음을 확인할 수 있다. 지방대의 부진을 암시하는 씁쓸한 통계이다. 그 외 서울 입시 학군의 대명사인 노원구와 강남구·광진구가 TOP 10에 포진되어 있다. 노원구가 강남구·광진구보다 순유입이 많은 것은 사교육비의 허들 효과로 해석된다. 마지막으로 자연환경에 끌려 유입된 인구가 많은 곳은 제주시·양평군·서귀포시 등이다. 이러한 지역들이 시니어들의 세컨하우스 혹은 은퇴 후 주거지로 각광받고 있다는 뜻이다. 조선업으로 유명한 거제시가 TOP 10에 포함된 것이 흥미롭다. 이제 거제시는 조선업 경기보다 관광 경기가 더 중요한 도시로 변하고 있다는 것을 확인할 수 있다.

주택시장의 그림자 통계! 인구 이동 통계 뽀개기!

인구 이동 통계를 확인하려면 통계청 사이트(kosis.kr)에 접속하여 '국내통계→주제별 통계→인구→국내인구이동통계' 순으로 이동하라.

1) 시군구별 이동자수: 시·군·구 단위의 이동자 수(순이동 포함)를 월·분기·연 단위로 확인할 수 있다.

2) 인구이동률: 전국 및 시도별 인구 이동률(순이동률 포함)을 월·분기·연 단위로 확인할 수 있다.

3) 전입사유별 이동자수: 시·군·구 단위의 전입 사유별 이동자 수 (순이동 포함)를 연 단위로 확인할 수 있다.

3장

가구 추계로 본
정해진 미래의 기회

👥 첫 번째 기회:
평균 가구원 수의 감소, 대형 평형의 종말?

부동산시장의 대세 하락 신호는 심리지수*의 급락, 확대되는 매매가 하락폭에서 포착될 수도 있지만 가장 확실한 신호는 '준공 후 미분양'의 급증에서 찾을 수 있다. 준공 후 미분양이란 아파트가 착공 (분양)하여 2~3년 후 준공되었는데도 팔리지 않는 '악성 미분양'을 말하며, 준공 후 미분양이 급증한 지역은 예외 없이 연 2% 이상의 하락장을 맞이한다. 2008년 이후 전개된 분양시장 암흑기의 단초는 글로벌 금융위기가 제공했지만 그 불황의 골을 더욱 깊게 만든 주범

---

* 대표적인 부동산 심리지수로는 한국은행의 '주택가격전망 CSI', KB부동산의 '매수우위지수', 한국부동산원의 '부동산시장 소비심리지수'가 있다.

도 바로 준공 후 미분양이었다.

2009년 역대 최고치인 5만 호를 기록한 준공 후 미분양은 5년이 흐른 2014년에 전국 집값이 완연한 상승세로 돌아섰는데도 여전히 2만 호의 아파트가 주인을 찾지 못한 채 불이 꺼져 있었다. 부동산 경기가 회복되었는데도 이처럼 준공 후 미분양이 오래 남아 있었던 이유는 가구 소형화에 정면으로 역행하는 '85m²(34평) 초과' 대형 평형의 대량 공급 때문이었다.

한 집에 보통 몇 명이 함께 사는지를 나타내는 '평균 가구원 수'는 2000년 3.1명을 기록한 이후 급격히 감소하며 2010년 2.7명까지 떨어졌다. 하지만 1가구당 (한 집에) 평균 3명이 채 살지 않는 가구의 소형화가 본격적으로 진행되는 와중에 대형 평형인 85m² 초과 타입의 공급 비율은 2000년 27%에서 2010년 29%로 오히려 역주행했다. 이런 이유로 아무도 찾지 않는 대형 평형의 준공 후 미분양은 2014년까지 전체 준공 후 미분양의 절반이 넘는 60%를 차지했다. 특히 2009년 '준공 후 미분양 사태' 때 전국에서 가장 많은 85m² 초과 준공 후 미분양을 기록한 대구는 2011~2013년에 무려 20%나 집값이 급등하는 등 주택시장이 불을 뿜었는데도 2013년까지 1,000세대가 넘는 85m² 초과 준공 후 미분양이 고스란히 적체되며 기나긴 흑역사를 기록했다.

통계청의 가구 추계에 따르면 2050년까지 평균 가구원 수는 더욱 급격히 감소하여 가구당 채 2명이 되지 않는 1.9명에 이를 것으로 보인다. 과거 대형 평형 준공 후 미분양의 흑역사가 증명해주듯 가구 소형화에 역행하는 상품은 시간이 흘러 부동산 경기가 회복된

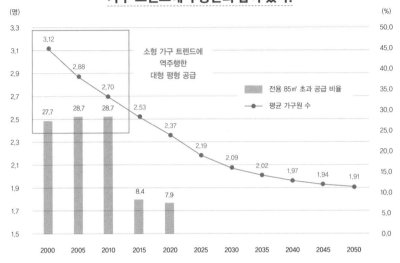

가구 트렌드에 역주행했던 과거의 뼈아픈 실책!
가구 트렌드에 부동산의 답이 있다!

그림 4 **평균 가구원 수와 대형 아파트의 공급 비율 추이(통계청, 부동산114)**

다고 해도 제값을 받기 어려울 것이다. 2020년대에 접어들며 희소
성을 부각시켜 대형 평형의 부활 혹은 르네상스를 주장하는 담론이
형성되고는 있다. 하지만 급격히 하락하는 평균 가구원 수의 추세
를 감안할 때 전국 어디에서나 적용되는 대세 담론이라고는 할 수
없다. 대형 평형의 공급 감소는 정해진 대세인 '가구 소형화'에 순응
하며 수급의 균형을 맞춰온 결과이다. 단지 희소하다는 이유로 무
턱대고 대형 평형에 대한 환상을 가져서는 안 된다.

대형 평형의 희소성이 주는 막연한 환상에서 깨어났다면, 이쯤에
서 희소가치 외에 어떤 플러스알파 요인이 충족되어야 전국에 15%
밖에 없는 85m^2 초과 대형 평형의 프리미엄이 빛을 발할 수 있을지

생각해보자.

희소성이 단지 '적다'라는 양적 가치판단의 척도라면, 질적 가치판단의 척도로는 '가격 대비 효용'인 '가성비'를 꼽을 수 있다. 주거 상품인 아파트의 가성비가 좋다는 것은 같은 가격으로 더욱 많은 주거 면적을 누리는 것이라고 할 수 있다. 주택 고령화가 본격화되기 시작한 2015년부터* 정부가 수도권 분양 가격을 통제하며 수도권 로또 분양 시대가 열리기 시작한 2019년 이전까지 85㎡ 초과 타입의 1순위 청약 경쟁률은 항상 수도권보다 지방에서 높았다. 2015~2018년에 지방 분양시장에서 85㎡ 초과 타입의 1순위 평균 청약 경쟁률은 연평균 24 대 1을 기록했다. 연평균 14 대 1의 성적을 거둔 수도권 분양시장에 압승을 거두었다고 할 수 있다. 매번 인구 소멸론으로 핍박받는 지방 청약시장에서 이렇듯 대형 평형이 강세를 보인 이유는 바로 '가격 경쟁력' 때문이었다.

2022년 국토부 실거래가 기준으로 지방 85㎡ 초과 아파트의 평균 가격은 5억 7,000만 원으로 수도권 같은 평형의 평균가 12억 원의 절반 수준에 불과하다. 같은 대형 아파트인데 가격 부담은 수도권의 절반에 불과한 '넘사벽 가성비'가 투자자와 실수요자들을 지방 청약시장에 끌어들이는 것이다.

글로벌 통계에 따르면 미국, 영국, 일본 등 선진국의 1인당 주거 면적은 장기적으로 우상향하고 있다. 우리나라 역시 그러한 흐름에

---

* 전국의 아파트 중 준공 후 20년이 넘은 아파트의 비율은 2000년 2.6%에서 2015년 32%(3채 중 1채가 고령 아파트)로 증가하며 본격적인 주택 고령화 시대를 열었다.

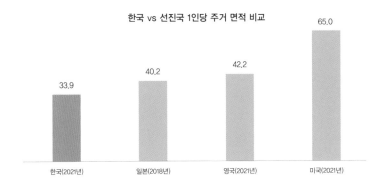

한국 vs 선진국 1인당 주거 면적 비교

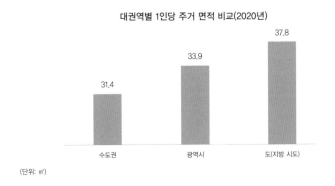

대권역별 1인당 주거 면적 비교(2020년)

(단위: ㎡)

그림 5 1인당 주거 면적 비교(국토부, e-나라지표)

올라타며 '주거의 질적 욕구'에 눈을 뜨기 시작했다. 하지만 아직 절대적인 수준에서 선진국에 미치지는 못한다. 2021년 기준 우리나라의 1인당 주거 면적은 33.9㎡이다. 미국(65.0㎡)의 절반 수준이며, 영국(42.2㎡), 일본(40.2㎡)에도 미치지 못한다.

지역별로 나누어 살펴보면, 수도권의 1인당 주거 면적은 31.4㎡,

지방 시도는 37.8m²로 큰 격차를 보인다. 이는 높은 가격 부담이 수도권 거주자들의 '넓은 집'에 대한 욕구를 억누르고 있다는 것을 반증하는 동시에 수도권의 대형 평형 수요가 제한적임을 시사한다. 이와 반대로 지방의 거주자들은 수도권의 반값에 불과한 '넓은 집'에 대한 욕구를 상대적으로 쉽게 충족할 수 있다. 그리고 이러한 욕구 분출이 양적으로도 희소한 대형 평형의 수요 경쟁을 촉발하며 지방의 85m² 초과 아파트는 지난 7년간(2016~2022년) 60~85m² 아파트 대비 30% 높은 가격 상승률을 기록했다. 이는 동일 기간 동안 수도권 85m² 초과 아파트가 60~85m² 아파트 대비 20% 낮은 가격 상승률을 기록한 것과 상반된 결과이다.

그렇다면 앞으로도 가성비를 내세운 지방 대형 평형의 가치가 높게 평가될 곳은 어디일까? 두 가지 기준을 따져보면 된다. 첫째, 아파트 수요가 많아야 하므로 주택 비율에서 아파트가 압도적으로 높아야 한다. 둘째, 넓은 주거 면적에 대한 실수요가 뒷받침돼야 하므로 평균 가구원 수가 많은 곳이어야 한다. 5대 광역시를 제외한 지방 도시 중 아파트 비율이 70%를 상회하면서 평균 가구원 수가 상위 10%에 해당하는 곳으로는 창원 성산구, 천안 서북구, 김해시, 전주 덕진구를 꼽을 수 있다. 이들 4개 지역의 평균 가구원 수는 모두 2.7명으로, 5대 광역시와 지방 도시의 평균 가구원 수를 넘어선다. 특히 창원 성산구와 천안 서북구는 〈PART 1〉에서도 소개된 지방의 으뜸가는 부자 도시로, 대형 평형의 희소성과 가성비를 앞세워 대형 아파트의 르네상스를 열어젖힐 것이다.

두 번째 기회:
꽤 오래된 미래, 1인 가구 대세론

2000년 이후 꾸준히 내리막길을 걸어온 평균 가구원 수는 1인 가구의 급격한 증가에서 그 원인을 찾을 수 있다. '1인 가구 대세론'은 인구 담론에서 꽤 오래된 이야기로 그 시작은 통계청에서 최초로 장래가구추계 결과를 발표한 2002년으로 거슬러 올라간다. '2020년 경에는 약 22%가 혼자 사는 가구가 될 것'이라는 통계청의 장래가구추계 결과는 1인 가구 대세론에 불을 지폈다. 하지만 1인 가구의 비율은 이미 2010년에 통계청의 2020년 예상치를 상회하는 24%를 기록했을 뿐 아니라 처음으로 3인 가구와 4인 가구의 비율까지 넘어섰다.

1인 가구 대세론은 본격적으로 대한민국을 달구었다. 그리고 이 대세론을 등에 업고 오피스텔이 대한민국 부동산의 1순위 투자처로 급부상하며 2010년 무려 1만 4,000실이 공급되었다. 이는 과거 4개년 평균치의 2배에 달하는 물량이었다. 2010년 이후에도 7년 동안 연평균 약 7만 실의 막대한 오피스텔 물량이 쏟아졌다. 문제는 오피스텔 공급 속도가 1인 가구 증가 속도를 한참 앞질렀다는 것이었다. 2010~2017년 오피스텔 공급 증가율이 연평균 55%였던 반면 1인 가구 증가율은 연평균 4%에 그쳤다.

인구와 가구의 증감은 추세를 따라 천천히 움직이는 장기적인 미래 통계이다. 그러나 본능적으로 '미래 대세론'에 이끌려 흥분하는 대중의 투자 심리는 10년, 20년 후의 '정해진 미래 수요'를 급속히

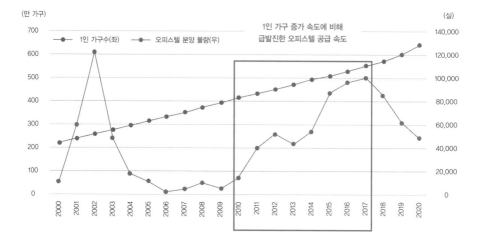

그림 6 1인 가구 추세와 오피스텔 공급 추이(통계청, 부동산114)

소진시키며 과열을 촉발하는 경향이 있다. 2020년 1인 가구 비율은 31%를 기록하며 모두의 예상대로 대세가 되었다. 하지만 2010년대에 과도하게 급발진한 오피스텔 공급은 2020년 이후 오피스텔, 특히 1인 가구를 대상으로 하는 원룸 오피스텔 공급 과잉의 후유증을 초래했다. 다행히 2017년을 정점으로 오피스텔 공급량은 꾸준히 감소하고 있으나 공급 급발진의 후유증은 여전히 남아 있다. 따라서 1인 가구 대세론에 기댄 막연한 소형 오피스텔의 환상에서 벗어나 오피스텔이라는 상품의 본질에 집중하여 수요가 꾸준히 뒷받침되는 투자 입지를 꼼꼼히 따져봐야 할 것이다. 일례로 원룸 오피스텔은 태생적으로 '수익형 상품'이다. 즉 매매 차익에 따른 수익보다는 월세 수요에 의해 발생하는 정기적 수익을 목표로 하는 상품인 것이다. 그러니 월세 거래가 꾸준히 이루어지는 곳을 찾아야 한다.

2020년 이후 강남구에서 가장 많은 오피스텔 월세 거래가 발생한 곳은 어디일까? 강남의 대표 업무 지구로 강남구 오피스텔의 3분의 1이 모여 있는 역삼동일까? 오피스텔 실거래가 분석 결과 예상(?)과 달리 가장 많은 신규 월세 거래가 발생한 오피스텔 단지 1, 2위가 있는 곳은 자곡동이었다. 강남구 월세 거래 TOP 5 단지 중 무려 3곳이 자곡동에 몰려 있다. 역삼동을 제치고 강남 오피스텔의 새로운 강자로 자리매김한 자곡동은 'SRT 수서역 역세권'이라는 입지 특성이 있다. 전국 단위 고속 교통망이기에 단지 고속철도역만 덩그러니 있는 것이 아니라 원활한 환승을 위해 도심 지하철과도 연결되어 있다. 또한 수서역세권개발사업과 연계되어 대형 쇼핑몰, 업무 시설 등 다양한 인프라를 공유할 수 있다. 게다가 수도권과 지방을 연계하는 고속철도라 서울 외곽에 자리하고 있어 도심지 오피스텔에 비해 월세 부담이 적고, 더욱 쾌적한 주거 환경을 누릴 수 있다는 장점까지 있다. 한편 2015년 이후 본격화된 공공기관 지방 이전에 따라 고속철도 이용 수요가 급증했다. 이는 서울에서 지방으로 가는 혹은 지방에서 서울로 오는 출장객의 업무 거점이나 개인 정비 공간을 위한 수요도 흡수할 수 있다는 것을 시사한다.

강남에 SRT 수서역이 있다면 광명시에는 KTX 광명역이 있다. 그래서인지 2020년 이후 광명시 오피스텔 월세 거래 TOP 5 단지 모두 KTX 광명역이 자리한 일직동에 있다. 일직동 역시 자곡동과 마찬가지로 수도권 외곽 지역이라 도심 대비 저렴한 주거 비용과 쾌적한 주거 환경을 자랑한다. 또한 도심 지하철과 연계된 KTX 광명역, 그리고 역세권 개발의 결실인 대형 쇼핑몰을 품고 있다. 자곡동과 일직동의 사례는 향후 수도권 소형 오피스텔의 새로운 투자 입지 기준을 제시해준다. 수도권 외곽에 있는 '고속철도 역세권'은 저렴한 가격으로 투자자와 세입자 모두에게 메리트를 안겨주는 동시에 도심과 연결된 지하철, 대형 편의 시설의 장점을 모두 누릴 수 있는 가성비 좋은 소액 투자처로 각광받을 전망이다.

고속철도 역세권에 이어 눈여겨볼 수도권의 소형 오피스텔 투자 입지는 '여성 청년 1인 가구'가 증가하는 지역이다. '2020 인구주택총조사'에 따르면 오피스텔에 가장 많이 거주하는 가구는 '25~29세 여성 가구'로 전체 오피스텔 거주 가구의 12%를 차지하고 있다. 전국에서 오피스텔이 가장 많은 서울에서도 '25~29세 여성' 가구의 오피스텔 거주 비율이 가장 높다. 같은 연령대의 남성 가구 대비 약 1만 가구나 많은 3만 3,000가구가 오피스텔에 거주한다. 이토록 여성 청년 가구의 오피스텔 거주 비율이 압도적인 것은 앞서 살펴보았듯 일자리를 찾아 전국 각지에서 서울로 몰려드는 청년 1인 가구가 대세인 가운데, 여성이 남성보다 '안전하고', '구색이 잘 갖춰진' 주거 환경을 선호하는 데서 그 원인을 찾을 수 있다.

20대 여성을 대상으로 한 강력 범죄가 증가하면서 여성 청년의 가장 큰 걱정은 바로 '주거 침입 안전'이다. KB금융지주경영연구소에서 발행한 〈2020 한국 1인가구 보고서〉에 따르면 주거 침입 안전을 우려하는 20대 여성의 비율은 62.7%이다. 타 연령과 대비했을 때도 높은 수준이며, 동일 연령의 남성 응답 비율(9.9%)과 비교했을 때 압도적인 수준이다. 또한 동일한 조사에 따르면 아파트 외 주택에 거주하는 1인 가구 중 여성이 남성보다 별도의 부엌, 샤워 시설, 거실 등이 갖춰진 곳에 거주하는 비율이 전반적으로 높게 나타난다. 아무래도 다세대, 다가구 주택보다는 24시간 경비·보안 시스템이 갖춰져 있고 맞춤형 주거 시설이 잘 구비된 오피스텔이 현실적으로 여성 청년 가구의 니즈를 충족시킬 수 있는 주거 형태인 것이다. 따라서 오피스텔의 핵심 수요층인 여성 청년 가구가 많이 거주하고 있으며 장기적으로 증가 추세에 있는 지역이 소형 오피스텔 유망 투자 입지라고 할 수 있다.

여성 청년의 수요 강세 지역을 광역 단위로 살펴보면, 서울에 25~29세 여성 청년 1인 가구가 가장 많이 거주하고 있다(약 12만 가구). 지난 5년간 50%의 증가율을 기록했다. 서울 다음으로는 경기(약 6만 가구), 부산(약 2만 가구), 인천(약 1만 4,000가구), 대구(약 1만 4000가구) 순으로 여성 청년 1인 가구가 많이 거주하고 있다. 이들 지역은 지난 5년간 평균 80%의 높은 증가율을 기록했다.

광역 단위에서 범위를 좁혀 세부 지역을 살펴보면 서울에서는 마곡지구가 있는 강서구, 홍대가 있는 마포구, 여의도가 있는 영등포구, 법조타운이 있는 송파구에 여성 청년 1인 가구가 많이 거주하고 있다. 지난 5년간 평균 2배의 높은 증가율을 기록했다. 경기도에서는 수원 영통구, 성남 분당구, 부천시에 다수의 여성 청년 1인 가구가 거주하고 그 증가세도 가팔랐다. 부산에서는 전국 3위의 유동 인구와 전국 6위의 매출을 자랑하는 서면 상권*을 품은 부산진구에 가

---

* 2021년 통계 기준.

장 많은 여성 청년 1인 가구가 거주한다. 마지막으로 인천의 남동구와 대구의 달서구에서 지난 5년간 이례적으로 높은 평균 3배의 여성 청년 1인 가구의 증가세가 기록됐는데, 이 두 곳은 소형 오피스텔 투자 입지에 새로운 시각을 제공해준다.

흔히 오피스텔 입지로 편의 시설의 쌍두마차인 핵심 상권과 지하철역이 꼽히기 마련이다. 물론 남동구와 달서구에도 핵심 역세권이 존재한다. 하지만 여타 지역과 달리 이 두 곳에는 여성 청년의 주요 일자리 산업군이 몰려 있다는 공통점이 있다. 통계청의 2021년 여성 청년 경제활동 조사에 따르면, 여성 청년이 가장 많이 취업하는 산업군은 보건업(20%), 교육서비스업(12%), 제조업(10%)이다. 그런데 남동구에는 인천의 대표 산업단지인 남동공단이 있으며, 그와 연접한 논현지구에 초중고가 밀집되어 있고, 상급종합병원인 가천대 길병원도 있다. 달서구 역시 마찬가지다. 대구를 대표하는 성서산업단지와 그와 연접한 월성지구의 초중고, 종합병원인 계명대 동산병원을 품고 있다. 압도적인 상권, 역세권은 아닐지라도 '보건업+교육서비스업+제조업'이 한데 모여 있는 여성 청년 일자리의 집적 지역이 바로 가성비 좋은 소형 오피스텔 투자 입지인 것이다.

🏛️ 세 번째 기회:
폭발적으로 성장할 2인 가구, 여전히 건재할 3인 가구

2000년대부터 모락모락 피어올랐다가 2010년대에 급속히 소진된 1인 가구 대세론과 달리 아직 꺼지지 않은, 아니 오히려 반전을 보여주는 가구 이야기가 있다. 바로 2, 3인 가구에 대한 이야기이다. 앞서 2, 3인 가구가 아파트의 몸통 수요임을 설명하며 해당 가구의 미래 추세를 간략하게 언급했다. 이제 본격적으로 2, 3인 가구의 미래상을 살펴보자.

통계청의 장래가구추계에 따르면 2020~2050년의 2인 가구 증가율은 약 43%로 1인 가구 증가율 약 40%를 상회할 것으로 전망된다. 즉 2050년까지 1인 가구 못지않게 폭발적으로 증가할 가구 유형으로 2인 가구를 지목한 것이다. 1인 가구 대세론에 가려져 있던 2인 가구에 소진되지 않은 미래의 기회가 담겨 있는 것이다. 반면 4인 가구의 경우 2인 가구와 정반대의 길을 걸으며 2050년까지 가파르게 감소해 −57%를 기록할 것으로 예상된다. 앞으로 30년간 4인 가구의 절반 이상이 사라지는 것이다! 대형 평형에 대한 막연한 환상을 경계해야 하는 이유이다. 그렇다면 2인 가구와 함께 아파트 몸통 수요의 한 축을 담당하는 3인 가구의 미래는 어떠할까? 3인 가구의 장기 전망은 저출산, 핵가족화의 폭탄을 맞은 4인 가구에 비하면 준수한 편이다. 2050년까지 완만하게 감소해 −10%의 수준을 보일 것으로 예상된다. 이를 좀 더 자세히 살펴보면, 3인 가구 숫자는 2031년 정점에 도달한 후 감소하더라도 2040년 이전까지는 2020년

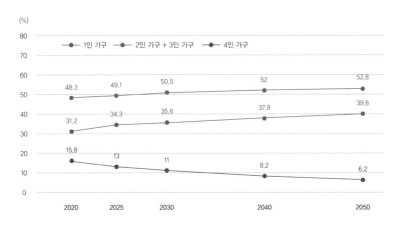

그림 7 가구원 수별 가구 비율 추계(통계청)

수준을 상회할 것으로 예상된다.

　향후 30년간 2인 가구의 폭발적인 증가와 향후 20년간 현재 수준을 상회할 것으로 예상되는 3인 가구의 미래가 시사하는 바는 명료하다. 현재 핵가족의 주 거주 면적인 전용면적 60~85m² 아파트의 수요는 30년 후에도 꾸준할 것이라는 점이다. 2050년에도 아파트의 몸통 수요인 2, 3인 가구의 합산 비율(약 53%)이 1인 가구의 비율(약 40%)보다 높으며 여전히 전체 가구의 절반 이상을 차지한다.

　현재도 그렇고 미래에도 양적 우위를 점할 2, 3인 가구! 그러나 겉모양은 같은 2, 3인 가구일지라도 누가 누구와 함께 사느냐, 즉 가구의 결합 양상과 관련된 주택 수요의 질적 측면에서는 향후 10년 내 급격한 변화가 예상된다.

대세 중의 대세, 부부 가구(2인 가구의 대표 유형)

2020년까지 부부만 함께 사는 '부부 가구'의 수는 1명의 자녀를 둔 '부부+1인 자녀 가구'(이하 '유자녀 가구')와의 격차를 슬금슬금 벌려왔다. 그리고 2025년이 되면 유자녀 가구에 비해 무려 100만 가구나 많아질 것으로 예상된다. 또한 2050년에는 부부 가구가 유자녀 가구보다 약 270만 가구나 많아지며, 부부 가구의 향후 30년(2020~2050년) 증가율은 1인 가구의 동 기간 증가율인 40%보다 높은 54%의 로켓 성장을 기록할 전망이다. 이렇듯 미래 2인 가구의 대세는 자녀 없이 사는 부부 가구가 이끌 것인데, 부부 가구의 로켓 성장을 이끄는 하나의 축은 젊은 세대의 자녀에 대한 부담감이다.

'2020년 가족실태조사 분석 연구'에 따르면, '자녀 때문에 하고 싶은 일을 못할 수 있다'는 응답 비율은 '30세 이상~40세 미만'(60%)에서, '자녀를 키우는 것은 경제적으로 부담이 된다'는 응답 비율은 '20세 이상~30세 미만'(68%)에서 가장 높은 수치를 기록했다. 이는 결혼을 하더라도 자유로운 부부 생활 혹은 경제적 여건을 위해 자녀를 낳지 않는 가구가 증가할 것임을 시사한다.

자녀 출산에 대한 인식 변화와 더불어 우리나라 인구에서 가장 많은 비중을 차지하는 베이비붐 세대의 본격적인 은퇴 행렬 역시 부부 가구의 증가세를 뒷받침할 전망이다. 2024년 은퇴 인구의 절반 이상을 베이비붐 세대가 차지한다는 통계 전망*을 감안한다면,

---

* 김수린 외, 《신노년세대 노동시장 전망과 노인일자리 수요 추계 연구》, 한국노인인력개발원, 2019.

자녀를 출가시키고 오롯이 부부가 여생을 보내는 '시니어 부부'의 라이프스타일이 대한민국 주거 문화의 주류를 이루는 것은 시간문제라고 할 수 있다. 시니어 부부가 바꿀 대한민국 부동산의 미래는 나중에 상세히 살펴보기로 하고, 먼저 2인 가구에서 시작하여 2인 가구로 머물 가능성이 높은 '신혼부부'가 바꿀 부동산의 미래에 대해 살펴보자.

신혼부부가 바꿀 대한민국 부동산의 미래

주택 수요 탄생의 '씨앗', 신혼부부

앞서 필자는 주택의 기본 수요는 인구가 아닌 가구에 있다고 이야기했다. 그리고 그런 가구의 유형 중 가족으로만 이루어진 '친족 가구*'의 비율은 67%에 달한다(2020년 기준). 향후 1인 가구의 증가로 친족 가구의 비율이 2050년경 57%까지 하락한다는 전망이 나왔지만, 이를 재해석하면 앞으로 30년 동안은 여전히 가족으로 이루어진 친족 가구가 대세라는 걸 확인할 수 있다.

우리나라에서 가족의 탄생은 대부분 결혼을 통해 이루어진다. 그 점을 감안하면 주택 수요의 탄생을 위한 씨앗 역시 결혼을 통해 뿌려진다고 할 수 있다. 비록 출산하지 않고 집값 부담이 배가되는 시대가 온다고 해도 앞으로도 결혼은 내 집 마련의 강력한 동기가 될 것이다.

---

* 통계청에서 집계하는 가구는 '일반 가구'를 의미하며, 일반 가구는 크게 결혼과 혈연을 기초로 하여 구성되는 '친족 가구'와 그렇지 않은 '비친족 가구'(5인 이하) 그리고 '1인 가구'로 분류된다.

2015년에 결혼한 21만 쌍의 신혼부부를 5년간 추적한 통계청의 자료에 따르면, 결혼 1년차에 내 집 마련에 성공한 맞벌이 신혼부부의 비율은 38%이다. 그리고 결혼 연차가 쌓일수록 그 비율은 꾸준히 증가하여 결혼 4년차인 2018년에는 57%, 결혼 5년차인 2019년에는 62%가 내 집을 마련했다. 맞벌이 신혼부부의 절반 이상이 내 집 마련에 성공한 2018년은 대한민국의 합계 출산율**이 최초로 1.0 이하로 추락하며 인구절벽 공포가 점화되던 시점이었다. 여기에 서울 집값이 10% 이상 폭등하며 집값 불안 심리 역시 고조되었다. 자녀를 낳지 않는 시대, 집값 부담이 높은 시대가 도래했는데도 주택수요의 씨앗인 신혼부부의 내 집 마련 욕구가 꺾이지 않았다는 것이다. 이는 신혼부부의 주거 이동이 앞으로도 주택시장의 변화를 가속시키는 촉매제가 되어 대한민국 부동산의 입지 트렌드와 시장 흐름에 적지 않은 영향을 끼칠 것임을 시사한다.

이제부턴 양이 아닌 질의 승부다!

혹자는 '결혼 건수가 급격히 감소하는데 앞으로 신혼부부의 수요가 부동산시장에 얼마나 영향을 미치겠는가?'라는 물음을 던질 수 있다. 그럼 이런 반문을 던져보자. '결혼 건수가 줄어든 지 10년이 넘었는데 왜 신혼부부 특별 공급의 청약 경쟁률은 수십 대 일, 아니 수백 대 일이 넘는 경우가 비일비재할까?' 비슷한 유형의 물음은 또 있다. '학령인구가 감소하는데 왜 사교육비는 역대 최고치를 경신

** 한 여성이 가임 기간(15~49세)에 낳을 것으로 기대되는 평균 출생아 수.

할까?' 하나 더 들어보자. '대학생 수가 감소한 지 10년이 넘었는데 왜 취업문은 바늘구멍일까?' 이러한 유형의 질문은 꽤 오래전부터 대한민국 사회를 괴롭혀온 고질적인 문제를 대변한다. 그리고 이는 대한민국 사회가 다수에게 '양Quantity'과 '질Quality' 모두를 만족시켰 던 시대를 떠나보내고 '질'에 집중하는 저성장 초경쟁 시대 한복판 에 진입했음을 시사한다.

2011년 이후 단 한 번도 5%를 넘는 경제성장률을 기록하지 못한 저성장이 뉴노멀이 된 시대이다. 성장률이 낮다는 것은 양적인 성 장에 강력한 제약이 가해졌다는 것을 의미하는 동시에, 좋은 일자 리 역시 이전만큼 창출되기 어렵다는 것을 의미한다. 매년 샘솟았 던 일자리 샘이 고갈되는 와중에 1960년대 초반에 태어난 연간 출 생아 수 100만 명의 베이비붐 세대는 60세 정년 연장의 혜택을 맛 보았다. 여기에 연간 출생아 수 '마지막 80만 세대'인 1980년대 초 반 태생의 과장, 차장, 부장들은 앞으로도 가족 부양을 위해 될 수 있는 한 오랫동안 회사를 다녀야 한다. 대학을 졸업하는 학생들의 숫자는 매년 감소하지만 성장 둔화 속에 인구의 다수를 차지하는 세대가 기존의 좋은 일자리를 계속 점유하다보니 매년 취업 장수생 이 늘어나고, 심화되는 이들의 적체는 높은 취업 경쟁을 유발한다. 결국 양질의 일자리를 놓고 기약 없는 대기표만 계속 발행되는 시 대이다.

일자리만큼 혹은 일자리보다 더욱 기회의 문이 좁은 것이 부동산 이다. 굳이 저성장 시대를 논하지 않더라도 부동산은 제약된 땅을 기반으로 한 재화이다. 통일이 되지 않는 한 집을 지을 땅은 앞으로도 제한적일 것이고, 좋은 곳은 이미 인구 피라미드의 다수를 차지한 1960~1980년대 초반 태생들이 두루 선점해놓았다. 부부 생애주기의 출발선에 선 신혼부부는 토지라는 자원의 절대적인 양적 제약과 높은 집값 부담으로 인해 많은 것을 바랄 수가 없다. 다만 남아 있는 좋은 곳을 향해 대기표를 끊어놓고 경쟁할 뿐이다.

신혼부부의 수시 경쟁이 집값을 결정한다!

신혼부부의 수는 감소할 것이나 기회의 문은 더욱 빨리 좁아질 것이므로 다들 집중하며 경쟁한다. 여기서 중요한 것은 결혼 건수의 장기적인 감소 속도보다 매년 신혼부부가 수시로 좋은 입지를 찾아 떠나는 주거 이동이 잦을뿐더러 빠르다는 점이다. 쏠림의 속도가 빠를수록 경쟁 강도 역시 심해지며 신혼부부의 주거 이동이 집중되는 지역과 그렇지 않은 지역 간의 집값은 계속하여 격차를 벌려나갈 것이다. 통상적으로 신혼부부는 다른 어떤 연령대의 부부보다 이동률이 높기 때문에 이들의 움직임은 대한민국 집값 변동의 촉매제가 될 수밖에 없다.*

결혼 건수의 장기 하락 추세보다 매년 수시로 발생하는 신혼부부의 이동과 쏠림이 집값의 변동성을 더욱 자극하는 피드백이라고 일반화해 적용하면, 탄생과 사망에 의해 결정되는 인구의 자연 감소보다 매년 수시로 좋은 입지를 향해 쏠리는 가구 이동의 속도와 빈

---

* 2021년 국내 이동 통계에 따르면, 신혼부부 연령대인 30대의 연간 이동률은 평균 22% 수준으로 10% 초반 혹은 그 이하의 이동률을 기록한 40대 이상 인구와 2배 이상의 이동률 격차를 보인다

도수가 높아 결국엔 인구의 장기 추세가 아닌 수시로 발생하는 가구의 주거 이동 양상이 그해의 집값 통계를 결정짓는다는 통찰을 얻을 수 있다. 또한 매년 수시로 발생하는 수요(가구)의 움직임이 한 해의 집값을 결정한다면, 그렇게 1년, 또 1년의 집값 변동이 누적되어 3년의 집값 흐름이 완성될 것이다. 그리고 또 시간이 쌓여 4, 5년의 중장기 흐름이 결정될 것이다. 어쩌면 장기적인 결혼, 인구 추세보다 매년 수시로 발생하는 수요의 이동을 추적하고 수요의 구조적인 쏠림을 추동하는 숨겨진 추세를 발견하는 것이 3~5년 후의 집값을 더욱 정확히 예측하는 지름길일지도 모른다.

신혼부부가 쏠리는 곳에 더욱 집중하라!

이전의 신혼부부보다 앞으로의 신혼부부는 더욱 부유하며, 최초로 보금자리를 마련한 생활권에 더욱 락인lock-in*될 것이다. 초혼 신혼부부**의 직업 통계를 살펴보면 결혼 당시 남편이 '관리자, 전문가, 사무 종사자', 즉 소위 화이트칼라 직종에 종사할 경우 여성 역시 같은 직종에 종사할 확률이 전국적으로 2015년 66%에서 2020년 71%로 증가했다. 서울의 경우에는 같은 기간 동안 74%에서 79%로 증가했다. 서울에서 새 출발을 하는 신혼부부의 경우, 남편이 고소득 직종에 종사하는 10쌍 중 8쌍은 고소득 맞벌이를 하고 있다는 뜻

---

* 자물쇠 효과, 고착 효과 등으로도 불리며, 하나의 서비스 혹은 재화에 고착화된 소비자들이 다른 곳으로 옮기기 힘든 현상을 의미한다.

** 이후에 소개되는 신혼부부 통계는 별다른 표기가 없는 한 '초혼 신혼부부' 통계이다(시점은 2020년 기준).

이다.

신혼부부의 주택 소유 현황을 살펴보면, 유주택(다주택 포함)으로 시작하는 비율은 전국적으로 2015년 42.6%에서 2020년 42.1%로 큰 차이가 없었다. 서울 역시 같은 기간 동안 35.7%에서 35.5%로 큰 변동이 없었다. 해당 기간 서울 집값의 증가세를 감안하면, 이러한 통계는 신혼부부의 경제력이 이전보다 강력해졌음을 증명해주는 확실한 증거라고 할 수 있다.

맞벌이 신혼부부는 자녀를 낳지 않는 추세와 맞물려 꾸준히 증가하며 각자의 경제활동에 전념할 것이다. 이는 부부 각자의 통근을 위한 최적 입지에 최초 보금자리를 구할 확률이 높다는 것을 의미한다. 마·용·성 등 직주근접의 입지가 주목받는 것은 변하고 있는 신혼부부의 주거 트렌드와 맞물려 있다고 할 수 있다. 신혼부부의 차후 주거 이동 패턴 또한 부부 각자의 직장 경력과 맞물려 결정될 것이다. 아무래도 안정된 직장을 얻은 후에 결혼을 결정한다는 것을 감안하면 주거 이동을 하더라도 최초 보금자리를 마련한 생활권에서 크게 벗어나지 않을 가능성이 높다. 비단 화이트칼라 직종뿐 아니라 서비스·판매 종사자 등 여러 부문에 걸쳐 유사 직종에 종사하는 남녀끼리 결혼하는 비율이 높아지고 있는데, 유사 직종 간 결혼 가능성이 가장 높은 화이트칼라의 주된 일자리인 창조·지식 산업은 지리적 뭉침이 강한 특징이 있고, 타 산업군 역시 지리적으로 뭉쳐 시너지를 내는 집적 효과의 가치가 증명될수록 신혼부부의 주거 생활권은 일자리 클러스터의 경계를 크게 벗어나지 않을 것이기 때문이다. 더불어 신혼부부임에도 따로 떨어져 사는 분거 가구 역시 해당 기간 동안 꾸준히 감소했다. 전국 신혼부부의 55%가 몰려 있는 서울, 경기, 부산의 신혼부부 동거 비율은 2015년 80%대에서 꾸준히 증가하여 2020년에는 90%를 돌파하며 전국 최고 수준을 기록했다. 이는 유사 직종 간 결혼 트렌드와 무관하지 않으며 일자리 클러스터에 부부 가구의 주거 생활권이 락인될 가능성이 점차 높아질 것임을 시사한다.

정권에 상관없이 가성비로 늘 신혼부부의 0순위 청약 대상으로 각광받는 공공분양주택은 정책 취지에 따라 '의무 거주 기간' 혹은 '전매 제한 기간'이라는 '강제적 락인 조건'이 뒤따르기 마련이다. 청약 제도에 따른 신혼부부 보금자리의 락인 효과 또한 무시할 수 없는 이유다. 윤석열 정부에서는 신혼부부의 청약 기회를 늘리기 위해 추첨제를 대폭 확대하여 신축 아파트를 향한 신혼부부의 기대가 더욱 커질 전망이다. 통상 특별 공급 혹은 1순위 청약 자격을 얻기 위한 의무 요건은 청약 단지가 속한 해당 지역(시도 단위 혹은 시군 단위)에 미리 수년간 거주하는 것이다. 따라서 청약 당첨을 통해 내 집 마련을 노리는 신혼부부는 애당초 장기 거주를 염두에 두고 관심 지역에 전략적인 거처를 마련할 것이다.

이전 세대보다 경제력이 강하고 최초 보금자리 생활권에 락인될 가능성이 높은 신혼부부의 특성을 감안하면 신혼부부가 집중되는 곳에서는 신규 주택 수요의 장기적인 우상향을 기대할 수 있다. 비록 결혼의 감소로 신혼부부의 절대적 숫자는 감소하더라도 여전히 결혼은 강력한 내 집 마련의 동기로 작용한다. 그러므로 이들이 집중되는 곳이 플러스 수요가 창출되는 곳이다. 또한 향후 저출산 시나리오가 빗나가서 출산율이 회복된다면 플러스알파의 수요도 기대할 수 있다. 이제 빅데이터를 통해 신혼부부가 모여드는 곳을 톺아보자.

신혼부부 집중도로 살펴본 수도권 유망 지역

서울에서 신혼부부 집중도*가 가장 높은 자치구는 영등포구로, 약 1만 쌍의 신혼부부가 살고 있다. 서울에서 가장 높은 10.1%의 신혼부부 비율을 보이고 있다. 영등포구는 〈PART 1〉에서도 소개된 서울의 손꼽히는 고밀 자치구로 '준공업지역의 환골탈태'가 도시의 미래 가치를 수직 상승시킬 것으로 기대된다.

영등포구는 여의도라는 금융특구를 품고 있고, 지식산업센터가 집중되어 있는 문래동, 양평동과 신흥 주거지로 정비된 신길뉴타운이 직주근접의 입지를 형성하고 있다. 또한 서울 지하철 5개 노선(1, 2, 5, 7, 9호선)을 통해 강남과 강북 핵심 업무 지구로의 통근이 편리하다. '미래 신규 주택 수요'인 신혼부부가 고밀 자치구 중에서도 초고밀 자치구인 영등포구로 강력하게 쏠리는 것은 '수요의 쏠림이 인프라를 집중시키고, 고도화된 인프라가 또다시 수요의 쏠림을 강화시키는' 부동산 가치 상승의 방정식에서 그 원인을 찾을 수 있다.

영등포구 다음으로 신혼부부 집중도가 높은 자치구는 약 7,000쌍

---

* 신혼부부 집중 지역을 살펴볼 때, 일반 가구 중 1인 가구를 제외한 '2인 이상 가구'를 모수로 하여 신혼부부의 비율을 계산했다. 아무래도 2인 이상 가구가 부부 중심의 '혈연' 가구(가족)로 구성될 가능성이 높으며, 가족이라는 동등한 카테고리 내에서 신혼부부의 비율을 따져보는 것이 신혼부부 집중도를 더욱 명료하게 드러낼 수 있기 때문이다.

의 신혼부부가 거주하고 있는 성동구이다. 성동구의 전체 가구 중 신혼부부 비율은 9.6%로 영등포와 유사한 수준이며, 이곳 역시 영등포와 유사한 사통팔달의 교통망과 직주근접 입지를 자랑한다. 서울 도심 업무 지구의 길목에 위치한 성동구는 쿼드러플 역세권인 왕십리역(2호선, 5호선, 경의중앙선, 수인분당선)을 통해 지하철로 수도권의 웬만한 업무 지구에 접근할 수 있다. 또한 성수역 인근 약 17만 평의 부지에 '성수IT산업·유통개발진흥지구 지구단위계획'이 확정됨에 따라 성동구의 직주근접 가치는 더욱 높아질 전망이다. 게다가 해당 지구단위계획에는 IT산업과 R&D 등 첨단산업이 입주할 경우 용적률을 최대 560%까지 허용해주는 파격적인 인센티브가 담겨 있어 향후 유망 IT기업이 대거 성동구에 입주할 경우 양질의 일자리 창출과 더불어 직주근접을 누리려는 신혼부부의 유입이 더욱 가속화될 전망이다.

한편 성동구에서는 신속한 사업 진행을 통해 일반 분양까지 추가 공급이 가능한 리모델링 사업이 활발히 진행되고 있다. 행당역을 마주하고 있는 행당대림, 행당한진타운이 리모델링 조합 설립 단계를 밟고 있으며, 2022년 안전 진단을 통과한 금호벽산은 1,960여 세대로 증축될 예정이다. 성동구 리모델링 가운데 가장 빠른 진도를 보이는 옥수극동아파트 또한 향후 1,030여 세대로 증축될 전망이다. 옥수동은 리모델링 사업 외에도 한남하이츠 재건축, 금호16구역, 금호14-1 재개발 사업이 속도를 내고 있어 성동구의 '한강 조망+강남 관문' 존의 미래 가치 상승을 주도할 전망이다.

성동구의 대장 재개발인 성수전략정비구역은 총 4개 구역 약

그림 8 성수전략정비구역 재개발 정비계획 변경안(서울시)

9,000세대가 재개발의 6부 능선인 건축 심의 단계를 함께 밟아나가고 있다. 그런 가운데 오세훈 시장의 연임으로 탄생한 '2040 서울플랜'(서울도시기본계획)이 2023년 최종 확정되면서 최고 70층 이상으로 한강변을 개발할 수 있을 거라는 기대감이 시간이 흐를수록 커져갈 전망이다. 용산의 한남 재개발과 더불어 '남향 한강뷰' 르네상스를 선도할 성수전략정비구역이 앞에서 끌고 첨단 IT 일자리의 폭발이 뒤에서 받쳐줄 성동구의 미래 청사진은 우울한 고령화의 미래를 역주행하는 도시 활력을 선사하여 앞으로도 신혼부부를 끌어당길 것이다.

  '신혼부부 비율 10% 클럽'인 영등포구, 성동구에는 미치지 못하지만 서울에서 두 번째로 많은 약 1만 3,000쌍의 신혼부부가 거주하는 강서구는 서울 평균인 7.3% 수준을 상회하는 8.5%의 신혼부부 집중도를 보인다. 서울의 마지막 택지지구로 개발된 마곡지구는 강서구에 대규모 주택 공급을 선사했다. 뿐만 아니라 LG, 코오롱, 롯데 등 대기업들이 한데 모여 있는 '자족 생활권'으로 조성되어 서울에 거주하는 많은 신혼부부들로부터 선택을 받았다.

신혼부부 비율로 따지면 강서구 못지않은 곳이 마·용·성의 '마포구'이다. 마포구 역시 서울 도심 업무 지구의 관문에 자리 잡고 있는 데다 CJ, LG 등 미디어·IT 기업과 방송사들이 한데 모여 있는 상암디지털미디어시티를 품고 있어 고소득 맞벌이 신혼부부들이 모여드는 곳이다. 신혼부부 집중도가 높은 강서구와 마포구는 한강을 사이에 두고 마주보고 있는데 가양대교가 이 두 자치구를 이어주고 있다. '대장홍대선' 철도 개발이 가시화될 경우 두 자치구의 교통 여건 개선에 따라 집값 상승뿐 아니라 두 지역 간 시너지 효과도 기대할 수 있을 전망이다. 3기 신도시인 부천 대장에서 출발하여 강서 화곡역, 강서구청역을 거쳐 마포 상암역과 디지털미디어시티역, 홍대입구역까지 잇는 대장홍대선은 2032년 개통을 목표로 하고 있다. 해당 노선이 개통될 경우 지하철역이 없는 강서구 화곡동과 공항철도·경의중앙선에 의존하던 마포구 상암동의 주거 가치는 상승할 전망이다. 또한 두 자치구를 합쳐 약 2만 쌍의 신혼부부가 한강을 건너 지하철로 통근하면 신혼부부의 일자리 반경이 더욱 넓어질 것이다. 뿐만 아니라 여가 생활 반경까지 동반 확대되어 마포와 강서는 미래 부부 가구의 라이프스타일에 최적화된 '부부(2인 가구) 주거 클러스터'로 부상할 것이다.

그림 9 대장홍대선 예상 노선도(땅집고)

경기도의 신혼부부 집중 지역은 3곳을 꼽을 수 있다. 먼저 경기도 최대 신도시인 동탄2신도시를 품은 화성시가 10.6%의 가장 높은 신혼부부 비율을 보이고 있다. 그다음으로는 광교신도시가 있는 수원 영통구 10.2%, 김포한강신도시가 있는 김포시는 9.0%의 비율을 보이고 있다. 3곳 모두 2기 신도시가 자리 잡고 있다는 공통점이 있다(화성시와 수원 영통구는 '삼성전자'라는 일자리 키워드로도 한데 묶인다).

정치권에서 '공정'이 계속해서 민심의 중요한 화두로 유지될 경우 3기 신도시 또는 향후 추가로 조성될 신도시는 신혼부부에게 청약 우선권을 쥐어줄 것이다. 그에 따라 미래 신도시에는 앞으로 가구 유형의 대세가 될 부부 가구가 집중될 것이다. 따라서 인구 감소가 극심해지는 시나리오가 현실화될 경우 같은 수도권이더라도 '미래 활력 수요'인 신혼부부가 집중된 신도시와 신도시가 없는 도시 간의 인구 격차 또는 도시 인프라 격차는 갈수록 극심해지며 지역 부동산의 운명에 지대한 영향을 끼칠 것이다.

인천에서도 송도신도시가 있는 연수구와 청라, 검단신도시가 있는 서구의 신혼부부 집중도가 높게 나타난다. 흥미로운 점은 인천에서 집값이 가장 비싼 송도를 품은 연수구의 신혼부부 비중이 서구보다 높다는 것이다. 2015년 이후 수도권 집값 급등기 6년 동안 (2015~2020년) 서구의 신혼부부 수는 18% 감소한 반면 연수구의 신혼부부는 급증한 가격 부담에도 불구하고 무려 19%나 증가했다. 같은 기간 내 경기, 인천을 통틀어 신혼부부 증가 지역이 7곳밖에 없을 정도로 희소했다는 점을 감안하면, 이전 세대보다 부유하고 주거 입지 욕망이 강한 요즘 신혼부부의 주거 트렌드를 인천의 자존심 송도신도시에서 찾을 수 있다.

'마·강·청'을 주목하라!(feat. 여가 입지)

자녀를 낳기보다는 각자의 독립된 경제생활을 영위하려는 신혼부부의 특성상 직주근접이라는 입지 조건 외에도 '따로 또 같이'의 여가 생활을 풍성하게 해줄 '여가 입지' 또한 미래 부동산 가치를 결정짓는 중요한 입지 포인트가 될 것이다. 앞서 살펴보았듯 서울에서 신혼부부의 집중도가 높은 마포구와 성동구는 대한민국의 대표 여가 문화 중심지로 두말할 필요가 없는 홍대와 성수동을 품고 있다.

만일 마포와 강서를 더욱 가깝게 이어줄 대장홍대선에 이어 강서구에 위치한 2호선 까치산역에서 인천 서구의 청라까지 연장될 '2호선 청라 연장 사업'이 본격 시행될 경우 신혼부부의 집중도가 높은 '마포구—강서구—청라'가 도시철도로 한데 묶이며 '마(포)·강(서)·청(라)'은 강력한 신혼부부 주거 벨트로 부상할 것이다. 마포구의 월드컵 경기장, 난지캠핑장을 시작으로 강서구 마곡지구 중심에 자리한 약 2만 5,000평 부지에 조성될 마이스 복합단지, 그리고 청라의 5만 평 부지에 조성될 스타필드와 2만 석 규모의 청라 돔구장까지, 미래 신혼부부의 여가 입지 아이콘이 될 '라이프스타일 인프라'를 한데 엮어줄 2호선 연장 도시철도의 개발은 마·강·청의 미래 주거 가치를 상승궤도에 올려놓을 강력한 트리거가 되어줄 것이다.

금쪽같은 내 새끼, '부부+1인 자녀' 가구

학군 우수 지역(서울·경기·부산)

부부와 자녀가 함께 사는 '부부+자녀' 가구는 앞으로도 꾸준히 감소하여 2050년경에는 2020년 대비 무려 36%나 감소할 전망이다. 이러한 추계는 앞서 살펴본 것처럼 자녀를 낳지 않는 신혼부부가 증가하는 추세와 궤를 같이한다. 다만 1자녀를 둔 부부 가구, 즉 부부+1인 자녀로 구성된 가구는 2030년까지 꾸준히 증가하여 2020년 대비 약 5%의 증가세를 기록할 전망이다. 2인 이상의 다자녀 가구는 앞으로 희소해질 것이나 금쪽같은 1인 자녀를 둔 가구의 숫자는 적어도 2040년까지는 현재 수준을 유지할 가능성이 높다. 이는 부부만의 독립적인 생활을 누리고자 하는 신혼부부가 꾸준히 증가하는 와중에도 '내 자식 1명'은 꼭 낳아 양육하고픈 가족관 역시 어느 정도 견고하게 유지되고 있다는 사실을 시사한다. 자녀에 대한 간절한 소망을 읽을 수 있는 난임 시술 통계를 살펴봐도 그러한 점을 확인할 수 있다.

서울 집값이 한창 오르던 2018년 난임 시술 지원을 받아 태어난 아기의 비율은 2.8%였다. 하지만 2019년 8.8%로 급증한 이후 2021년(1~5월) 12.3%까지 꾸준히 증가했다. 전국 신혼부부의 4분의 1이 거주하고 있는 고밀 도시 서울(7.57회)과 부산(6.79회)의 1인당 난임 시술 횟수가 전국 1, 2위라는 점을 감안하면 1인 자녀를 둔 부부 가구의 숫자가 왜 2030년까지 줄어들지 않을지 짐작할 수 있다.

'2020년 가족실태조사'에 따르면, 자녀 양육 시 느끼는 어려움으로 '경제적 부담'을 꼽은 응답 비율은 2015년 36%에서 2020년 24%로

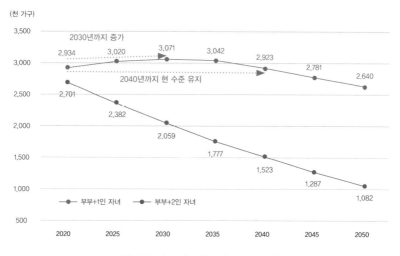

(천 가구)

그림 10 1인 자녀 가구 대 2인 자녀 가구 장래 추계(통계청)

크게 감소했다. 반면 '학업 성적'(16%→17%), '진로 문제'(23%→25%)
의 비율이 증가했다. 이는 1자녀 출산이 주류를 이루며 부부 가구의
경제적 부담은 줄어들었으나 하나뿐인 내 자녀를 어떻게든 잘 키워
보겠다는 부담이 증가한 것으로 해석할 수 있다. '난임 시술을 해서
라도 내 자녀를 갖겠다' 혹은 '1명만 낳아 잘 기르자'는 가족관은 1명
의 자녀에 집중하기 위해 우수 학군지로 쏠리는 부부+1인 자녀 가
구의 주거 이동 패턴에 고스란히 반영되고 있다.

　'2020년 주택소유통계'를 활용해 주택을 소유한 서울 거주 가
구 중 '부부+미혼 자녀' 가구 집중도*가 높은 곳을 살펴보면 양천구
(47.3%), 서초구(44.3%), 노원구(44.2%), 강남구(44.0%) 순으로 집계
된다. 이들 4곳은 서울, 아니 대한민국의 교육 1번지로 손꼽히는 목
동, 대치동, 중계동 학군을 품고 있다. 부부+미혼 자녀 가구의 거

주 집중도가 해당 지역 학군의 위상을 고스란히 반영하고 있음을 알 수 있다. 따라서 부부+미혼 자녀 집중도의 변화를 통해 학군 위상의 변동 또한 읽을 수 있다. 편의상 강남 학군으로 묶을 수 있는 강남구, 서초구의 부부+미혼 자녀 비율은 지난 5년간(2016~2020년) -1%p 수준으로 미미하게 감소했다. 그에 비해 양천구는 -2.8%p, 노원구는 서울 평균 수준(-3.0%p)을 하회하는 -4.0%p의 높은 감소폭을 기록했다.

학군의 변화를 보여주는 또 하나의 통계인 '사설학원 통계'를 살펴봐도 유의미한 현상을 확인할 수 있다. 학령인구의 감소와 코로나19로 인해 지난 6년간(2016~2021년) 서울에서 139곳의 학교교과교습학원(이하 '교습학원')이 문을 닫았음에도 강남구와 서초구에서는 각각 309곳, 51곳이 증가했다. 반면 부부+미혼 자녀 비율이 큰 폭으로 감소한 노원구의 교습학원은 같은 기간 113곳이 문을 닫으며 학군이 위축되는 흐름이 포착되었다. 흥미로운 것은 같은 기간 57곳의 교습학원이 증가한 마포구 학군의 성장세이다. 이는 재건축·재개발로 탄생한 신축 아파트에 입주한 고소득 가구의 대거 유입에 따른 결과이다. 다만 마포구의 학원 숫자는 서울 대표 학군 지역의 절반에 불과하기 때문에 아직 유망 학군으로 불리기에는 이르다고 할 수 있다.

---

* 부부+1인 자녀 가구의 집중도는 전체 가구 중 부부+미혼 자녀 가구의 비율로 갈음했다. 가구 유형에 따른 주택 소유 통계를 발표하는 '주택소유통계'에서는 '자녀 수별' 통계를 따로 발표하지 않기 때문이다. 물론 부부+미혼 자녀 통계에는 1인 자녀뿐 아니라 2인 이상 다자녀 가구까지 포함되어 계산되나, 향후 2인 이상 다자녀 가구가 급격히 감소하는 장기 추계를 감안했을 때 '부부+미혼 자녀 가구≒부부+1인 자녀 가구'의 등식이 무리 없이 성립한다고 보았다.

부부+미혼 자녀 가구의 비중이 흔들리고 있는 노원구와 달리 강남 학군 수준의 미미한 감소폭을 기록한 강동구(-1.4%p)는 송파구의 뒤를 이어 서울에서 6번째로 높은 43.0%의 부부+미혼 자녀 비율을 기록했다. 강동구의 교습학원 수 역시 감소했다. 하지만 그 폭은 노원구의 절반에 그쳤으며, 교습학원 중 가장 많은 비중을 차지하는 '입시 검정 및 보습 학원'(이하 '입시보습학원')의 정원은 1만 4,000명이 감소한 노원구와 달리 약 4,000명이 증가했다. 강사 수 역시 55명 증가했다. 마포구에서 관찰된 신축 아파트의 학군 효과에 비추어볼 때, 단군 이래 최대 규모라고 할 수 있는 강동구의 '올림픽파크포레온(둔촌주공 재건축)'(12,032세대) 입주와 그 뒤를 잇고 있는 명일동 재건축 사업들이 순항할 경우 부부+미혼 자녀 가구가 풍부한 강동 학군의 성장세는 더욱 두드러질 전망이다.

경기도에서 부부+미혼 자녀 가구의 집중도가 높은 곳 TOP 5를 꼽아보면 다음과 같다(구區 단위 기준). 수원 영통구(54.9%), 용인 수지구(50.4%), 용인 기흥구(49.1%), 안양 동안구(48.8%), 성남 분당구(48.4%). 이곳들 역시 경기도를 대표하는 학군을 품고 있다. 수원 영통구와 평촌 학군을 품고 있는 안양 동안구의 부부+미혼 자녀 비율은 지난 5년간(2016~2020년) -3%p의 큰 감소세를 겪었다. 그에 비해 용인 수지구와 성남 분당구는 -1%p 수준의 안정적인 흐름을 기록했다. 특히 성남시의 입시보습학원은 학원 수, 정원 수, 강사 수, 강의실 수 등 모든 면에서 고른 성장을 보이며 분당 학군의 흔들리지 않는 위상을 확인시켜주었다.

동탄2신도시를 품은 화성시의 입시보습학원 역시 학원 수, 정원 수, 강사 수 등 모든 면에서 폭발적인 성장세를 보였다. 화성시는 시市 단위 기준으로 경기도에서 가장 높은 부부+미혼 자녀 집중도 (51%)를 보이고 있다. 또한 경기도에서 4번째로 많은 약 9만의 부부+미혼 자녀 가구가 거주하고 있다. 학군 수요의 집중도와 규모 면에서 화성시의 잠재력이 만만치 않다는 것을 알 수 있는 대목이다. 화성시를 대표하는 동탄신도시의 중심인 동탄역을 사이에 두고 이웃하고 있는 동탄1신도시의 반송 학군과 동탄2신도시 시범 단지 학원가의 시너지를 통해 경기도를 대표하는 또 하나의 신학군으로 탄생할 동탄 학군을 기대해본다.

이번엔 지방으로 눈을 돌려 광역시 가운데 주택을 소유한 부부+미혼 자녀 가구가 가장 많은 부산의 미래 학군을 살펴보자. 부산에서 부부+미혼 자녀 가구수가 많은 곳은 해운대구, 부산진구, 동래구 순이다. 학군 수요 집중에 따라 부산 입시보습학원의 3분의 1이 이곳에 집중되어 있다. 하지만 부부+미혼 자녀 가구의 비율로 따져 보면 다른 결과가 나온다. 명지신도시가 있는 강서구가 45% 수준으로 해운대구의 39%를 상회하며 부산에서 가장 높은 집중도를 자랑한다. 해운대구, 수영구, 동래구 등 쟁쟁한 자치구를 품고 있는 동부산에 비해 여러모로 밀리는 서부산이지만 명지신도시는 그 북측을 따라 개발되고 있는 에코델타시티와 함께 앞으로 서부산 개발의 핵심축이 되어 서부산의 주거 가치를 상승시킬 전망이다.

한편 부산 강서구의 높은 부부+미혼 자녀 가구 비율은 송도신도시가 있는 인천 연수구(49%)와 비슷한 수준인데, 두 신도시는 닮은 점이 많다. 일단 두 곳 모두 글로벌 기업의 투자·유치가 자유로운 경제자유구역으로 탄생한 도시이다. 또한 선배격인 송도신도시가 뉴욕주립대, 유타대학 등의 글로벌 캠퍼스를 유치했듯이 명지신도시 역시 영국의 명문 학교인 로얄러셀스쿨을 유치하여 2027년 개교를 목표로 하고 있다. 여기에 두 곳 모두 입시보습학원이 괄목할 만한 성장세를 보이고 있다.

바이오산업의 메카로 우뚝 선 송도신도시의 뒤를 이어 명지신도시에도 글로벌 바이오기업인 프레스티지바이오파머의 R&D 센터가 준공될 예정이다. 또한 송도신도시가 11공구 개발을 추진하고 있듯이 명지신도시도 2단계 개발(약 57만 평)과 더불어 약 356만 평의 규모를 자랑하는 에코델타시티가 개발되고 있다. 향후 가덕도신공항 개발 시 인천공항을 끼고 있는 송도신도시와 마찬가지로 '(공)항세권 도시'로 발돋움할 것이다. 한편 인천의 여타 도시와 별개의 시장 흐름을 보이는 송도신도시처럼 명지신도시 역시 서부산 여타 도시와 별개의 시장 흐름을 보인다. 향후 글로벌 캠퍼스 유치, 2단계 개발, 에코델타시티, 가덕도신공항 개발이 예정대로 순조롭게 추진될 경우 명지신도시는 자녀와 함께 유입되는 부부 가구의 증가에 힘입어 서부산을 대표하는 명문 학군 도시로 등극할 전망이다.

35~39평 아파트 프리미엄

오롯이 개인에게 집중하는 1인 가구와 부부가 함께 사는 2인 가구의 주거 형태에는 큰 차이가 있을 수밖에 없다. 마찬가지로 부부+1인 자녀 가구와 무자녀 부부 가구도 차이가 있을 수밖에 없다. 그런 이유로 금쪽같은 자녀에게 독립적인 공간을 마련해주려는 부부+1

인 자녀 가구의 주거 면적과 무자녀 부부 가구의 주거 면적에는 큰 차이가 있다.

2021년 LH 토지주택연구원이 수도권 아파트에 거주하는 중산층 856명을 대상으로 조사한 설문 결과에 따르면, 소위 국민 평형대로 불리는 25~34평에 거주하는 유자녀 부부 가구의 비율은 25.0%이다. 그에 비해 동일 면적에 거주하는 무자녀 부부의 비율은 37.7%로 무자녀 부부의 국민 평형대 집중도가 더욱 높았다(앞으로 부부 가구가 대세가 되면서 국민 평형대의 수요는 꾸준할 것임을 암시하는 데이터이다). 한편 준대형이라고 할 수 있는 35~39평 혹은 방 4칸이 있는 주택에 거주하는 유자녀 부부의 비율은 각각 23.5%, 39.8%를 기록했다. 그에 비해 동일 타입에 거주하는 무자녀 부부의 비율은 21.2%, 15.0%로 조사되었다.

설문 결과를 통해 자녀 유무에 따른 부부 가구의 실제 주거 면적 차이와 준대형 평형에 대한 부부+1인 자녀의 수요를 엿볼 수 있다. 한국갤럽이 발표한 '2023년 부동산트렌드'에 따르면 3인 가구의 희망 주거 면적은 국민 평형대를 초과하는 35.8평으로 조사되었다. 이를 통해서도 부부+1인 자녀의 준대형 아파트 사랑을 짐작할 수 있다.

'2020 인구주택총조사'에 따르면, 서울의 전용면적 $85m^2$(34평) 초과 주택 중 40평 이상 주택의 비율은 90%이다. 이는 전용면적 $85m^2$ 초과 주택 중 준대형 평형이라고 할 수 있는 35~39평 주택의 비율이 10%에 불과하다는 뜻으로 그 희소가치를 짐작할 수 있다. 반면 4인 가구의 절벽이 예견되는 가운데 40평 이상 대형 아파트에서 희소가치를 찾기는 어려워 보인다. 굳이 수요와 공급을 논하지 않아도 서울의 비싼 평당가를 고려하면 40평이 넘는 주택의 수요는 제한될 수밖에 없다. 그러나 금쪽같은 1인 자녀를 둔 부부 가구의 수요가 꾸준하고, 갈수록 증가하는 1인당 주거 면적 트렌드를 감안했을 때, 집값이 부담되는 서울이라고 해도 부부+1인 자녀 가구의 집중도가 높은 자치구에서는 35~39평의 희소가치가 국민 평형대의 가치를 능가할 것으로 전망된다.

앞서 빅데이터가 알려준 '부부+미혼 자녀 집중 도시＝학군 유망 도시'라는 공식을 떠올려보면 서울에서 35~39평의 희소가치가 빛을 발하는 자치구가 어디인지 쉽게 짐작할 수 있다. 그러나 서울의 집값 수준을 곱씹어보면 미혼 자녀가 있다고 국민 평형대를 넘어선 준대형 평형에 거주하기는 쉽지 않은 일이다. 따라서 공급(35~39평 주택 수) 대비 실제 거주 수요(부부+1인 자녀 가구≒3인 가구) 비율을 데이터로 확인해보면 가격 저항까지 포함한 35~39평 인기 지역을 더 정확히 가려낼 수 있다.

부부+1인 자녀 가구가 3인 가구의 주류임을 감안하고 '2020 인구주택총조사'에서 밝혀놓은 35~39평에 거주하는 3인 가구 비율을 살펴보면, 서울 자치구 중 강북구가 37%로 가장 높다는 것을 알 수 있다. 서울의 높은 집값에 따른 가격 저항을 읽을 수 있는 대목이다. 학군 우수 지역이면서 '부부+미혼 자녀 집중 자치구'인 양천구(31%), 서초구(30%), 강남구(29%), 노원구(29%) 또한 중상위권을 차지하며 '부부+미혼 자녀 집중 도시＝학군 유망 도시＝35~39평 인기 지역'의 공식을 입증해준다. 다만 강북구의 사례에 착안하여 비단 학군이라는 요소뿐 아니라 상대적으로 낮은 집값 저항에 따른

35~39평 선호 지역을 추가로 발굴해보는 것도 필요하다.

서울의 3인 가구는 높은 집값 저항으로 인해 25~34평에 거주하는 비율이 35~39평에 거주하는 비율보다 높다. 다만 집값 저항이 덜하여 25~34평보다 35~39평에 거주하는 3인 가구 비율이 비교적 높은 곳이 있는데, 바로 은평구이다. 은평구에 소재한 35~39평 주택에 3인 가구가 거주하는 비율은 31%로, 양천구와 비슷한 수준이다. 은평구에서는 재개발·재건축 사업이 꾸준히 진행되고 있다. 갈현1구역(4,116세대), 대조1구역(2,451세대)은 관리 처분 인가를 완료하여 수년 내 신축으로 변신할 예정이다. 시공사 선정을 완료한 불광5구역(2,387세대), 불광1구역(총 527세대)은 관리 처분을 향해 달려가고 있다. 통상 관리 처분을 앞두고 조합원을 대상으로 희망 평형을 신청한다. 은평구의 준대형 평형 선호도를 고려한다면 이때 35~39평을 노려보는 것이 좋다. 갈현1구역, 대조1구역 등 신축 아파트는 물론이고 10년 내의 준신축이라도 국민 평형대보다는 35~39평 규모의 준대형 아파트를 선택하는 것을 추천한다.

경기도의 준대형 평형 인기 역시 서울처럼 학군과 가격 저항이라는 두 가지 요인에 좌우된다. 35~39평에 거주하는 3인 가구 비율이 가장 높은 지역은 일산동구(33%)이며, 수원 영통구(31%), 안양 동안구(31%), 성남 분당구(31%) 등 학군 우수 지역들이 그 뒤를 이었다.

일산동구 준대형 평형에 거주하는 3인 가구의 비율이 높은 이유는 아무래도 노후한 1기 신도시의 가격 메리트 때문이라고 할 수 있다. 일산동구에는 일산서구의 후곡 학군과 함께 고양시의 유명 학군인 백마 학군이 자리 잡고 있다. 따라서 부부+1인 자녀 가구가 집중되어 있을 백마 학군 35~39평의 가치는 국민 평형대보다 높게 평가될 것이다. 앞으로 분당뿐 아니라 일산에도 리모델링 훈풍이 불 것이다. 35~39평에 대한 일산의 높은 선호도를 감안한다면 리모델링 증축 시 준대형 평형으로 변신이 가능한 곳에 유동성이 쏠릴 것이다.

일산동구에 이어 준대형 평형 선호도가 높은 수원 영통구는 광교신도시를 품고 있다. 앞서 강조했듯이 35~39평 준대형 평형의 인기는 희소가치를 기반으로 한다. 만일 광교신도시 개발이 한창이고 향후 35~39평 주택 공급이 대거 예정되어 있다면 영통구에서 준대형 평형 가치는 높게 평가받지 못할 수 있다. 그러나 광교신도시는 개발이 완료된 상황이고 영통구에서 진행되고 있는 2,000여 세대의 도시 개발 사업인 망포지구의 공급 면적 역시 국민 평형대이거나 40평 이상의 대형 평형이 대부분이다. 그런 점에서 영통구에서의 준대형 평형 프리미엄은 꾸준히 유지될 전망이다.

좀 더 범위를 넓혀 수도권 전반에서 준대형 평형의 희소가치를 위협할 요인을 살펴보면, 3기 신도시에 예정된 막대한 공급 물량을 꼽을 수 있다. 하지만 3기 신도시의 공공 사전 청약 물량 중 35평 이상의 물량은 찾아볼 수 없다. 또한 사전 청약 공급량의 절반을 차지하는 신혼희망타운의 주 공급 면적도 25평이 채 되지 않는 소형 평형이 대부분이다. 이러한 점들을 고려하면 3기 신도시는 수도권 도심 35~39평의 희소가치를 오히려 더욱 높여줄 것으로 전망된다.

🗣️ 네 번째 기회:
미래 부동산시장의 게임 체인저!

액티브 시니어가 바꿀 대한민국 부동산

인구절벽 담론과 더불어 대한민국 부동산시장을 더욱 우울하게 만드는 담론이 '고령화'이다. 통계청의 장래가구추계에 따르면 1인 가구 다음으로 많은 비율을 차지하는 가구 유형은 2인 가구이다. 그리고 그 2인 가구 중에서는 부부 가구가 가장 많은 비율을 차지한다. 또한 가속화되는 고령화의 영향으로 부부 가구 중에서 노인 부부의 비율이 가파르게 증가할 것이다. 가구주의 나이가 65세 이상인 노인 부부의 비율은 2024년 전체 부부 가구의 절반이 넘는 52%에 이르고, 2030년에는 60%에 도달할 전망이다. 정년 이후의 삶을 살고 있는 부부 가구를 만나는 것은 대한민국에서 매우 흔한 일이 될 것이다.

이런 통계를 곱씹고 있자면 왠지 2024년 이후 대한민국은 진한 회색빛으로 물들 것 같다. 경제 수단을 잃은 노인들이 살고 있던 집을 처분하고, 길거리에는 지팡이를 짚고 힘겹게 걸어가는 사람들로 가득한 나라. 부동산시장뿐 아니라 일상의 속도 전반이 축 처질 것 같은 느낌이 드는 게 사실이다.

'액티브 시니어'는 이전 세대의 노인과 달리 부와 건강을 바탕으로 경제, 사회, 문화 생활에 적극적으로 참여하는 새로운 장년 그룹을 의미한다. 1982년 미국 심리학자인 버니스 뉴가튼Bernice Neugarten이 주창한 개념이다. 1982년은 UN 최초의 세계고령화총회가 열리며 전 세계적으로 고령화 담론이 싹트던 시점이면서 기존의 노인을 새로운 관점으로 바라보기 시작한 원년이기도 하다. 1982년 당시 우리나라의 기대수명*은 아직 70세를 넘지 못한 67.2세에 불과했다. '이전보다 강한 노인'이 아닌 '경로 우대'의 관점으로 노인을 바라보던 시절이었다. 그러나 1996년 기대수명이 74.2세로 높아지면서 1982년의 미국(74.5세)과 비슷해졌고, 2003년부터는 미국을 추월했다. 2020년대에 들어서며 83세의 높은 기대수명을 자랑하는 대한민국에서 액티브 시니어라는 신장년층이 바꾸어갈 미래를 기대해보는 것은 이제 어색한 일이 아니다. 아니 어쩌면 너무 늦은 일일지도 모른다.

KT경제경영연구소에서는 액티브 시니어의 특징을 'BRAVO'라는 키워드로 요약했다. 풀이하면 Bankable(부동산, 연금 등 준비된 노후 자산에 대한 적극적 관리), Relation(종교, 친목, 취미 등 사회 활동), Active(적극적인 건강관리, 자원봉사, 여가 활동), Value consumption(가치 소비, 고급 소비), Occupation(지속적 근로, 경력과 유관한 직업, 창업 의지)이다. 노인 세대의 특징으로 꼽던 '그레이 DNA'가 아닌 활력의 향기를 물씬 풍기는 '블루 DNA'를 발견할 수 있다. 노인에 대한 고정관념을 깨뜨린 버니스 뉴가튼은 노인 연령을 75세 이후로 정의하면서 액티브 시니어의 연령대를 50~75세로 구분했는데, 우리나라에서는 좀 더 좁은 범위인 50, 60대로 통용되고 있다.

---

* 사전적 의미는 '0세의 출생아가 앞으로 생존할 것으로 기대되는 평균 생존 연수'로, 보통 국가의 건강·의료 수준 혹은 장수의 지표로 쓰인다.

우리가 당장 50, 60대 액티브 시니어를 주목해야 하는 이유는 베이비붐 세대라고 불리는 1955~1963년생이 50, 60대에서 차지하는 비율이 45%에 달하고 있으며* 1974년생까지로 베이비붐 세대를 확장하면 무려 89%가 액티브 시니어에 속하기 때문이다.** 2024년에는 베이비붐 세대의 막내인 1974년생이 만 나이 기준 50세에 진입하며 액티브 시니어호에 탑승했다. 따라서 2024년은 축 처진 노인의 이미지가 아닌 이전과는 전혀 다른 노인, 아니 신장년층의 액티브 시니어가 이끄는 부동산 시대가 본격적으로 개막되는 해가 될 것이다.

이쯤에서 액티브 시니어호를 선두에서 이끌어갈 1955~1961년생 베이비붐 선두 세대의 스펙을 살펴보자. 한국노인인력개발원의 조사에 따르면 1955~1961년생의 은퇴 비율(14%)은 앞선 노인 세대(31%)*** 대비 절반 수준에 불과하다. 교육 수준도 앞선 노인 세대의 고졸 이상 비율(41%)보다 26%p 높은 67%이다. 남자만 따로 떼어놓으면 약 80%에 달한다. 또한 '건강 상태로 인해 일을 하는 데 지장이 있습니까?'라는 질문에 '전혀 지장 없음'이라고 응답한 비율도 앞선 노인 세대(12%)보다 높다(26%). 고령층의 소득을 3분위로 나누었

---

* 2021년 말 '행정안전부 주민등록 인구통계' 기준.

** 인구학자 조영태 교수는 1955~1974년생으로 베이비붐 세대를 확장했다. 또한 베이비붐 세대를 1세대 1955~1964년생, 2세대 1965~1974년생으로 나누었는데, 2세대 베이비부머는 1세대와 비슷하게 90~100만 명이 태어났으나 합계 출산율은 1세대보다 현저히 낮고 대학 진학률은 크게 증가했다는 특징이 있다.

*** 앞선 노인 세대는 1945~1954년생으로 정의했다.

	산업화 세대	베이비붐 1세대	베이비붐 2세대	X세대	밀레니얼 세대	Z세대
출생 연도	1940~1954	1955~1964	1965~1974	1975~1984	1985~1996	1997~
역사적 사건 (주로 유년기)	한국전쟁, 베트남전	새마을운동	민주화운동	대중문화 시대	올림픽	월드컵, IMF 외환위기
인구 사회학적 특성	실버산업 세대	센서스 시작, 합계 출산율 5~6%, 대학 진학률 20%대	가족계획 이후 세대, 합계 출산율 3~4%, 대학 진학률 30%	수능 세대, 여성 교육 수준 급상승, 자녀 수 감소 본격화, 대학 진학률 급증	저출산/고령화, 1인 가구 증가, 대학 진학률 80% (여성 〉남성)	가구 분화 증가, 초저출산

그림 11 한국의 세대 구분(조영태, 《인구 미래 공존》)

을 때 중위 소득 이상에 해당하는 '상'에 속하는 비율 역시 과반수 이상인 64%를 기록하며 앞선 노인 세대(36%)와 큰 격차를 보였다. 여기에 부동산 자산과 금융 자산도 앞선 노인 세대 대비 각각 33%, 50% 많은 것으로 조사되었다. 베이비붐 선두 세대의 스펙이 이러한데, 더 많이 배우고 더 건강한 후배 베이비붐 세대의 스펙은 굳이 나열하지 않아도 충분할 것이다. 이러한 점들을 고려해볼 때 액티브 시니어가 대한민국 부동산의 트렌드를 바꿀 게임 체인저가 될 것은 자명한 사실이다.

액티브 시니어도 직주근접을 중시한다

"은퇴제는 커다란 배려가 수혜자들에게 재앙으로 둔갑한 사례라고 할 만하다." 프랑스의 대표적 지성으로 꼽히는 파스칼 브뤼크네르Pascal Bruckner가 자신의 책에서 은퇴 제도의 어두운 면을 지적하며 남긴 말이다.* 베이비붐 세대의 절반 이상이 2017년부터 실시된 60세 정년 연장의 혜택을 누리며 앞선 세대보다 5년 더 회사를 다닐 수 있게 되었다. 하지만 100세 시대를 바라보는 시점에서 60세 은퇴는 액티브 시니어에게 가혹한 일이다. 이에 국가에서는 은퇴자들의 인생 2막 설계를 위해 노인 일자리 사업을 지원하고 있다. 사업에 참여하는 기관 실무자들의 인터뷰를 들어보면 이전 노인 세대와 확연히 다른 액티브 시니어의 강점을 엿볼 수 있다. 잠시 그들의 이야기를 들어보자.

"일단 서울시 중장년층은 학력이 높아요. 통계상으로도 대졸 출신이 30%나 차지하고 있어요. 고학력의 예로, 사회공헌일자리로 참여하고 있는 50+컨설턴트의 경우 대졸 이상자가 90%예요."
"실질적으로도 베이비부머들은 자격증이 어느 세대보다 많다는 생각이 들거든요. 학습에 대한 이해도도 이전 세대보다 높고, 배워서 뭘 하겠다는 게 많아요."**

2021년 사회조사 통계에 따르면 60세 이상 인구의 72.5%가 본인 및 배우자의 생활비를 스스로 마련하고 있다. 이는 2013년 63.6% 대비 10%p 증가한 수치이다. 2020년 노인실태조사에 따르면 65세

* 파스칼 브뤼크네르, 이세진 옮김, 《아직 오지 않은 날들을 위하여》, 인플루엔셜, 2021.
** 김수린 외, 《신노년세대를 위한 노인일자리사업 개편방안 연구》, 한국노인인력개발원, 2020.

이상 노인의 개인소득에서 근로소득이 차지하는 비율은 2011년 이후 가장 높은 26.3%를 기록했다. 이처럼 60세 이상 장년층의 경제적 자립 욕구는 갈수록 높아지고 있다. 그런 점에서 직주근접은 신혼부부에게만 중요한 요인이 아니다. 아무리 이전 노인 세대보다 건강한 액티브 시니어라고 하지만 '통근 체력'은 30, 40대보다 덜할 수밖에 없다. 실제로 노인일자리사업에 참여하고 있는 베이비붐 세대에게 근로에서 가장 어려운 점을 물었을 때 '교통 문제(이동 문제)'라고 응답한 비율이 25.2%로 가장 높았다. 이는 이전 노인 세대의 응답 비율 18.8%보다 높은 수준으로 고학력 비율이 높은 베이비붐 세대가 자신의 기존 경력에 맞는 일자리를 찾아 먼 곳까지 통근하고 있다는 것을 시사한다. 이러한 베이비붐 세대의 통근 특성은 '서울시 가구통행실태조사'에서도 발견할 수 있다.

2016년 기준 60세 이상 남성의 승용차 출근 비율은 29%로 지하철 출근 비율 13%보다 2배 이상 높다. 30~59세 여성의 승용차 출근 비율이 17%임을 감안할 때 많은 베이비붐 세대가 은퇴 이후 새로 얻은 일터를 향해 도로에서 많은 에너지를 쏟고 있다는 것을 알 수 있다. 베이비붐 세대가 장거리 출근길에 나서는 근본적인 원인은 양질의 일자리가 턱없이 부족한 데서 찾을 수 있다. 계속고용 비율과 임금 수준이 높아 고학력, 고숙련 액티브 시니어에게 인기가 많은 시니어 인턴십*** 일자리가 전체 노인 일자리 중 8%에 불과한 현

*** 만 60세 이상 고령자의 고용 촉진을 목적으로 기업에 인건비를 지원하여 계속고용을 유도하는 사업이다. 사업이 시작된 2014년 이후 9개월 이상 계속 고용되는 비율이 꾸준히 상승하여 2018년 현재 55.6%에 달한다.

실을 감안하면, 불가피하게 장거리 출근을 해야 하는 베이비붐 세대의 통근 피로는 앞으로도 누적될 수밖에 없을 것이다. 나이가 들수록 하루, 한 시간이 아까운 것은 이전 노인 세대나 액티브 시니어나 마찬가지다. 단순 생계 차원을 넘어 넉넉한 소득과 여가를 통한 자아실현에 일의 가치를 두는 액티브 시니어가 증가할수록 길거리에서 쓰는 시간을 아껴주는 '정년 이후 꿈의 일자리'가 집중된 도시로 이들의 유동성이 집중될 것이다.

액티브 시니어의 주거 스타일

계속 도시에 살고 싶다

나이가 들어도 살던 집, 살던 동네에서 계속 살고 싶다Aging in Place.* 미국에서 시작된 이 트렌드는 노년에도 거처를 옮기지 않고 자신이 머무르던 곳에서 안전하고 자립적으로 지내길 희망하는 시니어들이 증가하면서 대세가 되었다.

2021년 우리나라에서 실시된 사회조사에 따르면 60세 이상 인구 10명 중 8명은 자녀와 독립해서 살고 싶어한다. 또한 양로원이나 요양 시설이 아닌 자기가 살던 집에서 계속 거주하고 싶어하는 비율은 90%에 달한다. 이는 2011년 조사했을 때의 82%에 비해 8%p 증가한 수치로, '도시의 장년층'들이 트렌드를 주도했다. 2011년 조사에서 도시에 거주하는 60세 이상 인구의 '자기 집 거주 희망' 응답

---

* 노인들이 요양원 같은 대체 거주 시설보다는 나이, 수입 혹은 신체적 능력을 포함한 능력 수준에 상관없이 자신의 집과 자신이 속한 커뮤니티에서 안전하고 독립적이며 안락하게 살아가는 것을 말한다.

비율은 80%였다. 하지만 2021년 조사에서는 91%를 기록했는데, 2011년과 2021년 조사의 큰 차이점은 액티브 시니어라고 불리는 베이비붐 세대의 참여 여부이다. 2011년 조사에서 '60세 이상' 조사 문항의 응답 대상 가운데 막내는 1951년생이었다. 하지만 2021년에는 베이비붐 세대가 포함된 1961년생이 막내로 참여함으로써 '살던 곳에서의 거주' 응답 비율을 끌어올렸다. 다양한 인프라가 몰려 있는 도시에서 '지금까지 살던 그대로' 활기찬 여생을 보내려는 액티브 시니어의 희망은 앞서 소개한 BRAVO 라이프스타일이 그들의 주거 의식에 고스란히 반영된 결과라고 할 수 있다.

50세 이상 액티브 시니어의 도시 거주 트렌드를 강화하는 또 다른 요인으로는 '가족 간의 유대감'을 꼽을 수 있다. 서울시50플러스재단에서 실시한 설문조사에 따르면 50~65세 집단은 결혼한 자녀와의 '동거'는 부담스럽지만 그렇다고 승용차로 30분 이상 거리에 거주하는 것도 꺼려한다. '같은 아파트 단지나 도보로 10분 이내 거리에 거주' 혹은 '승용차로 30분 이내 거리에 거주'하는 것을 선호한다. 젊은 부부들의 도시 쏠림 현상이 강해질수록 이들과 근거리에서 살고자 하는 액티브 시니어의 주거 의식이 이들을 더욱 도시에 붙잡아두는 요인이 되는 것이다.

더클래식500의 시사점

은퇴 후에도 기존의 익숙한 생활 패턴과 사회관계를 계속 유지하고픈 베이비부머가 액티브 시니어 연령대로 본격 진입하던 2010년 이후 실버타운의 트렌드도 변곡점을 맞이했다. 공기 좋고 물 좋은 중소 도시의 전원·휴양형 실버타운이 아니라 교통·상업·의료 시설을 근거리에서 누릴 수 있는 도심형 시니어타운이 액티브 시니어에게 환영받기 시작한 것이다.

도심형 시니어타운의 대표적인 성공 사례로는 건국대 스타시티에 건립된 '더클래식500'을 꼽을 수 있다. 더클래식500의 성공이 빛을 발하는 것은 수도권 부동산 경기가 암울했던 2009년 총 380세대로 개관했는데도 초기 입주율이 70%를 상회했으며 개관 4년 만에 계약률 100%를 달성했기 때문이다. 이는 전국 실버타운의 개원 후 5년차 평균 입주율이 57%라는 점, 초기 입주율이 높다는 곳의 5년차 입주율이 85% 수준인 점을 감안하면 매우 놀라운 성과라고 할 수 있다.* 부동산 경기에 역주행한 더클래식500의 성공은 2010년 이후 액티브 시니어호에 본격 승선하기 시작한 베이비붐 세대 덕분이라고 할 수 있다.

더클래식500의 성공 사례에서 미래 액티브 시니어가 선호할 주거 입지 특성 3가지를 찾을 수 있다. 첫 번째는 '활력 입지'이다. 공기는 좋을지 모르나 인적이 드물어 소외와 고독감이 밀려올 수 있는 전원보다는 다양한 연령대가 공존하며 다채로운 일상을 만들어내는 활력 입지는 앞으로도 액티브 시니어에게 꾸준한 사랑을 받을 것이다. 더클래식500은 대형 백화점뿐 아니라 건국대가 인근에 있어 길거리에서 젊은이들의 활력을 느낄 수 있다. 또한 건국대와의 교류 프로그램을 통해 이루어지는 학생들과 액티브 시니어 간의 상호 재

---

* "도심 시니어타운의 진화…'더클래식500' 입주율 100%", 한국경제, 2013. 7. 30.

능 기부는 사회적 활력의 촉매제가 되기에 충분하다.

두 번째 입지 특성은 '의료 입지'이다. 부동산 경기를 역주행하여 성공한 도심형 시니어타운의 또 다른 사례로 2007년 완공한 성북구 종암동의 노블레스타워, 강서구 등촌동의 서울시니어스가양타워를 들 수 있다. 두 곳 다 초기 입주율이 80%를 상회했는데, 이들의 공통점은 병원과 연계된 건강관리 프로그램이 존재한다는 것이다. 노블레스타워는 고려대학교 안암병원, 서울시니어스가양타워는 송도병원과 연계되어 있다. 2009년 분당구 금곡동에 입주한 더헤리티지도 노인 전문 병원인 보바스기념병원, 역시 비슷한 시기에 입주한 용산구 한강로의 하이원빌리지 역시 원광대학교병원, 중앙대학교병원과 연계된 의료 서비스를 제공한다.

수명 통계에는 몇 세까지 살 수 있을지를 나타내는 기대수명뿐 아니라 기대수명에서 질병과 부상 기간을 뺀 건강수명도 있다. 2020년 현재 우리나라의 기대수명은 83.5년이나 건강수명은 66.3년이다. 인생 후반의 약 17년을 그리 건강하지 못한 상태로 보낸다고 할 수 있다. 기대수명에서 건강수명이 차지하는 건강 기간의 비율은 79.5%로, 2012년의 81.3%에 비해 오히려 감소했다. 100세 시대가 눈앞에 있다고 하지만 노화에 따른 질병으로부터 온전히 자유롭지 못하다는 것을 건강 기간 비율이 입증해주고 있는 것이다. 따라서 오래, 그리고 건강하게 살고자 하는 액티브 시니어에게 대형병원과 연계된 서비스를 받을 수 있는 의료 입지는 앞으로도 중요한 입지 요소임에 틀림없다.

액티브 시니어의 주거 수요를 끌어당길 마지막 입지 특성은 '스마트 입지'이다. 더클래식500은 LG전자, KAIST, KIST 등 유수의 IT 기관들과 손을 잡고 스마트홈, 특히 모바일 헬스케어의 시험장을 자처하며 똑똑한 집을 향한 관심을 키워나가고 있다. 스마트홈을 구현하는 기술 요소인 인공지능(AI), 사물인터넷(IoT), 정보통신기술(ICT), 빅데이터, 로봇공학 등의 단어를 듣고 있노라면 왠지 스마트홈에서 첨단 기기를 척척 활용하여 스마트한 삶을 누리는 3040세대의 라이프스타일이 연상된다. 그러나 50세 이상 인구를 위한 기술을 연구하는 MIT 에이지랩 창립자인 조지프 F. 코글린 교수는《노인을 위한 시장은 없다》에서 "미래에 가장 큰 성공을 거둘 고령 소비자용 상품은 첨단 기술이 돋보이는 것이 특징"이라고 역설한다. 특히 스마트홈에 대해 "겉보기엔 나이와 별 상관 없는 상품 같지만 (베이비붐 세대의) 스마트홈에 대한 요구가 커지고 새로운 흐름이 나타나 가족 구성이나 관습에까지 영향을 미칠 것"이라며 고령화 시대와 스마트홈은 밀접한 관계가 있다고 주장한다.

자기가 살던 집에서 자립적인 생활을 더욱 오래 누리고 싶어하는 액티브 시니어에게 스마트홈은 단지 건강·안전뿐 아니라 다채로운 커뮤니케이션을 통한 삶의 재미까지 안겨줄 가능성이 충분하다. 일상 중에 언제라도 교감형 AI*와 대화를 나누지만 그것만으로 아쉬우면 실시간 화상 모임으로 친구들과 번개 모임을 잡기도 하고, 늘 보고 싶지만 혹여나 하는 마음에 연락이 망설여지는 손주가 있다면

---

* 사용자의 의도와 감정을 인간의 관점에서 이해하여 상호작용함으로써 유대감 형성이 가능한 AI.

음성인식 스피커를 통해 추억의 장면을 언제든지 영상으로 소환할수 있는 스마트홈. 너무 먼 미래 같은가? 앞서 살펴본 바와 같이 건강수명은 8년 전에 비해 큰 진전이 없어도 손에 든 커뮤니케이션 기기의 수준은 비교 불가능할 정도가 되었다. 앞으로 8년 후 또 어떤 커뮤니케이션 기술이 우리를 놀라게 할지 기대할 만하다. 굳이 미래의 기술을 상상할 필요도 없다. 코로나19로 일상화된 줌Zoom을 통해 우리는 언제 어디서든 만날 수 있게 되었다. 챗GPT는 인간의 언어로 AI와 스스럼없이 대화하고 도움받을 수 있는 시대를 열어젖혔다. 액티브 시니어를 위한 스마트홈은 지금 이 순간에도 점점 진화하고 있다.

지금까지 더클래식500의 사례를 통해 액티브 시니어에게 사랑받을 입지 특성 3가지를 살펴보았다. 하지만 이쯤에서 부동산, 특히 시니어 주택에 관심이 많았던 독자라면 약 500만 원의 월 생활비가 드는 고급 주택인 더클래식500을 과연 보편적인 사례라고 볼 수 있는지, 의구심을 가질 것이다.

더클래식500과 함께 등장한 도심형 시니어타운은 모두 고급 주택에 해당하며 초기 베이비붐 세대가 액티브 시니어 연령대에 진입한 2010년을 전후로 등장한 공통점이 있다. 신기술 또는 신제품의 수용 단계를 논할 때 주로 사용되는 로저스의 혁신확산이론diffusion of innovation theory에 따르면 신제품의 초기 수용자, 즉 얼리어답터의 비율은 약 14%, 해당 상품이 대중화되고 보편화되면서 이를 수용하는 비율은 68%이다. 도심 고급 시니어타운의 주 고객은 베이비붐 선도 세대였다. 또한 당시 전체 부부 가구 중 베이비붐 가구의 비율은

24%에 불과했다. 하지만 이 숫자는 2020년 40%, 2030년에는 60%까지 급증할 전망이다. 조지프 F. 코글린 교수는 향후 베이비붐 세대의 수요 볼륨을 이렇게 표현했다. "이제부터 등장하는 고령 인구는 그 수가 단순히 큰 정도가 아니다. 실로 어마어마하다. 마치 대륙 하나가 바다 속에서 새로 쑥 솟아오른 것과 같다." 그러고는 그들의 소비 욕구를 다음과 같이 표현했다. "소비자 요구가 하루아침에 변해서 노인에 의한 소비와 노인을 위한 소비가 하늘 높은 줄 모르고 치솟을 것이다." 베이비붐 세대 수요의 급진적 확산론을 설파한 조지프 F. 코글린 교수의 저서가 미국에서 2017년 출간되었다는 점을 감안하면 현 시점에서 베이비붐 세대 수요층을 소수의 '초기 수용자'로 보긴 어려울 것이다. 결국 수요가 폭발하면 고가 상품뿐 아니라 중상류층을 위한 매스티지masstige* 상품, 그리고 보급형 상품까지 제품 라인이 확장되는 것이 자연스러운 시장 논리이다.

초기의 도심 시니어타운이 고급형이었다고 해도 액티브 시니어 수요의 빠른 증가세에 따라 민간 주도로 중산층을 위한 도심 시니어타운이 공급되는 것은 시간문제다. 수년 내 불쑥 튀어오를 대륙 크기의 수요를 선점하기 위해 민간 시행자들은 결국 활력 입지와 의료 입지를 갖춘 도시에 시니어타운을 공급할 것이고, 앞선 세대보다 더욱 부유한 액티브 시니어들의 유동성을 끌어들이며, 해당 도시의 집값은 시간의 함수에 기대어 상승할 것이다.

---

* 대중을 뜻하는 매스mass와 명품을 뜻하는 프레스티지prestige의 합성어로 소득수준이 높아진 '보통 사람'들을 위한 상품 전략을 의미한다. 저렴하면서도 만족감을 얻을 수 있는 상품을 소비하려는 소비 심리를 뜻하기도 한다.

활력 입지와 의료 입지를 모두 충족시킬 수 있는 현실적인 입지 조건은 대학병원의 존재 유무이다. 미국에서는 이미 액티브 시니어의 평생 학습 욕구와 사회 공헌을 통한 생산성 있는 여가 활동의 수요를 읽고 '액티브 시니어+학생' 커뮤니티인 '대학 연계형 은퇴자 커뮤니티University Based Retirement Community(UBRC)'를 활발히 추진 중이다. 앞서 소개한 우리나라의 초기 도심 시니어타운 역시 건국대, 고려대, 중앙대, 원광대 등의 대학교와 연접하여 상호 교류 프로그램 및 상시 건강 서비스를 받을 수 있다는 것이 큰 장점이었다. 2019년 수원대의 연구 결과에 따르면 대학 연계형 은퇴자 커뮤니티에 거주할 의사가 있는 서울·경기 50대의 비율은 45.2%로 2015년의 응답 결과인 34.4%보다 증가했다. 원하는 서비스는 의료 및 건강 서비스, 여가 문화 생활 기회, 생활 서비스, 전문 식사 서비스, 교육 서비스 순이었다.

한편 필자는 이전부터 줄곧 인구 고령화가 아니라 주택 고령화가 대한민국 부동산시장에 더욱 중요하고 심각한 영향을 미칠 것이라고 주장해왔는데, 갈수록 굳어가는 주택 고령화 추세에 더해 액티브 시니어의 스마트 입지에 대한 선호는 신축의 가치를 더욱 돋보이게 할 것이다. 첨단 기술을 고령 주택에 적용시킬 수는 없는 노릇이고, 정부에서 추진하는 스마트시티** 역시 신도시에 집중되어 있기

** 정부에서는 스마트시티를 '도시에 ICT·빅데이터 등 신기술을 접목하여 각종 도시 문제를 해결하고, 삶의 질을 개선할 수 있는 도시 모델'로 정의한다. 이를 추진하기 위해 2018년 '스마트도시법'을 개정했고 스마트시티의 구체적인 조성 방향을 담은 '스마트도시종합계획'을 5년마다 수립하고 있다.

때문이다. 그렇지 않아도 희소한 신축 주택의 가치는 고도화된 스마트 기술이 접목될수록 액티브 시니어에게 환영받으며 날개를 달 것이다. 단 그 스마트 기술은 시니어의 욕구, 더 정확히 말하면 건강·안전과 같은 기본적인 욕구를 넘어 삶의 재미와 행복을 줄 수 있는 고차원적인 욕구를 충족시키는 데 초점을 둔 것이어야 할 것이다.

"두려움이 아니라 재미다. 불안이 아니라 열망이다. 고령층을 위한 편의는 오로지 생명을 지탱할 수 있도록 마련되었지, 자유나 행복은 우선순위 밖으로 떠밀려 있었다. 노인을 장애인 취급하는 잘못된 고령 담론에서 벗어나야 한다." 미래 주택 비즈니스를 선도할 기업이라면 조지프 F. 코글린 교수의 뼈 있는 지적을 명심해야 할 것이다.

50대는 이미 움직이고 있다

같은 액티브 시니어 집단이라고 하더라도 정년을 기준으로 50대와 60대를 구분 지을 수 있다. 액티브 시니어가 앞선 노인 세대보다 학력과 소득수준에서 우월한 것처럼 액티브 시니어 집단 안에서도 60대보다는 50대가 더욱 우월한 스펙을 가지고 있다. 통상적인 생애 주기상 소득과 자산의 절정기를 맞이하는 50대, 특히 선배 액티브 시니어보다 은퇴 후 삶의 가치관이 더욱 뚜렷한 현재와 미래의 50대는 선배 세대보다 확고한 주거 선호 기준을 가지고 은퇴를 한참 앞둔 시점부터 인생의 2막 설계를 위한 주거지를 찾아 적극적으로 움직일 것이다.

2017년부터 본격적으로 시행된 정년 연장의 혜택을 누려 과거의 50대와 달리 대부분 현역에 몸담고 있을 2020년의 50대는 어디에 거주하며 주택을 소유하고 있을까? 먼저 서울로 가보자. '2020년 주택소유통계'에 따르면 전체 연령 중 50대 가구주의 주택 소유 비율이 가장 높은 자치구는 학군 도시인 양천구(27.8%)와 노원구(27.2%)이다. 1970년 전후로 태어난 2차 베이비붐 세대가 부모가 된 무렵인 1990년대 후반에서 2000년대 초반의 합계 출산율이 초저출산 기준인 1.3명*보다는 높은 수준이었음을 감안하면 자녀의 학업을 위해 학군 도시에 집을 소유한 것으로 볼 수 있다. 그러나 1차 베이비붐 세대가 50대의 대부분을 차지했던 2016년과 비교했을 때 주택을 소유한 50대 가구주가 큰 폭으로 감소한 자치구 역시 양천구(-5.1%)와 노원구(-6.2%)이다.

한국보건사회연구원이 2010년의 50대와 2019년의 50대를 비교 조사한 내용에 따르면, 2010년의 50대는 '자녀가 결혼할 때까지 뒷바라지를 해야 한다'는 응답이 가장 높은 46%를 차지한 반면 2019년의 50대는 '학업까지만'이라는 응답이 가장 높은 33%를 차지했다. 지금의 50대는 자녀의 학업 뒷바라지까지만 마치고 은퇴 후 부부만의 라이프스타일을 온전히 추구할 수 있는 도시를 찾아 움직이고 있는 것이다. 자녀 뒷바라지를 일찍 마친 지금의 50대가 노후에 가장 하고 싶은 일은 압도적인 비율(54%)로 '젊어서 하지 못한 취미 생활'을 선택했다. 이는 2010년에 비해 14%p 증가한 수치이다. '학

---

* 합계 출산율이 2.1명 이하일 경우 저출산 국가, 1.3명 이하일 경우는 초저출산 국가라고 한다. 인구 유지에 필요한 합계 출산율은 2.1명으로 우리나라는 1983년 이후 저출산 국가가 되었고, 2002년부터는 초저출산 국가가 되었다.

습 등 자기계발을 위한 활동' 역시 2010년과 비교해 두드러질 정도로 상승하여 '소득 창출을 위한 활동'에 이어 3번째로 높은 응답률을 기록했다.

이러한 비교 통계는 우리가 앞서 살펴본 액티브 시니어의 특성이 요즘 50대 삶의 욕구에 두드러지게 반영되고 있음을 확증해준다. 동시에 앞으로 액티브 시니어 연령에 진입할 차세대들은 더욱더 부부만의 혹은 부부 각자의 '따로 또 같이' 삶을 구현해줄 주거 입지를 찾아 모여들 것임을 시사한다. 그렇다면 2020년의 50대는 양천구, 노원구를 떠나 어디로 이동했을까?

2016년 대비 주택을 소유한 50대 가구주가 가장 많이 증가한 곳은 용산구(+4%)였다. 그 뒤를 이어 성동구, 성북구, 마포구, 서대문구, 중구가 높은 증가율을 기록했다. 반대로 주택을 소유한 50대 가구주가 가장 많이 감소한 곳은 도봉구(-8.6%)였다. 같은 강북 권역이어도 풍부한 일자리와 문화 인프라의 유무에 따라 과거 세대와 차별화된 삶의 가치관을 가진 50대의 주거 인기투표에서 명암이 엇갈린 것이다.

문화 인프라의 풍성함을 알 수 있는 인구 10만 명당 문화 기반 시설* 수가 많은 서울의 자치구를 2020년 기준으로 순서대로 나열하면 종로구(44.2개), 중구(21.6개), 용산구(7.8개), 성북구(5.5개) 순이다. 여기에 마포구와 성동구는 문화 기반 시설 수는 비교적 적을지

---

* '도서관법'상 도서관, '박물관 및 미술관 진흥법'상 박물관·미술관, '지역문화진흥법'상 생활 문화 센터, 문예 회관(종전 '문화예술진흥법'상 문화 예술 회관) 및 '지방문화원진흥법'상 지방 문화원, 문화의집 등을 일컫는다.

몰라도 명실공히 서울의 소비 트렌드와 여가 문화를 선도하는 홍대와 성수동이 자리 잡고 있다.

50대의 인기가 집중된 강북 도심 지역들의 공통점은 비단 풍성한 문화 인프라뿐만이 아니다. 이들 지역에는 종합병원 위의 종합병원인 상급종합병원이 밀집해 있다. 종로구에는 강북삼성병원과 서울대학교병원, 성북구에는 고려대학교병원, 서대문구에는 세브란스병원, 성동구에는 한양대학교병원이 있다. 또한 비록 상급종합병원은 아니지만 중구에는 국립중앙의료원, 용산구에는 순천향대학교병원과 같은 종합병원이 위치해 있다. 문화 인프라와 대학병원이 밀집한 도시, 즉 액티브 시니어가 매력을 느끼는 활력 입지와 의료 입지로 이미 50대는 주거 이동을 시작한 것이다.

경기도의 50대 역시 서울과 유사한 주거 선호 패턴을 보이고 있다. 2016~2020년 50대의 집중이 가장 두드러진 곳은 바로 안산시(33%)와 시흥시(31%)였다. 안산시는 경기도에서 주택을 소유한 50대 가구주의 비율이 가장 높고 꾸준한 유입이 이루어지는 도시이며, 시흥시는 같은 기간 동안 주택을 소유한 50대 가구주가 28%나 증가했다. 안산시 역시 상급종합병원인 고려대학교 안산병원을 품고 있으며, 인구 60만 명 이상의 경기도 도시 중 인구 10만 명당 문화 기반 시설 수가 4.3개로 가장 많다. 그에 비해 시흥시에는 2개의 종합병원이 있으며, 상급종합병원인 가천대 길병원이 근거리에 있다. 또한 시흥시 개발의 중심인 배곧신도시에 800병상 규모의 서울대학교병원 분원이 개원을 추진 중이다.

안양과 수원을 대표하는 도시인 동안구(29%)와 영통구(29%)에 거주하는 50대 역시 주택 소유 가구 비율이 높은 편이다. 하지만 2016~2020년의 추이는 극명하게 엇갈렸다. 안양 동안구의 50대 주택 소유 가구수는 11%의 감소세를 기록한 반면 수원 영통구는 무려 18%의 증가세를 기록했다. 두 도시 모두 상급종합병원을 보유하고 있으나 인구 1,000명당 의료기관 병상 수 및 의사 수 같은 의료 수준의 질적 지표에서 수원시가 앞선다. 인구 10만 명당 문화 기반 시설 수와 경제활동 참가율 같은 활력 지표 역시 수원시가 앞서고 있다. 특히 2022년에 접어들면서 여성의 경제활동 참가율이 반등하며 수원시의 경제활동 참가율이 상승했다는 점이 인상적이다.

이번엔 지방을 대표하는 도시인 부산의 액티브 시니어 주거 인기 투표 결과를 살펴보자. 부산은 해양도시답게 관광지가 밀집되어 있는 동부산의 50대 주택 소유 비율이 견조한 수준을 유지한다. 이는 동부산의 우수한 학군 덕에 서울 학군지처럼 자녀의 학업을 마치지 못한 50대 가구주의 계속 거주 경향이 어느 정도 반영된 것이라고 할 수 있다. 동부산에서 50대 가구주의 주택 소유 비율이 가장 높은 자치구는 해운대구(27%)이다. 다만 유주택 가구주의 절대적인 수치는 지난 5년간(2016~2020년) -4%를 기록했다. 이는 부산의 평균 감소폭인 -7%에 비하면 견조한 수준이라고 할 수 있다.

유주택 50대 가구주가 전반적으로 감소세인 부산에서 몇 안 되는 증가세를 기록한 지역은 약 110만 평의 대규모 관광단지인 오시리아를 품은 기장군이다. 오시리아는 아난티코브, 힐튼호텔, 부산롯데월드 등 탁월한 투자 유치 성과를 보이며 애초에 표방했던 사계절 체류형 해양 도심 리조트를 향해 순항 중이다. 기장군의 50대 주택 소유 가구주는 지난 5년간 무려 11%의 증가세를 보였으며, 전체 연령 대비 비율 역시 24% 수준으로 부산 평균 수준인 25%에 근접해 있다.

한편 부산의 경우 수도권과 달리 의료 입지에 대한 뚜렷한 선호는 포착되지 않고 있다. 이는 수도권과 지방 간에 심화되고 있는 의료 격차에서 원인을 찾을 수 있다. 의료적 지식과 기술을 고려했을 때 시의적절하게 치료받았다면 발생하지 않았을 조기 사망을 의미하는 '치료 가능 사망률'의 2016~2019년 추이를 살펴보면 그 격차를 실감할 수 있다. 서울은 전국에서 가장 낮은 수준을 유지하고 있는 반면 부산을 포함한 지방 도시는 대부분 전국 평균을 웃돌며 지방의 의료 공백이 심각한 수준임을 알려준다. 심화되는 의료 격차만큼 지방 액티브 시니어들의 의료 입지 기대감은 낮아질 수밖에 없는 것이다.

지금까지 우리나라 대표 도시들을 통해 살펴본 50대의 주택 소유 지역 변화는 앞서 짚어본 액티브 시니어가 선호하는 입지 요소들이 이미 50대의 주거 선호에 강력하게 반영되고 있음을 확증해준다. 여기에 또 한 가지 흥미로운 사실은 50대의 주택 소유가 집중되는 지역이 신혼부부 집중 도시와 겹치는 곳이 꽤 많았다는 점이다. 세대와 연령의 간극을 뛰어넘어 신혼부부와 액티브 시니어가 집중되는 도시의 입지 키워드는 결국 '활력'으로 수렴된다. 현재와 미래의 주택 수요는 양질의 일자리가 선사하는 경제 활력, 풍성한 문화 인프라가 선사하는 감성 활력, 의료 인프라가 선사하는 건강 활력을 모두 충족시켜줄 활력 도시로 몰릴 것이며, 집값 또한 그에 비례하여 상승할 것이다. 누누이 강조하지만 집값의 장기 흐름은 인구 감소라는 절대 상수가 미리 파놓은 정해진 물길을 따르지 않는다. 다양한 세대가 활력이라는 공통된 매력을 찾아 모여드는 도시는 더욱 많은 가구, 더욱 다양한 세대를 집중시킴으로써 대한민국의 집값 등고선이 평탄해지길 거부할 것이다. 같은 행정구역이라도 일자리가 풍부한 곳, 문화 인프라가 풍부한 곳, 의료 인프라가 풍부한 곳으로 수요의 쏠림이 쏠림을 불러일으킬 것이고, 그 강도에 따라 대한민국의 집값 등고선은 다이내믹한 변화를 연출해낼 것이다.

1인 고소득·고자산 여성 가구주가 바꿀 대한민국 부동산
40대 고소득 여성 가구주가 온다

지난 10여 년간(2010~2020년) 내 집 마련에 성공한 여성 1인 가구 중 가장 두드러진 증가를 보인 연령대는 40대이다. '2020 인구주택총조사'에 따르면 2020년 기준 여성 1인 가구 중 전월세가 아닌 자가에 거주하는 40대 여성의 비율은 32%로, 2010년에 비해 7%p가 올라 가장 높은 증가폭을 기록했다. 남성 1인 가구 역시 40대의 내 집 마련 비율이 같은 기간 가장 높은 상승세를 기록했으나 그 수치는 29%로 40대 여성에 미치지 못했다. 10년 사이 집값이 가파르게 오른 서울 역시 40대 여성 1인 가구의 내 집 마련 비율이 가파르게 상승했다. 서울 40대 여성 1인 가구 4가구당 1가구는 내 집에 거주하고 있는 데 비해 40대 남성 1인 가구는 그에 못 미치는 5가구당 1가구가 내 집에 거주하고 있다. 물론 내 집을 마련한 40대 1인 가구의 절대적 숫자는 여성보다는 남성이 많다. 내 집을 마련한 40대 1

인 가구의 성비를 비교해보면 2020년 전국 기준으로 남성 100가구당 여성 65가구가 내 집을 소유하고 있다. 다만 집값이 비싼 서울의 경우에는 그 격차가 좁혀져 남성 100가구당 여성 89가구가 내 집을 소유하고 있다.

전국뿐 아니라 넘사벽 집값을 자랑하는 서울에서조차 40대 여성 1인 가구의 내 집 마련 비율이 증가한 것은 여성의 비혼* 의향 증가와 함께 고소득 여성 1인 가구가 증가하고 있음을 시사하는 강력한 증거이다. 한국보건사회연구원이 미혼 남녀(20~44세)를 대상으로 실시한 출산력 조사 결과에 따르면 대졸 여성의 비혼 의향은 24%로 대졸 남성의 18%보다 높다. 대학 재학 여성의 비혼 의향은 더 높은 28%를 기록했는데, 고학력 여성의 비혼 의향이 갈수록 높아지고 있음을 알 수 있다. 많은 인구 전문가들은 여성의 비혼 의향 증가 원인을 여성의 사회적·경제적 지위의 상승에서 찾고 있다. 그렇다면 우리나라 여성의 사회적·경제적 지위가 변곡점을 맞이한 시점은 언제일까?

여성의 대학 진학률은 이미 2005년에 남성을 역전했다. 2010년 이후에는 전문직에 종사하는 여성의 비율도 꾸준히 남성보다 높은 수준을 유지하고 있다. 전문직뿐 아니라 관리자, 기술자, 준전문 직종까지 포함된 '고임금−고숙련' 일자리의 여성 고용 비율 역시 2010년부터 여성이 남성을 역전하기 시작했다.** 의대에 입학한 여학생

---

* 자신의 자발적인 의지에 따라 결혼을 선택하지 않는 것으로, 아직 결혼하지 않은 상태이나 언젠가는 결혼할 의도를 가지고 있는 '미혼'의 의미와 구분된다.

** 김수현 외, 《중장기 인력수급 수정 전망 2019~2029》, 한국고용정보원, 2020.

비율도 2010년 30% 수준에 다다른 이후 2021년 최고치인 35%를 기록했다. 전통적으로 남성이 강세를 보였던 이과 계열에서도 2010년 공대 입학 여학생 비율이 20%에 도달한 이후 현재까지 역대 최고 수준을 유지하고 있다. 이처럼 전문직, 의대, 공대 등 남성이 견고하게 진을 치고 있던 일자리 산맥을 여성이 가파르게 차고 오르기 시작한 2010년은 여성의 사회적·경제적 지위 상승의 원년으로, 지난 10여 년 동안 빠르게 줄어든 남녀의 사회적·경제적 격차는 부동산 소유 통계에도 고스란히 반영되고 있다. 아직 절대적 숫자는 남성 1인 가구에 비해 적은 게 사실이다. 하지만 고소득 여성 1인 가구는 가파른 성장세만으로도 이미 대한민국 부동산시장에 지각변동을 불러일으키고 있다. 분명 수년 내 대한민국 프리미엄 부동산시장의 한 축을 이룰 것이다.

30, 40대 고소득 여성이 몰리는 곳

서울에 내 집을 마련한 40대 여성 1인 가구는 남성 1인 가구보다 적은 수준이나, 자치구별로 살펴보면 여성의 주택 보유가 남성을 압도한 곳들을 발견할 수 있다. 이러한 여초 현상이 가장 두드러지는 자치구는 마포구로, 주택을 보유한 여성 1인 가구수가 1,217가구이다. 남성 776가구에 비해 약 1.5배 많다. 마포구 외에도 성동구(약 1.2배), 광진구(약 1.1배)에 내 집 마련에 성공한 여성이 남성보다 많은데, 대학 상권이 강세를 보이는 한강변에 위치한 지역이라는 공통점을 가지고 있다. 대학을 우수한 성적으로 졸업하고 고소득 일자리를 얻은 여성 독립 가구주에게 기존 대학가는 익숙할뿐더러 해당 지역의 소비 트렌드를 주도하는 상권과 서울 부동산 입지 프리미엄의 상징인 한강 조망까지 누릴 수 있어 주거 수요를 강력하게 끌어당기는 것이다. 마포구와 광진구는 각각 홍대와 건대 상권, 성동구는 대학 상권은 약하지만 성수동 상권을 품고 있고, 모두 한강을 남쪽으로 바라볼 수 있는 입지 여건을 자랑한다.

40대 여성 1인 가구의 내 집 마련이 우세를 보이는 또 다른 자치구로는 중구(약 1.2배), 종로구(약 1.2배), 서초구(약 1.1배)가 눈에 띄는데, 대형 로펌, 법원, 검찰청 등이 집중된 법세권이라는 공통점이 있다. 김앤장, 태평양, 광장, 세종 등 우리나라를 대표하는 대형 로펌이 광화문, 종각 등 서울 도심에 밀집해 있으며, 서초구는 서울고등법원, 서울고등검찰청 등 우리나라를 대표하는 법조타운인 서초동을 품고 있다. 10대 대형 로펌 신입 변호사 중 여성의 비율은 꾸준히 증가하여 2023년 처음으로 40%를 넘어서서 46.4%를 기록했다. 특히 서울 도심에 위치한 지평, 태평양, 세종의 여성 변호사 비율이 큰 폭으로 증가하여 50%를 상회했다. 법조계의 우먼파워가 강해질수록 고소득 법조 여성은 법세권으로 모일 것인데, 비단 서울뿐 아니라 경기도 역시 마두 법조타운이 있는 일산동구, 평촌 법조타운이 있는 안양 동안구, 광교 법조타운이 있는 수원 영통구의 40대 남성 대비 여성 1인 가구의 내 집 마련 비율이 경기도 TOP 5 안에 든다는 점을 감안하면 수도권 전반에 걸쳐 이미 법세권은 고소득 법조 여성 가구주가 선호하는 입지 키워드로 자리 잡았음을 알 수 있다.

40대 여성에 이어 사회생활을 시작한 30대 여성 1인 가구가 모여드는 곳을 살펴보면 차세대 고소득 여성 가구주의 인기를 얻고 있는 곳이 어디인지 알 수 있다. 40대 여성의 주택 소유 비율이 높았던 중구, 성동구 외에도 용산구, 송파구, 영등포구가 최근 7년간 (2015~2021년) 30대 여성 1인 가구의 순유입이 발생한 자치구이다. 용산구는 〈PART 1〉에서 살펴보았듯이 창조 입지를 대표하는 자치구이고, 송파구는 문정 법조타운이라는 법세권이 자리를 잡고 있다. 영등포구가 여의도라는 금융특구를 품은 자치구라는 점을 생각하면 법조계뿐 아니라 금융권으로도 여성의 강세가 번져가고 있음을 알 수 있다.

이렇듯 고소득 여성이 집중되는 지역에서는 8억 원이 넘는 고가 오피스텔도 속속 등장한다. 최근에는 세탁, 세차, 하우스키핑, 발렛 주차뿐 아니라 호텔급 조식, 펫케어, 의료 서비스 같은 특급 컨시어지 서비스*를 갖춘 프리미엄 주거 상품이 이들을 타깃으로 등장하고 있다. 2020년을 기점으로 등장한 서초동의 르피에드인강남, 한남동의 몬트레아한남, 여의도 현대마에스트로 등 분양가 10억 원이 넘는 주거 상품이 대표적인 사례이다. 영리치 여성 가구주들을 향한 이 같은 프리미엄 주거 시장은 갈수록 확장되며 대한민국 부동산시장의 지형을 흔들어놓을 것이다.

---

* 특급 호텔에서 투숙객에 제공하는 각종 VIP 서비스(발렛, 세탁, 조식, 각종 예약 업무 등)를 주거 시설에 적용시킨 것으로 고소득 1인 가구의 등장에 따라 고급 생활형 숙박 시설, 오피스텔, 도시형 생활 주택 등 다양한 프리미엄 주거 상품에 컨시어지 서비스가 적용되고 있다.

50, 60대 여성 액티브 시니어가 주도하는 트렌드

60대 여성 액티브 시니어가 주도하는 숙박 공유 트렌드

미국과 일본의 시니어 전문가들은 50, 60대 부부 가구에서 여성의 주도권에 주목하라고 입을 모은다. 일본의 시니어 전문가인 사카모토 세쓰오는 《2020 시니어 트렌드》에서 정년퇴직 후 제2의 삶을 맞이하는 남성보다 먼저 자녀의 독립을 겪고 "가족을 졸업"하는 여성이 액티브 시니어 소비의 핵이며, 남성보다 넓은 커뮤니케이션 반경(모녀, 손주, 동료 등)을 기반으로 "자신의 시간"을 개척해나가는 데 능숙하다고 주장한다. 앞서 소개한 미국 MIT 에이지랩의 조지프 F. 코글린 교수 역시 고령 시장에서 구매권을 가진 소비자는 여성이 다수라고 말한다. MIT 연구 결과에 따르면 남성보다 여성이 노후에 대해 더욱 현실적이고 구체적인 계획을 가지고 접근하므로 의사 결정권의 주도권을 여성이 쥘 가능성이 높다. 그리고 무엇보다도 미국의 경우 65세 이후부터 여성과 남성의 성비 불균형이 시작되는데, 85세 이상의 경우에는 여성 100명당 남성 60명까지 급격히 감소하여 수적으로도 여성이 남성보다 우위에 선다.

우리나라 역시 통계청의 '2020년 생명표'에 따르면 65세 이후부터 여성과 남성의 생존율 차이가 벌어진다. 이는 1인 가구의 성별 부동산 보유 추세에도 고스란히 반영되어 서울의 경우 50대에서 엇비슷했던 주택 보유 성비가 65~69세에는 여성 1인 가구가 남성 1인 가구보다 3배나 많아진다. 그리고 70대에 접어들면 4배까지 그 격차가 벌어진다.

남편과 사별한 여성 1인 가구의 주거 형태를 생각할 때 주거 면적

을 축소하는 다운사이징을 떠올릴지도 모르겠다. 하지만 '2015 인구주택총조사'에 따르면 65세 이상 1인 가구는 방 4개 이상의 주택에 가장 많이 거주하고 있으며 그 비율은 46%에 달한다. 방 3개 주택의 거주 비율은 그다음으로 높은 33%를 차지했다. 즉 고령 1인 가구 10가구 중 8가구는 적어도 방 3개 이상의 주택에 거주하는 셈이다.

2000년대 초반만 해도 1인 가구의 절반 이상이 방 한두 칸의 소형 주택에 거주했다. 하지만 2010년에 접어들며 처음으로 방 4개 이상의 주택 거주 비율이 높아졌다. 1인 가구의 주거 패러다임이 중대형 주택으로 전환된 이 시점이 베이비부머가 액티브 시니어 연령대에 본격적으로 진입하던 때와 맞물린다는 점이 흥미롭다. 2020년 기준으로 서울에 거주하며 방 4개 이상의 중대형 주택을 소유한 1인 가구는 약 16만 5,000가구로 2010년의 약 8만 6,000가구 대비 무려 92%나 증가했다.

한편 도심의 중대형 주택을 소유한 액티브 시니어에게 자식이 출가하거나 사별로 인해 남겨진 빈방은 새로운 활력과 인생 경험을 맞이할 수 있는 기회의 통로가 될 수 있다. 글로벌 숙박 공유 서비스인 에어비앤비의 통계에 따르면 에어비앤비 집주인host 중 60세 이상이 10%를 차지하고 있으며, 가장 빠른 성장세를 보이고 있다. 이는 전 세계적으로 액티브 시니어들이 부동산 자산을 적극적으로 활용하여 인생 2막을 영위하기 위한 현금 수익을 창출하고 있다는 사실을 시사한다. 특히 60세 이상 집주인의 3분의 2가 여성이라는 점은 앞서 소개한 사카모토 세쓰오의 주장처럼 낯선 사람과의 소통, 공감에 능한 여성 액티브 시니어의 강점 때문인 것으로 풀이할 수 있다. 에어비앤비가 발간한 한국의 숙박 공유 사례집*에 등장하는 집주인의 대다수도 여성 액티브 시니어다. 사례집에는 여성 액티브 시니어가 자녀의 출가, 가족으로부터의 독립 혹은 사별 등의 사유로 자가의 빈방에 외국인들을 초청하여 경제적 부담을 해결하는 동시에 새로운 활력을 찾아가는 이야기들이 빼곡히 담겨 있다. BTS, 〈오징어 게임〉, 라면, 치킨 등 K문화, K푸드가 세계에 전파될수록 한류 문화의 핵심인 도심을 찾는 여행객은 계속해서 증가할 것이다. 그와 함께 이들을 위한 숙박 공유 트렌드 또한 자연스레 확산되며 여성 액티브 시니어는 우리나라 주거 공유 시장의 중요한 축을 담당할 것이다.

50대 여성이 주도하는 도심 근교 전원생활

서울대학교 행복연구센터가 200만 명의 행복 빅데이터를 분석해 발간한 《대한민국 행복지도 2020》에 따르면 일상에서 바쁜 정도를 나타내는 '바쁜 일상'의 점수는 50대에 접어들며 여성이 남성을 역전하기 시작한다. 즉 은퇴 시기가 다가올수록 남성보다 여성의 일상이 더욱 분주해지기 시작한다는 뜻이다. 연구 결과에 따르면 바쁜 일상은 50대 이후의 삶에서 자존감과 행복감을 높여주는 긍정적인 역할을 한다. 새롭게 시작된 인생 2막에서 분주한 삶을 선물로 여기는 요즘 50대 여성들의 행복관을 엿볼 수 있는 대목이다.

---

* 에어비앤비, 《에어비앤비 액티브 시니어 인생 호스팅》, 이야기나무, 2016.

'2020 인구주택총조사'에는 왜 1인 가구가 되었는지 그 이유를 묻는 질문이 있다. 이에 대해 50대 남성은 '본인의 직장 때문에'라는 응답이 가장 많은 반면 50대 여성은 '본인의 독립생활을 위하여'라는 응답이 가장 많았다. 여성 50대 액티브 시니어가 남성보다 더욱 적극적으로 행복 입지를 찾아 주거 이동을 할 가능성이 높다고 유추해 볼 수 있는 대목이다.

요즘 50대 여성이 찾아 떠나는 행복 입지는 어떤 특징을 가졌을까? 50대 여성 1인 가구의 순유입이 두드러지는 경기도, 그중에서도 동남권의 움직임이 눈에 띈다. 지난 7년간(2015~2021년) 광주시 (1,411명), 양평군(1,143명), 남양주시(1,045명), 여주시(623명), 이천시 (617명) 순으로 순유입이 많았다. 그중에서도 도시 규모에 비해 순유입이 두드러지게 많았던 곳은 양평군, 여주시, 이천시이다. 이 3곳은 소위 물 좋고 산 좋은 전원형 도시라는 공통점을 가지고 있다. 여기에 여주신세계프리미엄아울렛, 이천롯데프리미엄아울렛이 근거리에 자리하고 있어 액티브 시니어 소비의 핵인 50대 여성의 소비 욕구까지 만족시킬 수 있는 쇼핑 인프라를 갖추고 있다는 특징이 있다.

2021년 기준, 전 여성을 통틀어 가장 많은 자동차를 보유하고 있는 연령대가 50대이다. 그 점을 감안하면 자동차를 이용한 일상의 이동이 중요한 전원형 도시에 50대 여성이 몰리는 것은 이치에 맞는 현상임을 알 수 있다. 마침 2024년 남양주 화도-양평 구간 (17.6km) 고속도로, 포천-화도 구간(28.7km) 고속도로, 2026년 양평-이천 구간(19.37km) 고속도로가 개통될 예정이다. 경기 동남권을 잇는 수도권제2순환고속도로가 완성되면 50대 여성 가구주의 이동 자유도를 한층 높여주어 행복 입지로의 쏠림을 더욱 강화시킬 것으로 예상된다.

🧑‍🤝‍🧑 다섯 번째 기회:
현재에도, 미래에도 부동산시장을 뒤흔들 X세대

아파트 네이티브 세대, X세대

새로운 시대를 이끌 새로운 세대가 등장하면 '기성세대 대 젊은 세대' 혹은 '이전 세대 대 신세대'의 비교 담론이 형성되기 마련이다. 그러나 이러한 이분법적인 세대 분류로는 규정짓기 어려운 최초의 세대가 탄생한다. 바로 '도무지 알 수 없는 세대'라고 하여 미지수 X를 붙인 세대이다. 기존 질서에 대한 거부를 뜻하는 X, 한마디로 정의할 수 없는 미지의 집단을 뜻하는 X를 결합하여 브랜딩한 아모레의 '트윈 X' 화장품은 1993년 11월 이병헌, 김원준을 광고에 내세우며 'X세대'라는 단어를 확산시켰다.

1950년대 전쟁 직후 가난 속에서 태어난 산업화 세대, 경제·민주화의 성장 과도기였던 1960~1970년대 초반에 태어난 베이비붐 세대를 지나 1970년대 중반에서 1980년대 초반에 태어난 X세대*는 경제적 풍요와 정치적 안정을 동시에 누린 첫 세대**로 현재 우리가 누리고 있는 거의 모든 문화의 태동과 함께 성장한 세대라고 할 수 있다. X세대는 정보화 세대, 서태지 세대 등 별칭도 다양한데, 우

---

* 세대의 연령 구분은 학자들마다 차이가 있으나 이 책에서는 미국이 아닌 한국의 세대 특성을 반영한 서울대 조영태 교수의 세대 연령 구분을 따랐다. 조영태 교수의 분류에 따르면 X세대는 1975~1984년생, 밀레니얼 세대는 1985~1996년생이다.

** 최샛별, 《문화사회학으로 바라본 한국의 세대 연대기》, 이화여자대학교출판문화원, 2018.

리나라 부동산의 역사에 비추어보면 단연 '아파트 네이티브 세대'라고 할 수 있다.

우리나라 아파트의 시초는 1950년대에 지어진 행촌동아파트, 종암아파트, 개명아파트를 꼽을 수 있다. 하지만 현재 우리가 누리고 있는 아파트의 평면은 X세대의 중심 연도인 1980년을 전후로 보편화되었다. 1970년대 이후 입식 생활을 위한 식탁이 가정에 들어오면서 오리표 싱크를 필두로 싱크대가 보급되며 재래식 부엌의 종말을 알렸다. 1980년대에 접어들면서는 거실, 식당, 부엌이 하나의 공간으로 통합되어 재래식 부엌이 자취를 감추었다. 또한 변소가 화장실로 이름이 바뀌어 아파트 안에 자리 잡으면서 양변기·세면기·욕조 삼총사가 한 공간에 모였다.*** 아파트 평면뿐 아니라 우리나라 청약 제도가 명문화된 '주택 공급에 관한 규칙' 역시 1978년에 제정되었다. 청약예금의 가입 기간, 불입 횟수, 면적별 예금액을 따져 청약 우선순위를 부여하는 기본 틀이 현재까지도 유지되고 있다.

대한민국 부동산의 대명사가 된 강남이 지금의 강남구라는 이름을 얻은 해도 X세대가 태어나기 시작한 1975년이었다. 대한민국 부동산 입지 선호 0순위 키워드인 역세권의 중심 노선인 서울 지하철 2호선의 순환선 완전 개통 시점도 X세대의 막내가 태어난 1984년이었다. X세대는 지금의 대한민국 부동산을 대표하는 키워드인

*** 이희봉 외, 《한국인, 어떤 집에서 살았나》, 한국학중앙연구원, 2017; 박인석, 《아파트 한국사회》, 현암사, 2013.

'LDK 평면,* 청약 제도, 강남, 역세권'과 함께 태어난 아파트 네이티브 세대라고 부르기에 손색이 없는 세대인 것이다.

X세대, 40대 가구주가 되다

아파트 네이티브 세대인 X세대의 시작을 알린 1975년생은 2015년에 40세가 되었다. 국토부의 주거 실태 조사에 따르면 40세는 우리나라에서 생애 최초로 주택을 마련한 가구주들의 평균 연령이다. 2015년 이후 생애 첫 내 집 마련이라는 인생 과제 앞에서 중대한 결심을 내린 수도권의 1975년생, 즉 X세대는 마침 2015년부터 시작하여 역대 최장 상승장을 기록한 서울, 경기 그리고 인천 부동산 경기의 수혜를 입으며 선배 세대의 순자산을 크게 뛰어넘는 특별한 세대가 된다.

서울연구원이 전국 2만 가구의 가계금융복지조사 데이터를 분석하여 내놓은 결과에 따르면 전 세대를 통틀어 지난 9년간 (2012~2020년) 가장 빠르게 자산을 축적한 세대는 X세대이다. 동일 연령 시점으로는 바로 앞 세대인 2차 베이비붐 세대(1965~1974년생)보다도 더 많은 순자산을 보유한 것으로 나타났다. 앞서 밝혔듯이 생애 최초로 주택을 마련한 가구주의 평균 연령이 40세라는 점을 감안하면 우리나라 가구주의 생애 최초 부동산 매수 경험 시기 역시 40세 전후라고 추정할 수 있다. 여기서 주목할 점은 2015년 이

---

* 거실Living, 식당Dining, 부엌Kitchen이 통합된 형태의 평면으로 1980년대 이후 공동주택에 대대적으로 도입되어 현재까지 보편적인 양식으로 자리 잡고 있다.

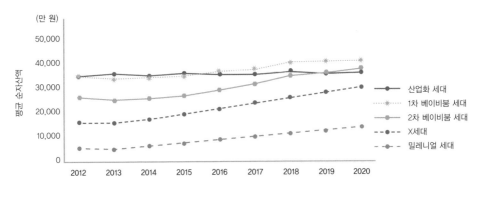

**X세대는 전후 세대의 순자산을 크게 뛰어넘는 특별한 세대,
밀레니얼 세대는 유일하게 앞선 세대의 순자산을 뛰어넘지 못한 세대**

그림 12 세대별 가구당 순자산 추이

후 최장, 최강 부동산 상승장 속에 40대를 맞이한 X세대는 다른 세대의 40대와 달리 첫 경험이 매우 성공적이었다는 것이다. 행동경제학자 댄 에리얼리는 《상식 밖의 경제학》에서 첫 경험을 통해 얻은 첫인상은 끝까지 간다며 여러 사례를 들어 '첫인상 효과'의 강력한 힘을 입증했다.** 부동산은 주식에 비해 거래 빈도가 적고 '억' 단위의 가치로 인해 매수 경험이 뇌리에 강력히 각인될 수밖에 없는 자산이다. 따라서 첫 부동산 매수 경험에서 성공을 거둔 X세대는 강력한 첫인상 효과의 영향을 받아 향후 주택뿐 아니라 상가, 지식산

** 행동경제학은 심리학을 경제학에 접목시킨 학문으로, 《생각에 관한 생각》, 《넛지》 등의 베스트셀러는 이를 기반으로 쓰인 책이다. 인간을 완벽한 정보를 가지고 최대 효용을 추구하는 '이콘Econ'이 아닌 제한적인 정보를 가지고 때로는 비합리적인 결정을 하는 '휴먼human'이라는 관점으로 바라봄으로써 기준점 효과, 보유 효과, 손실 회피성 등 대표적인 이론을 발전시켰다.

업센터, 생활형 숙박 시설, 오피스텔 등 다양한 부동산 투자처를 적극적으로 공략하며 대한민국 부동산 투자의 중심에 설 것이다.

물론 아직까진 다수의 X세대가 부동산 매수에 첫발을 내디뎠다고 할 수 없다. 통계청에서 후기 X세대인 1983년생의 코호트 DB*를 심층 분석한 자료에 따르면 1983년생의 64%는 아파트에 거주하고 있으나 내 집을 마련한 비율은 29%에 불과했다. 다만 같은 1983년생이라도 기혼자의 내 집 마련 비율은 35%, 미혼자의 내 집 마련 비율은 16%로 조사됨으로써, 필자가 앞서 주장한 '결혼은 강력한 내 집 마련의 동기가 된다'는 사실을 코호트 DB가 다시 한 번 증명해준다. 10명 중 7명이 무주택자인 후기 X세대는 성공적인 첫 경험을 한 선배 X세대를 롤모델로 삼아 내 집 마련을 위한 노력을 게을리하지 않을 것이다.

대한민국 부동산 문화의 태동 속에 태어난 아파트 네이티브 세대인 X세대는 첫 번째 실전 경험 역시 다른 세대에 비해 강력하고 남달랐기에 앞으로도 부동산과 남다른 친밀함을 유지해나갈 것이다. 생애 주기의 경로를 따르자면 X세대보다 베이비붐 세대의 자산이 많을 텐데, 향후 이들의 매도 자산을 받아낼 핵심 수요도 X세대가 될 것이다. 따라서 베이비부머는 자신들이 소유한 부동산이 X세대에게 어필할 만한 매력 있는 자산군에 속해 있는지 점검해봐야 할 것이다.

---

* 동일한 출생 연도의 인구 집단에 대해 결혼-자녀 출산-이혼-사망 등의 특성을 연계한 자료.

첫 경험에 성공한 X세대는 다양한 부동산 투자군으로 활동 반경을 넓혀갈 것이다. 아직 첫발을 떼지 못한 후기 X세대는 예비 실수요의 몸통이 되어 적극적으로 청약시장에 뛰어들 것이다. 투자 수요와 실수요의 중심축인 X세대의 이러한 움직임은 대한민국 부동산의 굵직한 트렌드를 창출해내고 그들만의 부동산 코드를 확산시켜나갈 것이다. 따라서 미래 초격차를 달성하고자 하는 부동산 기업이라면 마땅히 X세대의 주거와 투자 문화에 기반해 미래 청사진을 마련하는 것이 성장의 한계를 넘어설 수 있는 지름길임을 명심해야 한다.

X세대에게 사랑받을 부동산 입지
학군 입지 전성기의 마지막을 장식할 X세대

결혼 이후 자녀의 출산은 더욱 강력한 내 집 마련의 동기가 된다. '2020년 신혼부부 통계'에 따르면 주택을 소유한 신혼부부 10가구 중 6가구가 유자녀 가구이다. 또한 주택을 소유한 가구의 평균 자녀수는 0.76명으로 주택이 없는 가구의 평균 자녀수인 0.62명보다 많다. 심각해지는 저출산으로 자녀가 없는 신혼부부가 증가할 것이라는 미래 전망은 앞에서도 살펴보았는데, 이를 세대별로 살펴보면 더욱 입체적으로 미래 가구 유형의 밑그림을 그려볼 수 있다.

2020년 기준, 부부+미혼 자녀 가구 유형은 2차 베이비붐 세대가 가장 높은 비율을 점유하고 있다. 하지만 X세대가 그 비율을 꾸준히 늘려가며 2025~2034년에는 가장 많은 약 30%를 점유할 전망이다. X세대의 다음 세대인 밀레니얼 세대의 부부+미혼 자녀 가구 비율은 2035년부터 근소하게 X세대를 앞서다 2040년이 되면서 그 격차를 벌릴 것으로 보인다. 다만 점유율은 X세대의 전성기 시절보다 낮을 것으로 예상된다. 결국 1976년 경기고의 강남 이전을 계기로 탄생한 '8학군'과 비슷한 시기에 태어나 '학군 네이티브 세대'이기도 한 X세대에서 부부+미혼 자녀 가구의 전성기는 마감될 것이다. 하지만 이를 다시 해석하면 금쪽같은 자녀를 위한 주거 입지 키워드인 '학군 수요'가 적어도 2030년대 중반까지는 지속된다는 것이다.

부동산과 학군을 연결 지어 판단할 때 중요한 것이 바로 중학교 학군이다. 수도권 및 주요 도시의 중학교 배정 방식은 대부분 근거리 배정이 기본 원칙이다. 즉 어느 동네 또는 어느 아파트, 심한 경우에는 같은 아파트라도 몇 동에 사느냐를 기준으로 배정받을 수 있는 중학교가 달라지기 때문에 좋은 중학교 인근에 있는 부동산의 가치가 높게 평가되는 것이다. 명문대에 입학하기 위해서는 명문고에 진학해야 하고, 명문 고등학교를 가려면 우수한 학군에 있는 중학교에 다니는 것이 유리하다. 따라서 좋은 중학교에 입학하는 것은 자녀의 장래 진로에 중요한 시작점이 된다.

최근에는 자녀의 빠른 적응을 위해 초등학교 때부터 좋은 학군을 찾아 미리 움직이는 부모들도 늘고 있다. 그 분기점이 되는 시점은 초등학교 3학년으로 이때 처음 영어를 배우며 수학에서도 분수, 소수 그리고 곱셈보다 어려운 나눗셈이 등장한다. 즉 교육열이 높은 부모들은 자녀가 초등학교 3학년이 될 무렵 우수한 중학교 학군을 찾아 미리 모여들 것이다. 이를 감안하면 초등학교 3~6학년생이 증가하는 도시가 좋은 학군으로 떠오르는 지역이라고 짐작할 수 있다.

이 외에도 앞서 부부+자녀 가구 집중 도시에서 살펴본 사설학원 수의 변동 추이를 통해서도 학군 도시의 위상 변화를 감지할 수 있다. 또한 학군 평판이 좋은 도시는 전세 수요도 꾸준하여 인근 지역에 비해 안정적인 전세가율을 유지하는 것이 특징이다. 그리고 이러한 학군 시그널에 가장 민감하게 반응할 X세대는 앞서 다루었던 학군 유망지 최선호 평면인 준대형(35~39평) 아파트의 수요를 끌어올리며 소형 평형 대세론에 균열을 가하는 중추가 될 것이다.

X세대가 선호하는 GTX 역세권은?
(feat. 수도권 직주근접 입지의 마지노선)

어느 연령대가 라디오를 가장 많이 들을까? 2020년 방송통신위원회의 조사에 따르면 40대의 라디오 이용률(35.6%)이 50대의 라디오 이용률(30.4%)을 제치고 1위를 차지했다. 라디오를 듣는 사람 10명 중 8명은 '자가용'에서 듣고, 출퇴근 시간대인 '오전 7~9시, 오후 6~8시'에 주중 라디오 청취율이 가장 높았다. 조사 결과를 감안하면 통근길 도로에서 가장 많은 시간을 보내는 연령대가 40대임을 어렵지 않게 짐작할 수 있다. 가족 부양을 위해 장거리 운전을 마다하지 않고 열심히 일하는 40대, 가장 높은 경제활동참가율(약 80%)을 자랑하는 40대. 그 40대의 중추가 바로 X세대이고, 그들의 통근 피로도는 어느 연령대보다 높다고 할 수 있다.

앞서 가구의 이동 패턴에서 살펴보았듯이 서울에서 경기도로 이주하는 가구의 주된 사유는 '집값' 때문이지 '직장' 때문이 아니다. 경기도의 대표 주거 타운인 1, 2기 신도시의 자족도가 개선되고 있는 것은 사실이다. 하지만 조사에 따르면 1,742개의 대기업 소속 회사 중 서울에 본사를 두고 있는 곳은 절반을 넘어서는 908개(52.1%)로 대기업의 서울 집중은 여전한 상황이다.* 이러한 현실에서 서울에서 서울로 통근하는 40대보다 경기도에서 서울로 통근하는 40대의 통근 스트레스는 클 수밖에 없다. 이를 곱씹어 생각해보면 경기도의 X세대는 통근 시간을 획기적으로 줄여주는 교통수단에 민감하게 반응할 수밖에 없다고 해석할 수 있다.

실제로 서울시가 모바일 데이터를 연구해 분석한 '서울시 생활이동 데이터'에 따르면 서울 거주자의 지역 내 출근 시간은 평균 44.7분인 데 비해 경기도 거주자의 서울 출근 시간은 평균 72.1분이었다. 또한 한국교통연구원의 '희망 출근 소요 시간' 대국민 조사에 따르면, 출근 시간이 1시간을 초과하는 수도권 통근자의 경우에는 '40~60분', 1시간 미만인 통근자는 '30~40분'의 출근 시간을 희망했다.

한국교통연구원의 대국민 조사 결과를 참고하면 수도권 부동산에서 '이곳은 직주근접 입지입니다'라고 자신 있게 말할 수 있는 마지노선의 기준은 '출근 시간 30분대'라고 할 수 있다. 또한 서울까지의 출근 시간을 40분대로 단축시켜주는 교통수단이라면 경기도에 거주하는 X세대에게 큰 인기를 누릴 것이라는 결론을 내릴 수 있다.

국토부는 2010년 이후 도시의 광역화가 심화되었는데도 신분당선 외에는 광역철도 투자 사례가 전무했다는 문제 인식하에 광역

---

* "'북위 37도 4분' 대기업 남방한계선은 그곳이었다", 머니투데이, 2022. 2. 28.

거점 간 통행 시간을 30분대로 단축시키겠다는 '광역교통 2030'을 야심 차게 발표했다. 이러한 야심찬 목표를 구현해줄 핵심 교통수단이 바로 GTX이다. '수도권 광역급행철도'라고도 불리는 GTX는 Great Train eXpress의 약자로, 위키백과에서는 "대한민국 수도권의 교통난 해소와 장거리 통근자들의 교통 복지 증진을 위해 수도권 외곽에서 서울 도심 주요 3개 거점역인 서울역·청량리역·삼성역을 방사형으로 교차하여 30분대에 연결하는 것을 목표로 계획 중인 광역급행철도"라고 정의하고 있다. '수도권 외곽 통근자'와 '서울 도심 30분대'라는 핵심 키워드로 요약되는 GTX는 40대의 약 3분의 1이 거주하는 경기도의 40대**에게 큰 반향을 일으키며 대한민국 교통 호재의 대명사로 자리 잡았다. 이렇듯 X세대의 환심을 산 GTX는 '광역교통 2030'의 목표가 가시화될 2030년대까지 꾸준한 관심을 모으며 노선별 개발 상황, 그리고 선거철마다 등장할 추가 노선 혹은 역사 설치 이슈로 대한민국 부동산을 들었다 났다 할 것이다.

한편 GTX를 대표하는 A·B·C 노선 중 시장에 미칠 파급력이 가장 강력한 노선은 무엇일까? 교통 호재의 시장 영향력은 해당 교통수단 개통 시의 '수혜 반경'과 '대중의 기대 심리'에 의해 결정된다. 국토연구원의 시뮬레이션에 따르면,*** GTX 개통 시 '통행 시간 30분 이상 감소'의 수혜를 가장 많이 받을 노선은 GTX-B로 약 118

** 2021년 주민등록 인구통계(행정안전부).

*** 김호정 외, 《수도권 고속교통체계 구축에 따른 통행행태 변화와 정책과제 연구》, 국토연구원, 2019.

GTX가 모두 구축된다면
어느 지역이 최대 수혜 지역이 될까?

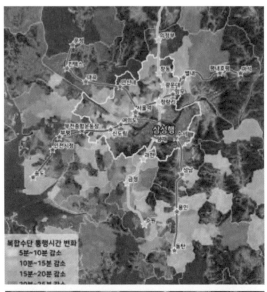

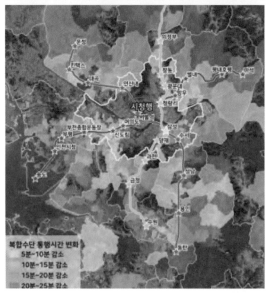

그림 13 GTX A·B·C 노선 건설 시의 통행 시간 변화(국토연구원)

만 명일 것으로 예상된다. 또한 대중의 숨은 기대 심리를 적나라하게 드러내주는 네이버 검색량을 살펴봐도 GTX-B노선이 GTX-C(1만 6,000건), GTX-A(7,000건) 노선을 제치고 가장 많은 2만 5,000건의 일일 최고 검색량을 기록했다. 결국 수혜 반경과 대중의 기대 심리 면에서 모두 앞선 GTX-B노선이 시장에 미칠 파급력이 가장 클 것으로 예상된다. 한편 GTX A·B·C 노선이 모두 개통되는 2030년대가 되면 파주, 고양, 양주, 의정부(삼성행 기준)와 화성, 용인, 남양주, 인천 송도(서울시청행 기준)의 통행 시간 감축 효과가 커져 2030년이 가까워질수록 해당 지역에 개통되는 GTX 역세권으로 수도권 X세대의 유동성이 집중될 전망이다.

포스트코로나 시대의 대형 마트, 주유소 입지

대형 마트와 주유소는 코로나19 확산에 따른 패러다임 전환으로 위협받았던 대표적인 공간이다. 하지만 포스트코로나 시대에는 가장 주목받는 부동산 혹은 입지 포인트로 거듭날 것이다. 특히 X세대의 주거 일상을 풍요롭게 해주는 가치 공간으로 떠오를 것이다.

온라인 쇼핑의 폭발적인 성장으로 기존 오프라인 매장들은 잉여처럼 여겨지는 경우가 많았다. 하지만 국내 유통 빅 2인 신세계와 롯데는 오히려 코로나19를 통과하던 2022년 향후 5년간 각각 11조 원, 8조 원을 오프라인 사업에 투자할 계획을 발표하며 오프라인 매장에 더욱 힘을 싣기로 결정했다. 글로벌 리테일 전문가인 황지영 교수는 자신의 저서 《리:스토어》에서 오프라인 매장이 호응을 얻을 경우 온라인 매출 증가로 연결되는 '후광 효과'로 인해 새 매장을 열면 웹 트래픽이 평균 37%나 증가한다는 통계를 제시했다. 또한 오 프라인 경험에 대한 갈망은 실재감 있는 경험을 원하는 인간 본성과 깊게 관련되어 있는 데다 쇼핑은 하나의 여정이고 사회적인 활동이기도 하므로 앞으로도 오프라인 매장은 중요한 공간이 될 것이라고 강조했다. 결국 대체할 수 없는 '경험의 매력' 때문에 유통 대기업들은 오프라인 공간에 더욱 집중할 것이다. 다만 온라인 쇼핑의 거대한 물결을 피해갈 수는 없으므로 오프라인 매장의 전체적인 숫자는 감소할 것이다.

포스트코로나 시대 유통 대기업의 선택과 집중은 대한민국 부동산 입지 기준에 두 가지 변화를 가져올 텐데, 그 핵심 키워드는 희소성과 재탄생이다. 총체적 경험을 강화한 복합몰 혹은 대형 마트는 희소성으로 인해 이전보다 더욱 강력한 입지 요인으로 떠오르며, 특히 자녀를 둔 X세대에게 매력적인 입지 아이템이 될 것이다. 그 근거는 부부+자녀 가구의 놀거리와 먹거리에서 확인할 수 있다. 놀거리의 경우, SK텔레콤이 Tmap 빅데이터를 활용하여 자녀가 있는 그룹의 이동 경로를 분석한 결과 자녀가 없는 그룹에 비해 '문화센터'에 높은 선호도를 보였다. 이는 아이와 함께 문화생활을 할 때 다른 사람의 감상을 방해하지 않는 곳을 택하는 성향이 부부+자녀 가구의 여가 생활에서 드러난 것이라고 할 수 있다.

먹거리의 경우에는 코로나19로 인해 온라인 쇼핑이 대세가 되었지만 음식료품의 '온라인 침투율'*은 코로나19가 기승을 부리던

---

* 전체 소비시장에서 온라인 거래가 차지하는 비율(통계청).

2021년에도 25.2%에 그치며 가장 낮은 수준을 기록했다. 온라인 판매에서 가파른 성장세를 보이고 있는 음식료품인데도 온라인 침투율이 여전히 낮은 수준에 머무르는 이유는 가전, 서적 등 다른 품목들에 비해 표준화가 더디고 직접 눈으로, 손으로 확인하고 구매해야 만족도가 높은 신선식품 때문이다.

금쪽같은 자녀와 눈치 보지 않고 다채로운 여가 생활을 즐기며 신선하고 검증된 음식을 먹이고 싶은 것이 부모의 마음이다. 이를 헤아려볼 때, 미래의 대형 마트 입지는 차원이 다른 '문화·엔터테인먼트·F&B'로 무장하여 핵심 거점을 만들려는 유통 대기업의 전략과 맞물려 이전의 흔한 동네 마트 입지가 아닌 '오감 만족 인프라'로서의 프리미엄을 선사할 것이다.

포스트코로나 시대 대형 마트의 변신이 가져다줄 또 다른 입지 변화는 오프라인 매장이 사라진 자리에 들어설 신규 주거 상품의 탄생이다. 보통 마트의 입지는 공장과 달리 중심 상권 혹은 교통 요지에 위치해 있다. 풍부한 근린 수요 확보를 위해 아파트 밀집 지역에 위치하기도 한다. 주거 상품의 입지로도 손색이 없는 이러한 '알짜 입지'의 매각은 이미 수년 전부터 가속화되었고, 대형 마트가 철수한 알짜 입지에 주상복합 혹은 주거형 오피스텔이 새로 들어서는 사례도 드물지 않다. 분양 현장에도 관여하고 있는 필자 역시 준서울 1기 신도시 역세권에 위치한 대형 마트 부지에 신축되는 대규모 오피스텔, 섹션오피스 등을 분양하며 유례없는 판매 속도와 수천만 원을 호가하는 분양권 프리미엄에 놀랐던 경험이 있다. 태생이 알짜 입지인 대형 마트 부지에 들어서는 주거 상품은 포스트코로나의 바람을 타고 내 집 마련이 절실한 무주택 X세대뿐 아니라 1, 2인 가구의 관심을 한 몸에 받으며 '신축이 입지'*라는 트렌드를 더욱 강화시켜나갈 것이다.

한편 코로나19에 더해 폭염, 폭우 등 이전에 경험해보지 못한 무시무시한 자연재해를 겪으며 친환경을 넘어 인류의 생존을 위해 반드시 환경을 지켜야 한다는 '필必환경' 키워드가 강력한 공감을 얻고 있다. 코로나19 이후 화석연료의 주된 공급망인 주유소가 위협받는 이유이기도 하다. 테슬라로부터 시작된 전기차 열풍은 X세대가 중추인 40대가 주도하고 있다. 2022년 전기차 구매자 6만여 명 중 40대는 가장 많은 34%를 차지했다.

서울시 거주자의 전기차 구매 행태를 분석한 한 연구에 따르면, 공동주택 거주자의 경우 40대일수록 전기차 구매 확률이 높았다. 또한 공동주택 거주자가 전기차를 구매할 경우 '공용 충전 인프라 구축 수준'을 가장 중요하게 생각하기 때문에 주거지 및 직장 등이 집중된 지역을 중심으로 충전 인프라를 구축해야 한다고 주장한다.** 실제로 공동주택 내 전기차 충전기 이슈로 전기차 차주와 내연기관 차주의 다툼이 빈번해졌다는 뉴스가 보도된다. 2021년 기준 전국 주유소 1만여 곳 중 전기차 충전기가 설치된 업소가 1.6%에 불과하

---

* 신축 단지가 들어서면 자연스레 도로가 정비되고, 구매력 있는 입주자를 대상으로 신규 상권이 형성되기도 하며, 앞서 살펴본 마포의 사례처럼 학군의 위상이 높아지기도 하는 등 '신규 단지의 탄생' 자체가 동네의 입지 위상을 높여준다는 의미다.

** 한진석·이장호, 〈서울시 전기차 구매행태에 대한 시장분할 분석〉, 《대한교통학회지》, 2018.

다는 통계를 감안하면 전기차를 사랑하는 X세대에게 '전기차 충전 인프라' 역시 미래의 중요한 입지 요소가 될 것이라고 예측할 수 있다. 현재 국내 빅 4 정유사는 전국에 전기차 충전소를 150여 개밖에 운영하고 있지 않지만 향후 폭발적으로 증가할 전기차 수요에 맞추어 친환경 주유소로 변신을 꾀할 것이다. 또한 전기차 충전소 외에도 교통 허브인 주유소 입지의 장점을 십분 살려 도심 복합 물류 센터, 드론 물류 배송 등 물류 입지로의 변신에도 힘쓸 전망이다.

주유소의 변신은 아직은 미약한 수준이다. 하지만 결국 가파르게 증가하는 친환경 수요는 공급과 경쟁을 불러일으킬 수밖에 없다. 그와 함께 변신에 성공한 주유소를 품은 도시의 부동산은 '친환경 모빌리티와 신속 배송'이 담긴 입지 선물을 받게 될 것이다.

X세대가 반길 포스트코로나 시대의 주거 상품

집이 터진다! 회사도 재택, 학교도 재택, 학원도 재택이었던 코로나19 시기를 겪으며 학령기 자녀를 둔 X세대 부부의 집은 굳이 데이터로 설명하지 않더라도 공간 부족으로 터지기 직전 상황에 이르렀을 것이다. 만약 영·유아 자녀를 둔 부모였다면 육아까지 분담하느라 혼돈의 늪에 빠졌을 것이다. 코로나19는 자녀를 둔 부부 가구들이 이전과는 다른 차원의 넓고 쾌적한 주거 환경을 향한 목마름을 갖게 했다. 그러나 웬만한 소득으로는 서울에 넓은 평수의 주택을 구하기가 쉽지 않은 노릇이다. 이 틈을 타고 수도권에 '블록형 단독주택'이라는 새로운 주거 상품이 확고한 트렌드로 자리 잡았다.

아파트와 단독주택의 장점을 합쳐놓은 블록형 단독주택은 신도시의 '블록형 단독주택 용지'에 공급되는 3~4층 이하의 공동주택이다. 블록형 단독주택은 기존 단독주택의 단점이었던 나 홀로 입지를 탈피해 교통, 상권, 학원가 등 생활 인프라를 누릴 수 있는 입지적 장점을 가지고 있다. 또한 다락 및 루프 가든, 테라스 등 다양한 서비스 공간 및 세대별 전용 주차 공간이 제공되어 가구의 단독 여가 생활이 가능한 것이 기존 아파트와 차별화된 장점이다.

블록형 단독주택의 전용면적은 통상 34평 아파트 수준이다. 하지만 테라스, 다락방, 정원, 주차장 등의 서비스 면적이 많게는 40평까지 제공되어 온 가족이 재택 시에도 공간을 여유롭게 사용할 수 있다. 마침 필자는 코로나19 확산 초기에 수도권 신도시의 블록형 단독주택 분양 현장에 있었는데, 지역민에겐 다소 생소했던 이 상품을 방역 지침상 견본 주택에서 온전히 보여주고 설명해주지 못했는데도 수개월 만에 완판했던 경험이 있다. 예상대로 자녀를 둔 30, 40대 부부 가구가 계약자의 대다수를 차지했다. 흥미로웠던 점은 넓은 테라스 면적을 보유한 단층형 상품은 액티브 시니어인 50, 60대에게 높은 관심을 끌었다는 것이다.

블록형 단독주택의 사례는 '탈아파트' 움직임에 X세대와 액티브 시니어가 함께 동참했다는 데 의의를 둘 수 있다. 대한민국 부동산을 앞뒤에서 견인하는 쌍두마차 세대의 이러한 움직임은 주거 틈새 시장의 본격적인 다변화가 시작되었음을 알리는 신호탄이다. 포스트코로나 시대의 새로운 주거 표준을 선점하기 위한 시행사·시공사의 본격 레이스가 펼쳐질 것으로 예상된다.

X세대 투자자들의 지방 투자 키워드, 장소 애착!

비록 인구수는 수도권에게 역전당했지만 지방 도시가 수도권을 압도하는 의미심장한 통계가 하나 있다. 바로 관광 여행 통계이다. 코로나가 한창이던 2020년 약 2,000만 회의 숙박 여행이 강원도와 제주도에 집중되었다. 서울·경기·인천을 모두 합친 숙박 여행 횟수가 약 900만 건에 불과한 것을 감안하면 지방 도시의 완승이라고 할 수 있다.[*] 비록 인구 수축이 지방 도시의 정해진 미래라고 하지만 관광 여행 통계는 앞으로도 살아남을 지방 부동산이 어느 곳인지 알려주는 바로미터가 될 것이다.

지방 도시의 관광 추이와 집값 흐름은 높은 상관관계를 보인다. 지방 여행객이 본격적으로 증가하기 시작한 2021년 2월 지방의 미분양은 70개월 만에 최저치를 기록했다. 2021년 초 해가 바뀌기가 무섭게 외지인 방문객이 급증한 제주도의 주택시장은 지난 3년간의 겨울잠에서 깨어났다. 좀 더 시계를 돌려 코로나19가 본격적으로 발생했던 2020년으로 돌아가보면, 당시 국내 숙박 여행 점유율 1위를 기록했던 속초의 집값은 2019년 −5%에서 2020년 11%로 극적인 상승 반전을 이루어냈다. 코로나19로 인해 비록 해외여행 수요는 끊겼지만 여행하는 인간 호모 비아토르의 본능은 여행객들의 발길을 국내 관광지로 집중시키며 지방 부동산에 온기를 불어넣었던 것이다. 그렇다면 대체 여행이 어떤 의미를 가지길래 지방 부동산에 이렇듯 지대한 영향을 끼치는가?

---

[*] 2020 국민여행조사(문화체육관광부).

소설가 김영하는 《여행의 이유》에서 여행을 소설에 비유했다. "여행은 소설처럼 우리를 집중시킨다. 여행자는 도시의 정수만을 원한다. 촉각을 곤두세우고 주변에서 일어나는 모든 일을 살핀다. 현지인들은 심드렁하게 지나치는 건물과 거리에도 카메라를 들이대고 사진을 찍어댄다." 여행은 자연스럽게 여행자의 정서를 방문 도시에 몰입하게 하고 마음을 쏟게 만듦으로써 지방을 방문한 수도권 여행객에게 지방 도시에 대한 강력한 '장소 애착'*을 형성하게 해준다. 수도권 거주자의 입장에서는 낮과 밤의 입지를 모두 겪어본 도시, 여행하는 동안 함께한 사람과의 행복한 추억이 고스란히 담겨 있는 도시의 부동산에 더욱 친밀감을 느낄 것이니 제2의 거처 혹은 투자 대상으로 삼기에도 적격일 것이다. 즉 지방 부동산의 견조한 상승은 정서적 애착이 결여된 투기를 위한 임장(현장 방문) 버스가 아닌 자연스럽게 모여드는 수도권 관광객의 장소 애착 형성 여부에 달려 있는 것이다. 그리고 이러한 지방 숙박 여행을 주도하는 세대가 3040세대이다.

'2020 국민여행조사'에 따르면 코로나19에도 3040세대가 전체 숙박 여행의 46%를 차지했다. 특히 3040세대 중 첫 부동산 매수 경험이 성공적이었을 유주택 X세대는 여행이라는 계기를 발판 삼아 장소 애착이 형성된 도시의 주택, 생활형 숙박 시설 등의 투자에 적극적으로 나설 텐데, 그 증거는 이미 곳곳에서 발견되고 있다. 일례

---

* 특정한 장소에 애정을 갖게 되어 그 장소에 안정감, 평온함, 친밀감, 소속감, 행복감을 느끼는 마음.

로, '골린이', '캠린이'는 코로나19 이후 새로 등장한 대표적인 신조어로 각각 골프 초보와 캠핑 초보를 일컫는다. 골린이와 캠린이의 등장은 코로나19를 피해 대체 여행지로 골프장과 캠핑장을 찾는 수요의 저변이 확대되었음을 시사하는데, 이 또한 3040세대가 주도하고 있음을 여러 통계가 보여준다.

SK텔레콤의 Tmap 빅데이터 분석 결과에 따르면 2021년 새벽 시간대의 목적지 절반 이상을 골프장이 차지했다. 연령대로는 40대의 골프장 방문 증가율이 코로나19 이전에 비해 가장 큰 폭으로 증가했다. 그다음은 30대였다. 2021년 새벽 시간에 가장 인기가 높았던 골프장은 이천시, 용인시 처인구, 여주시에 위치해 있는데, 이는 전국 캠핑지로 가장 많은 추천을 받은 연천군, 포천시와 함께 왜 이들 지역의 집값이 코로나19 이후 승승장구했는지를 설명해주는 중요한 단서가 되어준다.

코로나19는 인구 수축의 불길을 피해 지방 도시가 살아남을 수 있는 비상구가 어디에 있는지 일깨워주었다. 투자 자신감으로 충만한 X세대 그리고 이들의 손을 잡고 방문할 자녀 세대를 붙잡는 지방 도시는 인구 소멸이라는 운명의 강을 뛰어넘어 생활인구**가 가득한 활력 도시로 거듭나는 반전을 기대해볼 수 있을 것이다.

** 지방의 인구 소멸 위기에 대응하기 위해 주민등록상의 등록을 기준으로 관리하던 인구 개념에서 벗어나 인구의 이동성을 반영할 수 있는 인구 관리 정책의 필요에서 탄생한 개념이다. 정주인구뿐만 아니라 지역에 체류(통근, 통학, 관광, 휴양 등)하며 지역의 실질적인 활력을 높이는 사람까지 생활인구로 정의한다

리얼빅체크나우 4

인구 소멸은 남의 일!
관광으로 뜨는 지방 도시를 찾아라!

자세히 보아야 예쁘다. 오래 보아야 사랑스럽다. 지방 부동산도 그렇다. 어떻게? 바로 관광을 통한 애착 형성이다. 대한민국 부동산 수요층의 양대 산맥인 수도권의 X세대와 액티브 시니어는 그들에게 인상 깊은 여정을 선사한 지방 여행지의 부동산을 미래의 부와 행복을 위한 투자 장바구니에 담는다. '한번 살아보니 좋더라!' 입소문에 입소문을 타고 지방 도시의 관광 매력도에 비례하여 부동산 가치도 상승한다.

리얼빅 Real-Big data
지방 부동산 장기 성장의 바로미터, 관광객 통계!

한국관광공사에서 신용카드 빅데이터를 활용해 분석한 내용에 따르면, 서울 거주자의 주요 역외 방문지는 수도권을 제외하면 강원도와 제주도가 꼽혔다. 이들이 강원도에서 소비한 금액은 2018년 4,668억 원에서 2021년 5,083억 원으로 증가했다. 제주도에서 소비한 금액 역시 2018년 2,595억 원에서 2021년 3,424억 원으로 무려 31%나 증가했다. 서울의 역외 소비를 주도하는 곳은 강남 3구로, 이들의 소비 집중 패턴을 통해 강원도와 제주도의 부동산 투자 역시 강남 3구가 주도하고 있음을 유추해볼 수 있다.

한편 강원도와 제주도뿐 아니라 강력한 구매력을 가진 수도권 투자자들의 관심이 증가하는 지방 도시는 어디일까? 이를 유추해볼 수 있는 가장 직관적이고 쉽게 접근할 수 있는 것이 바로 관광 통계이다.

체크나우Check now!

관광 빅데이터는 여기 다 있다! 한국관광 데이터랩!

관광 통계를 확인하려면 한국관광 데이터랩(datalab.visitkorea.or.kr)에 접속하여 '지역별 분석→지역별 현황→지역별 관광 현황' 순으로 이동한 뒤 관심 도시의 시·군·구를 지정하면 된다. 방문자 수, 숙박·체류 시간, 관광 소비액, 관광 유입 지역 등 월별로 업데이트되는 다양한 관광 빅데이터를 확인할 수 있다. 한국관광 데이터랩 외에도 컨슈머인사이트(consumerinsight.co.kr)에서 제공하는 '여가/여행 리포트'를 통해 지역 관광 흐름에 대한 깊은 통찰을 얻을 수 있다.

한국관광 데이터랩 '지역별 관광 현황' 분석 화면

컨슈머인사이트 '여가/여행 리포트' 화면